《客户黏性》好评

乔伊·科尔曼提醒我们，真正长久的盈利之道在于打造终身客户关系。在本书中，他以实际行动告诉我们究竟应该怎样做。

——多利·克拉克，杜克大学富卡商学院兼职教授，著有《深潜》

乔伊在客户管理领域的工作和专业知识都是世界领先的。对于任何想要将自己的企业做大做强的人，或者任何想要在公司里提升自我的人而言，《客户黏性》都是必读书。

——卡梅隆·哈罗德，COO 联盟创始人，著有《翻两番》和《糟糕的会议》

无论是小微企业，还是《财富》100 强企业，本书为你提供了脱颖而出的终极路径。本书一定会成为经典之作，不仅在客户体验领域，而且在所有商业书籍中。将这些革命性举措应用到实践，这是你能送给客户、企业和你自己的最好礼物。

——约翰·鲁林，鲁林集团创始人，著有《礼品学》

在我看来，本书所列出的技巧绝对是留住客户的最优方案。《客户黏性》提出的方法和技巧是可以直接应用的，书中案例丰富，整本书读起来风趣幽默。学会如何更好地照顾客户，你将极大地提高公司的利润下限。好好读读这本书吧！

——U.J. 拉姆达斯，"智能化变革"合作创始人。

如果你像我一样坚信，客户体验是最后一个真正的品牌差异化因素；如果你正在思考，如何带领企业在竞争中持续地与众不同，这本书就是你最好的选择。世界上再也没有谁比乔伊·科尔曼更加热衷于客户体验了（相信我，我曾努力想在这方面达到与他同样的热情），不仅如此，他还将这种热情转化成可行的指南，用来正确对待客户，并将企业提升到新高度。有太多公司总是错误地将所有资源用来获取新客户。乔伊则不然，他的做法是重点关注如何维持现有客户。当你用客户应得的尊重和体贴对待他们时，他们也将回报你以忠诚，心甘情愿地与全世界分享他们的卓越体验。

——丹·金吉斯，麦当劳公司全球社交媒体高级主管，著有《赢在客户关怀》

乔伊用循序渐进的引导告诉我们如何制造令客户惊叹的体验，从而与他们保持终身关系。

——凡妮莎·范·爱德华兹，著有《迷惑》

《客户黏性》为我们提供了一座金矿，里面富含深邃的思想、鲜活的案例和直接可用的行动步骤，可用来在关系早期迷住你的客户，并最终将他们变成终身粉丝！

——尼尔·艾亚尔，著有《着迷》

乔伊第一次尝试他的《前100天》理念时，我就坐在观众席上，看着他的思想在众多经验丰富的企业家和企业高管中荡起涟漪。那次演讲结束后，全场起立长时间鼓掌。自那以来，乔伊成了炙手可热的演讲家和作家。《客户黏性》是那次演讲旅程的续集。

——赖安·韩礼德，《华尔街周刊》畅销书作家，著有《困难就是方法》和《以己为敌》

《客户黏性》是你在最实用的市场营销策略中用到的最佳路径图，即创造特别的客户体验。

——约翰·詹奇，著有《胶带营销》和《推广引擎》

谈到客户体验设计，乔伊是业内顶级专家。在工作中，我经常向他咨询请教。在他给我看这本书中的模型时，我几乎惊掉了下巴，因为我意识到，开发世界顶级客户服务往往需要数年时间。但是，按照乔伊的方法，公司只要花几周就可以做到了。

——罗伯特·里奇曼，美捷步前文化策略专家，著有《文化蓝图》

客户黏性

简单8步，赢得终身客户

[英]乔伊·科尔曼◎著
胡妮 梁小清 万涛◎译

**NEVER LOSE
A CUSTOMER AGAIN**

金城出版社
GOLD WALL PRESS
·北京·

图书在版编目（CIP）数据

客户黏性：简单8步，赢得终身客户 /(英)乔伊·科尔曼著；胡妮，梁小清，万涛译. —北京：金城出版社有限公司，2023.7
书名原文: NEVER LOSE A CUSTOMER AGAIN
ISBN 978-7-5155-2491-7

Ⅰ.①客… Ⅱ.①乔… ②胡… ③梁… ④万… Ⅲ.①企业管理－销售管理 Ⅳ.①F274

中国国家版本馆CIP数据核字(2023)第106115号

NEVER LOSE A CUSTOMER AGAIN by Joey Coleman
Copyright © 2018 by C. Joseph Coleman III
All rights reserved including the right of reproduction in whole or in part in any form.
This edition published by arrangement with the Portfolio, an imprint of Penguin Publishing Group, a division of Penguin Random House LLC.
Simplified Chinese edition copyright:
2023 Gold Wall Press Co., Ltd.

客户黏性：简单8步，赢得终身客户
KEHU NIANXING: JIANDAN 8 BU, YING DE ZHONGSHEN KEHU

作　　者	[英]乔伊·科尔曼
译　　者	胡　妮　梁小清　万　涛
责任编辑	李明辉
责任校对	高　虹
责任印制	李仕杰
开　　本	710毫米×1000毫米　1/16
印　　张	18
字　　数	250千字
版　　次	2023年7月第1版
印　　次	2023年7月第1次印刷
印　　刷	鑫艺佳利（天津）印刷有限公司
书　　号	ISBN978-7-5155-2491-7
定　　价	59.80元

出版发行	金城出版社有限公司　北京市朝阳区利泽东二路3号　邮编：100102
发 行 部	(010) 84254364
编 辑 部	(010) 64391966
总 编 室	(010) 64228516
网　　址	http://www.jccb.com.cn
电子邮箱	jinchengchuban@163.com
法律顾问	北京植德律师事务所　18911105819

献给贝丽特,

在一起的 5588 个日日夜夜

和未来的每一天

都是与众不同的!

体验式阅读

《客户黏性》旨在讲述如何创造卓越的客户体验,所以我希望你在阅读过程中,能有机会获得前所未有的阅读体验。登录www.JoeyColeman.com/ExperienceTheBook 免费注册,你将体验到我们所承诺的独特的(希望也是有趣的)阅读方式。若想获得完整体验,请务必在继续阅读之前马上注册。本书阅读过程中能体验一些很酷的东西,希望你一个都不会错过!

目　录

第一章
作者寄语：未来的商业模式是 H2H（人对人）   1

第二章
如果牙医可以做到，你有什么理由做不到   9

第三章
丢失客户的代价   15

第四章
客户流失：既是结构问题，也是文化问题   21

第五章
什么是客户体验   29

第六章
获得终身客户，只需 100 天   35

第七章
客户体验的 8 个阶段   39

第八章
第一阶段：评估产品或服务   49

第九章
第二阶段：认可产品或服务   71

第十章
第三阶段：确认交接活动　　　　　　　　　　　　　　　93

第十一章
第四阶段：激活客户体验　　　　　　　　　　　　　　113

第十二章
第五阶段：适应产品或服务　　　　　　　　　　　　　127

第十三章
第六阶段：达成初始目标　　　　　　　　　　　　　　151

第十四章
第七阶段：接纳产品或服务　　　　　　　　　　　　　175

第十五章
第八阶段：拥护企业品牌　　　　　　　　　　　　　　197

第十六章
开始行动：如何立即停止客户流失　　　　　　　　　　221

第十七章
结语：如果康卡斯特能做到，你也能　　　　　　　　　245

致谢　　　　　　　　　　　　　　　　　　　　　　　　259

附录：客户信息类别表　　　　　　　　　　　　　　　　267

数字奖励　　　　　　　　　　　　　　　　　　　　　　271

参考文献与推荐读物　　　　　　　　　　　　　　　　　273

第一章

作者寄语：
未来的商业模式是 H2H（人对人）

亲爱的读者朋友：

非常感谢购买《客户黏性》一书！或者说，如果你刚好在书店里拿起这本书翻阅，也正好读到这里，那么，相信我，你可以立刻把它买下来，不用再浪费时间考虑了，因为我在此承诺大家可以百分之百无条件退货，所以，你可以毫无顾虑地购买。

是时候抛开 B2B（企业对企业）或者 B2C（企业对客户）这样的理念了，未来的商业模式必定是 H2H（人对人）。

人们在尝试新方法时会有一种常见的表现：一旦感觉收效甚微，就马上跳出来，并寻找各种借口来解释为什么会这样：

"我永远都不会在公司那样做，因为（在这里加上各种理由）……"
"这个在理论上听起来不错，但在实践中永远都不可能管用。"
"也许他们可以那样做，但一般人真的做不到，这太不现实了。"

拜托大家，帮帮忙……千万不要抱着这样的心态来读本书。

我在本书中所描绘的哲学观、方法论及业务流程，完全不同于B2B和B2C模式。书中特别提到的案例可应用于所有企业，且无论企业的规模大小、经营范围和所在行业。这种模式在大、中、小企业中已经被证明是成功的。你能想到的所有产品和服务供应商几乎都应用这种方法，包括在运营模式上立足于国内的和面向国际的企业、客户基础大小不一的企业以及产品或服务价格高低各异的企业等。

本书所阐述的观点并不是我新提出来的理论，而是来自现实世界的各种经验，既有过去20多年来我的亲身经历，也有与我合作过的企业的实践。这些公司涉及国际知名的品牌，如美国卖鞋网站美捷步、德勤会计师事务所、凯悦酒店集团、美国国家航空航天局和世界银行等，也有一些地方性小企业。

或许你会担心，不知道自己公司会不会因为规模问题而无法实施这些理念。其实不用担心，你一定可以的！也许你还会想，"如果我的公司只有两名员工呢"？如果是这样的话，本书中的技巧对你来说仍然是有效的。"如果我有500名员工呢？那会怎样？"如果是这样，我们的方法对你依然有用。实际上，本书案例分析所涉及的各个公司规模大小不一，最小的公司只有一名员工，最大的公司有超过34万名员工！

或许你还会担心自己能否实施本书中所讨论的策略和技巧。我还是要说，不必害怕，因为你可以的。哪怕你的公司年利润不足10万美元，你也有能力支付书中技巧所需要的成本。假使你的公司每年盈利数十亿美元，你完全不用担心费用问题。书中案例分析所涉及的公司年盈利在5万美元到2200亿美元不等。无论你提供的是产品还是服务，或者两者兼而有之；无论你是在美国国内做生意，还是在全球各地做生意；无论你给自己的定位是从事互联网业务，还是经营实体企业，或者两者兼而有之，你都能从本书中找到你想要的案例。

我的想法很简单，那就是等你读完本书后会说：好，这个方法很有用；

阶　段	10人以下	10—30人	31—50人	51—99人	100人以上
评估产品或服务（第八章）	宇宙来信	财富工厂			公司执行委员会
认可产品或服务（第九章）	Maverick1000，圣母院欢乐合唱团	Zogics			造一只熊，莱德美克兹，安乐尼，美乐仕·罗宾公司
确认交接活动（第十章）	CADRE		全面债务自由公司，盒中书		CD宝贝，卡斯珀，美捷步，车美仕，兰兹角
激活客户体验（第十一章）		基石投资			苹果公司，Tech 4 Kids，23andMe，世界银行
适应客户服务（第十二章）		旧金山CrossFit	PolicyMedical	Acceleration Partners	达美乐比萨公司，达美航空公司
达成初始目标（第十三章）	在线培训师学院	约科咨询公司	Ongoing Operations		Audible音频网，巴罗餐厅
接纳产品或服务（第十四章）		Lady Gaga			丝美兰，苹果公司，哈雷－戴维森，多特端精油，喜达屋酒店，芝加哥小熊队，泰勒·斯威夫特
拥护企业品牌（第十五章）	4Knines，Maverick1000，MastermindTalks				ViaCord，Dropbox，联邦快递，达美航空

图1-1 案例的企业分类（按员工人数分类）

是的，它很适合我的公司。

商界最大的谜团之一就是所谓 B2B 和 B2C 两种模式之间的区别。我经常听到有人这样问："乔伊，我很喜欢你这个案例，但它适合 B2B 模式，你有没有适合 B2C 企业模式的案例呀？"或者问："乔伊，你说的是大型 B2B 公司，可我们仅仅是一家小公司，而且我们的模式是 B2C。我们该怎么办呢？"

所有这些问题都基于共同的前提，那就是这两种客户（即企业客户和个人客户）之间存在巨大的差异。

事实上，两者之间根本不存在那么巨大的差异。

尽管 B2B 和 B2C 两种模式之间的确存在一定区别，但它们之间的差异远没有人们想象的那么重要。其实，所有企业都是一样的，在于他们最终都要归结到人与人之间的沟通。我喜欢关注 H2H 经营模式，因为这才是最重要的。

考虑典型的 B2C 情景时，我们知道，我们是在面向某一个买家进行销售，也就是说我们关注的是个体客户。如果不采用 H2H 的方法，我们便无法想象对方将如何通过所购产品与周围人进行互动。打个比方，有位男士想要购买新衬衫，如果不考虑 H2H 的互动方法，我们就可能不会提及他的女朋友会如何欣赏他穿上这件新衬衫时帅气的模样，也不会说他的室友可能因为这件衬衫很赞而想要借去穿穿，更不会想到他的父母会认为他穿上这件衬衫的样子有多么"潮"等。

与之相反，当我们在设想 B2B 情境下 H2H 的互动时，我们必须认识到每一家企业都是由人构成的。因此，你的产品或服务都是在与人打交道，是在与众多的人互动。决定购买产品或服务的人很可能并不是所购产品或服务的唯一使用者。实际上，他们也许根本就不是买给自己使用的。应用 H2H 方法时，我们必须想到所有那些虽然不参与购买活动但可能会使用服务的人，还要想到购买者可能会受到的约束。

采用 H2H 思维方式之后，我们会考虑到与该产品有关的**所有人**。

阶　段	100万美元以下	100万—500万美元	500万—1000万美元	1000万美元以上	5000万美元以上
评估产品或服务（第八章）		宇宙来信	财富工厂		公司执行委员会
认可产品或服务（第九章）	圣母院欢乐合唱团	Maverick1000	莱德美克兹	Zogics	造一只熊，莱德美克兹，安乐尼·罗宾公司
确认交接活动（第十章）	CADRE		全面债务自由公司	盒中书	CD宝贝，卡斯珀，美捷步，车美仕，兰兹飨角
激活客户体验（第十一章）			基石投资	23andMe	苹果公司，Tech 4 Kids，世界银行
适应产品或服务（第十二章）		旧金山 CrossFit	PolicyMedical	Acceleration Partners	达美乐比萨公司，达美航空公司
达成初始目标（第十三章）		在线培训师学院，约科咨询公司		Ongoing Operations	Audible 音频网
接纳产品或服务（第十四章）					丝芙兰，苹果公司，哈雷－戴维森，多特瑞精油，喜达屋酒店，芝加哥小熊队，泰勒·斯威夫特
拥护企业品牌（第十五章）		4Knines，Maverick1000，MastermindTalks			ViaCord，Dropbox，联邦快递，达美航空

图 1-2　案例的企业分类（按税收金额分类）

当你的思维方式转变到 H2H 时，你会发现自己与客户（无论你服务的对象是客户、委托人、病人、会员、学生、用户，还是其他类型的人，他们都是人。在本书中，我大部分时候用的是"客户"一词，但是，千万别让这个词阻碍了你对相关信息的理解或感受。如果你的销售或服务对象是人，这个方法就一定适合你。——原注）之间有更多的共同之处。如此一来，你就可以将自己对人性的理解融入企业运营中。

要想不再丢失客户，无论对方是谁，你都必须与他达成情感上的共鸣。

如果能想客户所想，你就能抓住机会，将他们带离无意义的 B2B 或者单一的 B2C，继而进入 H2H 模式下更富情感共鸣的境况中。

如果你以后发现自己的思维陷入 B2B 或者 B2C，记得提醒自己：你的销售对象是人，产品或服务的使用者也是人。如果能够始终牢记这一点，无论在哪家公司，无论在哪个行业，你都能够带领自己的客户穿越理想旅程的各个阶段，并把他们变成自己的终身客户。

实质上，你将不再丢失一个客户。

有人认为"所有企业都是人与人之间的互动"这一理念是备受争议的。并不是每个人都赞同企业应用这种模式。没关系。**如果你认为自己并不赞同这种心态的话，我建议你现在就把书放下来。**

我在本书中所描述的整个哲学观都是基于 H2H 的理念。如果你的意见与此相左，我希望你不必在此浪费自己的时间。

我对这种哲学观和人生态度就是这么认真。我之所以写了本书，是因为我确实相信企业的最终目的是要帮助人类解决问题。你完全可以不同意我的看法。但是，如果你不同意我的看法，本书很可能帮不了你。

那就开始吧！

乔伊

PS：如有任何疑问，或想发表任何评论，或想分享如何实施书中一些系统的想法，从而不再丢失一个客户，敬请发送邮件到 JoeyC@JoeyColeman.com。期待你的来信，谢谢你！

第二章

如果牙医可以做到，
你有什么理由做不到

我咬了一口紫色的 SweeTART 糖，整个牙床都疼爆了！

没有期待中的酸酸甜甜，反倒是一阵嘎吱作响。我痛苦地意识到，我的后磨牙碎了。满嘴都是牙齿碎片，疼痛刺穿了牙龈，瞬间使我回想起了上次在牙科诊所遭受的折磨。

可是，虽然疼痛如此剧烈，我首先想到的却不是疼痛本身，而是我最害怕的事情之一，也是我这辈子最害怕去做的事情，那就是看牙医。

然后，我忽然想起来，我连牙医都还没有呢！

几个月前，我刚从华盛顿特区搬家来到丹佛，还没来得及寻找新的牙医，并与之建立联系。其实这一点都不奇怪，因为跟大多数人一样，**我讨厌看牙医！**

谢天谢地，有个好朋友向我推荐了欧若拉现代口腔医院的凯蒂·麦卡恩医生，说她一定会好好照顾我的。

我内心惴惴不安却又不情愿地给欧若拉现代口腔医院打电话。电话刚通，我就惊讶地听到一个温暖、体贴又透着关心的声音。我尽量解释了自己遇到的问题，然后听到她说："乔伊，我们得尽快安排你接受治疗。听起来你正忍受着巨大的痛苦，我们想马上帮你解决这个问题。"前台调整了凯蒂·麦卡恩医生的日程安排，帮我预约了两小时之后与医生见面。

如此体贴而快速的交互为我即将从麦卡恩医生那里得到的良好照顾奠定了基础。前台接待员能安排新来的病人立即接受治疗，这对我而言是个好兆头。

然而，尽管有了最初的良好开端，但我的内心依然充满疑问。

我以前在牙科的遭遇非常糟糕。几年前，我曾接受过根管治疗。那时候，虽然打了麻药，但我敢肯定那个牙医一定是爬到梯子上，然后拿着大锤在我嘴里肆意捣鼓。那次治疗带来的疼痛一直持续了好几天。

过去在牙医那里接受根管治疗、拔掉智齿和窝洞充填的种种记忆一下子充斥着我的脑海。于是，我尽量做好心理和情感上的准备，来迎接与麦卡恩医生即将到来的见面。

导诊员问我在预约见面之前能不能接收邮件或者上网。我告诉她可以。然后她说："如果你愿意并且方便的话，可以在线填写登记单，这样你就可以更快开始治疗。"几乎同时，我的收件箱里收到一封邮件。新邮件不仅对我表示欢迎，而且链接到网址，我只要回答上面的问题，就可以提供以往看牙医的所有详细信息。我无须打印 PDF 表格来手写，也不用在格式糟糕的 Word 文档中填写自己的个人信息。

快速浏览各个选项之后，我如释重负，因为知道我可以在去医院之前完成这份"作业"，而不用等到医生办公室再做。以前做这种事时，通常是用带夹子的文件板，用圆珠笔逐项填写医保单、病史和健康保险的申报情况。这种做法现在过时了，取而代之的做法非常适合 21 世纪的客户体验。我快速浏览了他们的网页，发现只有一个地方要求我提供个人信息，而不是要我在一个又一个的表格中重复填写个人信息，而且还认可我的电子签名。

我很快就填好了所有表格，花的时间还不到 6 分钟。整个过程很简单，操作很容易，给人感觉也很新鲜。怀揣着小小的成就感，我点击了提交按钮。与此同时，我还是不免怀疑，这个在线表格真的涵盖了牙医需要的所有信息吗？恐怕不会这么简单吧？

两小时后，我按照约定时间来到牙医诊室。我是从前门进去的。可是，我刚刚跨过门槛，前台导诊员就站起来迎接我。

"乔伊，你好！现在感觉怎么样？"

我惊讶极了。她怎么知道是我呢？我们以前可从来没有见过面！

她立即带我到了后面的诊查室，麦卡恩医生正在等着我。医生迅速但全面地给我做了诊查，不仅查看了坏掉的磨牙，而且检查了磨牙周围的情况，然后告诉我说，我需要进行牙冠修复。

简直是不可思议！谁能想到"咬口糖"竟会带来这样的讽刺效果呢？我以前从来没戴过牙套，但这听起来可不是什么好事。许多问题突然涌进我的脑海：这得多长时间？会有多痛？需要多少钱？似乎是预见到我的担心和顾虑，我还没有问出口，麦卡恩医生已经耐心而温柔地回答了所有问题。她解释说，她的办公室里有最新的牙科技术，我只要在办公室里等，她们就会把牙冠做好。

"从头到尾，你要在这里待一个半小时左右。不过，以后都不需要再来复查。我们得造一个数字影像，做一颗新牙，用3D技术打磨，然后装上去，再检查是否安装到位。我们确保在你离开之前会把这一切都处理好。"

这简直太不可思议了。

曾几何时，给病人佩戴牙冠是个复杂的医疗过程，最少需要好几周才能完成。可是现在，我面前这位新时代的牙医居然告诉我说，只要一个半小时就能搞定这一切？这听起来太美好了，有点不敢相信！可是，麦卡恩医生并不只是告诉我牙冠的制作和安装过程，她做的远不止于此。她还为我提供了支付方案，毕竟牙冠可不便宜呢。她向我描述了医院内部的保险方案，比我以前所听说过的所有牙科保险方案都要好得多。她还分享了其他做法，可以降低牙科急诊的费用。在我对整个安排表示同意时，麦卡恩医生说："好极了。我们马上就可以开始了。在这之前，你只要在这张同意书上签下名字就好。"

突然，与治疗椅相连的显示屏上出现一张简洁明了的同意书。在此之前，显示屏上一直是一些 X 光片，显示我的口腔和那颗坏掉的牙齿。然后，我在同意书上输入电子签名，用的是麦卡恩医生递给我的电子签名板和触控笔。原来触控笔也是与诊疗椅连在一起的，我竟然没有发现。

我签完名字之后，麦卡恩医生又把屏幕切换回来，上面再次显示出我的口腔中即将接受修复的区域的影像。然后，她开始工作了。麦卡恩医生告诉我，可以利用这个机会听听音乐，但我还是决定保持清醒，活在"当下"，好好体验一番。我觉得，万一出什么岔子，我还可以更迅速做出反应。老话说，我可不是第一次经历这样的事情。

在整个过程中，麦卡恩医生都在愉快与我交谈。但是，对我而言，这可是一件艰难的事，要知道，我嘴里塞着各种工具呢，要想说话几乎是不可能的。然而，她在引导谈话时总能巧妙地问些简单的是／否问题。由此一来，我便感觉自己面对的是一位训练有素的专业人士。

一个半小时后，我离开麦卡恩医生的诊室，嘴里戴着一个新牙冠，脑子里充满着对牙科的新认识。牙科因为给病人带来的可怕经历而臭名昭著，但她们却如此轻易颠覆了我的认知。我对此颇为欣赏。

这家牙科诊所预先了解到我所有的需求，全程无缝互动，整个过程的每一步都照顾到我的情绪状态。我带着一颗坏牙进入诊所，离开时已是她们的终身客户和超级粉丝。我在欧若拉口腔医院麦卡恩医生这里的第一次就诊，彻底改变了我在整个牙科行业的体验。

回到家里两小时后，我接到麦卡恩医生诊室的来电。前台导诊员像老朋友一样问候我，说："我们只是想打个电话给你，因为到现在这个时候，麻醉剂作用肯定过去了，而我们想要评估你的疼痛等级。"

哇！麦卡恩医生早就知道在戴牙套之后，我的"感觉"会随着时间的推移变得更加糟糕，而她想要确定我能否忍受这份疼痛。我告诉她感觉还好。她说："真是个好消息。你用了止痛药吗？"接下来，她询问了跟踪回访时必须提到的每一个问题，确保我一直能够感觉良好。然后，她给了我麦卡恩医生的私人电话号码，告诉我在接下来几天里，无论是感到疼痛，还是觉得出血了，或者有任何其他疑问，我都可以随时给医生打电话。

有没有医生在治疗结束后把自己的私人电话号码给你，然后让你在有任何需求的时候随时给他打电话呢？我以前从未遇到这种情况。更何况，仅仅是几小时之前，我才第一次见到麦卡恩医生呢！

自从接受牙冠修复手术之后，我就成了麦卡恩医生的忠实病人。我会去她的诊室定期洁牙、接受年度口腔检查、偶尔进行一些牙齿修复。每次回来后，我都忍不住想反复赞美我的牙医和她的诊所的工作。事实上，我刚刚搬到科罗拉多州不久，认识的人寥寥无几。尽管如此，我已经向她的诊室推荐了5个新病人，而且我打算以后只要机会就介绍朋友和同事去麦卡恩医生那里就诊。

互动	普通牙医	麦卡恩医生
行程安排	下次有空的时候	紧急情况／优先复查病人
文书工作	把复印件夹在木夹板上，用圆珠笔填写	移动终端／在线表格，只需回答一次问题
持续时间	启动慢，检查匆忙，前后三周反复就诊	及时治疗，只要你愿意，一次搞定所有事情
回访	"有问题随时打电话"	治疗后2小时内电话回访，24小时后电子邮件回访，一周内电话回访
整体体验	令人沮丧	非常棒

图 2-1　普通牙医与麦卡恩医生

最近，脸书上一次交流充分说明了口碑传播的速度有多快，同时还证明，如果遵循本书所提建议的话，你的公司能发展得有多好。谁会打心底里喜欢他们的牙医呢？喜欢麦卡恩医生的人肯定不只是我，其他人也都喜欢她。具体请看图2-2：

麦卡恩医生致力于为病人打造卓越的客户体验，这在整个牙科行业中都是无人可比的，至少从我个人经验来看是这样的。如果这个行业中还有谁比麦卡恩医生做得更好，恐怕我永远不会碰到，因为我决定将所有业务

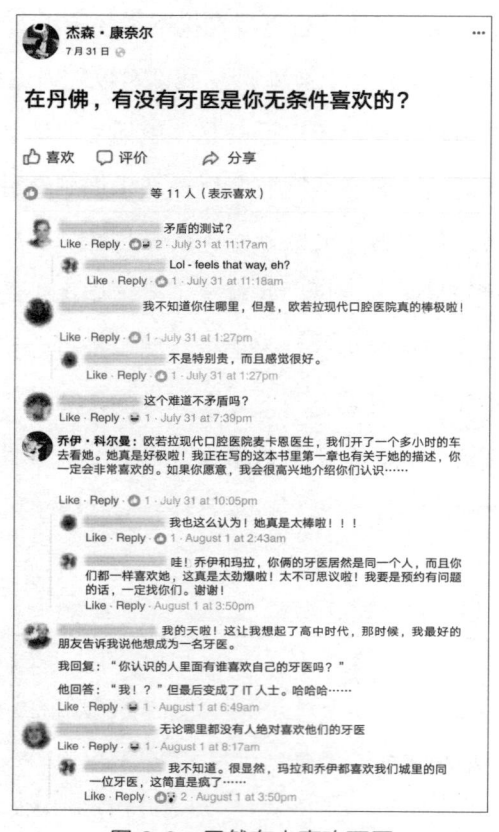

图 2-2　居然有人喜欢牙医

都永久性交给麦卡恩医生。有了如此良好的初次体验之后，我干吗还要费力尝试其他牙医呢？

麦卡恩医生不仅为我打造了一次轻松的客户体验，而且预见到我所有的情感诉求，并有心灵感应般地提供了准确的服务。她把她的私人电话号码给我，让我感觉自己和她们属于同一个大家庭。此外，她还用到其他技巧，我将在本书中对此逐一陈述。学会这些技巧之后，只要赢得一个客户，你就永远都不会失去他。

既然一位牙医可以通过打造卓越的客户体验来赢得客户毕生的忠诚，世界上每个行业的每一家企业也都可以做到。

第三章

丢失客户的代价

你会花多少时间去争取潜在客户？花多少时间陪客户吃饭？花多少时间向客户献殷勤？

你会花多少钱力争为公司获取新客户？

你们公司有多少人关注市场宣传和销售？

下面，我再提一个更重要的问题：

你通常花多少时间、金钱和精力，以努力维持自己的现有客户？

几乎每家企业都会花费大量时间、金钱和精力去努力拓展新客户。客户获取方面的费用通常是企业的最高单项支出，许多高管可以细数客户获取方面的开销，哪怕不能精确到美分，也至少计算到美元。

然而，在所有如此费心费力争取客户的企业中，几乎没有人会**在获取客户之后还努力维持他们的客户关系**。

那么，接下来会发生什么呢？答案是，客户们会纷纷离开。

多数企业的客户正在大量流失，而企业却不自知

我第一次意识到客户保留问题是在 20 世纪 90 年代后期。那时候，几乎每个行业都受到该问题的困扰。有一次，我在报纸上看到报道，是有关银行如何通过营销和广告来赢得新客户的，我知道这个，因为我也是被银行吸引过来的客户之一。从中了解到的事实令我大吃一惊。

从历史数据来看，银行花费大量金钱去获取新客户，差不多要在每个新账户身上花费 300 美元。从经济效益来看，这是合理的，因为银行与客户之间应当遵循以下常态：

1. 客户在银行开户。
2. 客户所开账户会在该银行维持很长时间。

个人或企业与银行维持业务的时间越长，向银行服务支付的费用就越多。银行获得的客户越多，赚得的利润就越多。

我在阅读公司执行委员会"服务业新客户开户计划"报告时发现一个小黑幕，即 32% 的银行新客户会在一年之内离开，这便弱化了各银行获取客户时所用策略的作用。

看到这里，我不免大吃一惊。让我们做个简单的数学计算题吧。采用平均算法，银行获取一个客户需要花费 300 美元，每个客户每个月向银行支付 12 美元账户管理费。倘若只看这笔保障性管理费，银行需要 25 个月（也就是两年多时间）才能收回在获取该客户时的原始投资。如果 32% 的客户在 25 个月之前就离开的话，那意味着银行有 32% 的新客户投资会亏损！

这就提出一个很急迫的问题：为什么？为什么客户流失会造成如此巨大的损失？虽然说银行财务费用的规模大得令人吃惊，与之相比，对于那些经过银行开户的烦琐过程，然后又决定离开的客户而言，他们所遭遇的不便实际上更可怕。

第三章 丢失客户的代价

回头想想你上次去银行开户的情况吧。坦白来讲，那绝对是一段既麻烦又令人十分痛苦的经历。

通常来讲，银行开新账户的流程是这样的：你先是走进某个银行的当地支行，拿出政府颁发的身份证，填写大量的文档材料，存入第一笔钱作为账户启动金。接下来，你再申请支票账户，申请一张储蓄卡，设置储蓄卡密码，再重新注册，申请开通在线支付和直接存款业务。然后，你会继续保留原来的银行账户及其相关业务，把里面的钱转到新账户中，最后再注销原来的银行账户。当然，很多人会在若干个月时间里同时保留新的银行账户和原来的银行账户。

客户在花费那么多时间、精力和耐心完成上面那些烦琐的开户步骤之后，又脱离该银行，那是一件多么令人难以置信的事情。可居然有多达32%的新客户就是这么做的！

事实上，一年之内走掉的客户中有20%的人竟然连一次业务都没有办理过。他们没有在ATM上取过一次钱，没有做过一次支票清算，甚至连在线购物账单也没有支付过。

令人震惊的是，一年之内走掉的客户中有50%的人在100天之内就与银行停止了业务往来！客户与新开户银行之间的关系几乎还没有开始，甚至还没有注销原来的银行账户，便已不在新银行办理业务了。

看到银行客户流失情况报告之后，我意识到一个非常紧迫的问题。我们都知道银行界非常注重最低保障和获取新客户的成本，而客户保留率又是"银行家DNA"的一部分，如果客户流失是银行界的通病，那么，其他行业的情况又是怎样的呢？

于是，我开始搜集资料，研究世界各地所有行业和市场的情况，结果真是令人难以置信。

尽管手机合同是出了名的严苛，要想违约必须付出巨大的代价，但还是有21%的电信客户会在100天之内违约。

没有人会在自己的汽车出故障时感到高兴，而喜欢汽车维修经历的人就更少了。60%—70% 的车主在去了一次汽车修理店之后，就再也不愿踏入那家店一步，因为他们第一次的经历实在太糟糕了。

餐馆能否生存，取决于他们能否让顾客继续坐在自己的店里。然而，去过 Chuck E. Cheese 比萨店的新顾客中有 46% 的人永远不再踏入一步。店方如此努力获取的顾客中几乎有一半的人如此讨厌这次经历，所以，这些人永远不会再回来。

在不断发展的软件行业中，这种客户流失的情况更严峻。21% 的新客户甚至在 100 天还不到的时候就走掉了。

在综合电信服务商提供的互联网、电话和有线电视服务方面，100 天之内的客户流失率高得令人难以相信。尽管大部分公司不愿意公开 100 天之内的客户流失率，但企业在最初几个月之内的客户流失率为 30% 以上的情况十分普遍。

无论你的企业在哪里，也无论你从事的是什么行业或者企业规模如何，你都有可能在头 100 天内丢失 20%—70% 的新客户。公司花费了大量的时间、金钱和精力才能获取一名新客户，但却在销售完成之后大量流失这些新客户。

既然如此，为什么公司不把注意力放在如何留住他们花费了巨大努力才赢得的客户身上呢？

为什么会丢失客户？

为什么会丢失客户的具体原因可能有很多，但从总体上来看，这些原因可以归结为一个简单的事实，那就是：**你之所以丢失客户，是因为他们觉得自己在成交之后没有受到重视。**

回想一下你上次与某人停止业务往来的情况吧。

你可能说是因为价格太高了，而事实上你完全有能力支付那些费用。你可能说是因为方向不同，而事实上你并不是真的需要做改变。你可能说是因为自己再也不能获得增值，而事实上你还是在受益。你可能就是不跟他们做生意了，甚至没有说为什么，而当公司似乎不在乎你离开与否时，你就更加坚定了自己离开的决心。

通常来讲，公司在引起客户注意和劝他们购买时都做得很好，但在销售成交之后却几乎**无所作为**，不会为客户创造有意义的或者卓越的体验。

客户离开的原因有很多，但最主要的原因在于 B2C 情感历程的系统性忽视。这并不是因为他们不在乎，而是因为他们做生意的方式、企业的激励方式和结构设置在客户体验方面形成了盲点，而这个盲点正是问题之所在。

没有考虑到客户的情感和体验

几年之后，很多公司都已经发展壮大，有了更多的部门、员工和规章制度，而有关人性的重要交互和讨论却越来越少。在现代企业中，我们经常听到这样的说法："这不是感情用事，这是公事"；或者"工作是工作，私事是私事，两者不能混为一谈"。人们坚信，私人关系、有关情感的谈话和情绪的显露都只能留在家里，而应该远离生意场所。

因为企业变得更加冷漠，而且更加制度化和结构化，却没有人再考虑这些政策对客户的影响，这让客户越来越觉得自己得不到企业的关注。

在大部分企业中，没有人会专门设计新客户体验，对客户体验过程进行结构化、逻辑化处理，或者前后一致地实施客户的情感之旅，并为客户体验做出有意义的贡献。例如，企业均假定客户会认真阅读合同细则，只要看了前面的内容就会知道接下来会发生什么、该怎样做。尽管做出这些假设的人通常都不看合同细则，但他们自己却被要求在合同上签字！

在后来的客户关系中，如果这些细则反过来会伤害客户的话，细则理解方面的意见不一致，就会成为问题的导火线。事实上，这种情况经常出现，例如在租车、签约电话服务商、选择健康保险计划时。一旦出现矛盾冲突，客户往往会发现自己在购买商品或服务时的理解与公司的实际处理方式之间存在巨大差异。客户往往会很惊讶地发现,他们得自己承担所租汽车的维修费用,哪怕是最普通的车门刮痕也不例外。客户会愤怒地获悉,自己在合同到期之前转换电话服务商需要支付巨额的罚款。客户会心碎地发现,有一项必需的健康手术居然没有列入他们所选择的保险条款当中。

最后,公司签订新客户的步骤与流程只与公司经营保持一致,却不会关心或关注客户的体验或需求。如果说有客户体验的话,其中大部分充其量是偶然为之,因为没有可供公司或客户遵循的清晰的活动引导图或相关时间节点的计划图。

大脑科学和基本的人类行为受到忽视

大脑科学表明,即使一个人了解、喜欢甚至相信公司的提议,在成为公司客户之后,他内心也会存在担心、怀疑和不确定性等情绪。

新客户的心里开始怀疑公司,加之组织上没有对客户进行引导,他们便陷入更强烈的负面情绪之中。而且,这种情况会变得更糟糕,因为新客户的担心、怀疑和不确定性情绪与公司获得新客户的高兴、愉悦和兴奋之间存在着明显差异。

他们离开的速度远比你想象的快得多

当前的企业潮流是美化增长、激励获取新客户,却没有好好考虑客户的情感历程,低估了维护客户关系的价值,付给面向客户的职工报酬过低,也没给他们提供足够的装备,更不要说彻底忽视了客户最基本的生物行为和人类行为。

如此一来,客户在签约后快速离开便不足为奇了。但是,如何才能阻止客户的快速流失呢?你需要做的是,在新客户开始与你合作后,重点关注他们的客户体验。

第四章

客户流失：既是结构问题，也是文化问题

企业结构的重心是客户获取，而非客户体验

有关客户体验和客户维持的问题，我研究了近 20 年。在此期间，我发现无论企业规模大小如何、覆盖范围多大，也无论企业在哪里、收益如何，或者提供的条件怎么样，在有关客户维持方面，这些企业都存在以下三个主要问题。

1. 企业对结果的处理能力不如对过程的把控能力

俗话说，最令人兴奋的是追逐的过程，而不是最终的结果。在大部分公司中，这种情况似乎尤其严重。在成交之前，企业会款待吃喝，邀请潜在客户参加体育运动、名人云集的外出游玩并享受美食。但是，一旦"目标人群"由潜在客户变成签约客户，销售团队及其无限量的预算往往就无影无踪了。

就像有关如何约会的建议一样，大部分企业都把重心和注意力放在如何劝说对方接受自己的邀约，至于对方接受邀约之后该如何相处之类的事

情,则没有多少人会去努力了解或关注。从公司在做成一笔订单后对客户的态度中,你可以清楚看到这一点。当销售完成的时候,他们就会把客户交给客户经理或者客服代表,但这些人从来不参加前面的"邀约活动"。除了年度考评时的一通电话,销售人员几乎不太会联系客户。

你能想象这样的约会吗?先跟一个人约会,历经种种激动人心的相处之后,当你全身心投入其中之后,你却被"指定"给另一个完全陌生的人?

现在,你追我赶的游戏已经结束,一度令潜在客户和销售团队激动不已的剧情也已落下帷幕。只剩下新签约的客户独自感伤,感叹自己犹如企业海量数字中的一小滴雨露那样毫不起眼。这种情况毫不奇怪,因为几乎所有企业都会告诉新客户一个客户号码,一个让人无法记住的数字,作为他们初次参加企业内部活动的编号。

客户不再觉得自己被人需要,更不用说受到什么特别对待了。

但是,如果你因自己对待客户的态度感到内疚的话,千万不要对自己太过苛刻。这是当前企业的盲点。你的遭遇也并不是个案。

即使是一些最成功的公司,哪怕他们在其他方面都老于世故,在维持客户方面也往往惨遭失败。

对个人而言,成为签约客户后的体验是个被粗鲁对待、令人十分不舒服的过程,再加上完全没有交接确认,这种体验就更糟糕了。与销售人员沟通过的信息几乎不会传递给客户经理,如此一来,客户会觉得没有人听到自己说的话,没有人欣赏自己,更没有人看重自己。如果他们还需要向客服代表再次解释所有情况的话,那就更过分、更令人恼火了。

2. 公司对客户获取的奖励超过对客户维持的奖励

大部分企业结构都是为奖励新客户获取而设置的。在大部分企业里,"明星员工"都是那些给企业增加新客户的员工,而不是那些在销售之后让客户心情愉快的员工。

似乎这样的行为还不是最虚假的,大部分公司的领导往往都是从市场或销售中脱颖而出的。因为他们懂销售和市场，所以能够从中快速获得指引和建议，还能获取焦点和兴趣点——这都是他们非常熟悉的领域。

这样一来，往往会在公司形成这样的倾向：奖励、认可并提升那些面向企业外部、关注企业新发展的员工，而不是认可那些面向企业内部、把工作重心放在如何让当前客户高兴的员工。

企业在市场和销售方面投入巨大的资源，相对而言，在客户维护方面的投入则少得可怜。2017 年，杜克大学富卡商学院、德勤会计师事务所和美国市场营销协会联合开展的首席营销官年度调查发现，企业用于营销的平均支出是其总收入的 6.9%，其中用于客户维持活动的经费却不足 1/5。

似乎这样真金白银的支出情况，还不足以证明公司在市场营销和销售方面的投入已经高于其他方面，亚马逊网站上的书籍搜索数据也很引人深思。某周书籍分类搜索的调查显示，含"市场营销"字样的书籍被搜索了 31.1257 万次，含"销售"字样的书籍被搜索了 101.3313 万次，而含客户服务、客户体验和客户关怀等关键词的搜索全部加起来也只有 3.0198 万次，而且这些结果中有关售前活动与售后活动的比例是 43∶1。下面这张客户购买生命周期的图可以更清晰地说明这个问题：

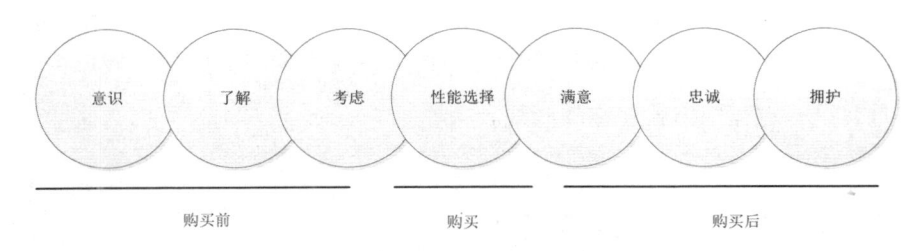

意识　　了解　　考虑　　性能选择　　满意　　忠诚　　拥护

购买前　　　　　　　购买　　　　　　购买后

图 4-1　客户购买生命周期

大部分企业都把所有的时间花在上图左侧的购买成交之前。他们努力提高目标客户对自身企业或品牌的了解、认识和认可程度，然后引导对方考虑自己的提议，并最终试用或选购其产品或服务。如此努力聚焦市场营销和销售是当前企业界的普遍做法。

尽管客户生命周期表中"购买"的左右两边各有三个因素，表示购买前后的活动是相对平衡的，但很少有企业关注客户生命周期表右边的三个因素，即确保客户满意、获得客户忠诚和赢得客户拥护。在当今的一般企业中，几乎没有人会关注销售签约之后的事情。

3. 从事客户服务／客户体验的员工被边缘化

大部分企业都将从事客服管理和客户服务的员工置于公司人员结构的最底层。通常情况下，从事客服工作的员工都是按小时支付工资。大部分组织中都没有从事"客服管理"的员工会因为表现突出而赢得财务激励、度假或者参加颁奖典礼，只有市场营销和销售团队才能获得这些福利。从事客户服务／客户体验的个人往往要向另一个部门汇报工作，例如市场营销部、销售部、运营部等，这些部门的负责人则直接向公司执行总裁汇报工作。公司高层听不到客户服务／客户体验的声音，因为客服人员在执行会上没有一席之地。由此一来，人们便把他们所做的工作看成商品一部分，或者完全对其视而不见。

实际上，很多公司都鼓励面向客户的员工在单个客户身上**花更少时间**。员工在这方面获得奖励的多少是根据他们能够在多少时间内处理好客户打进来的电话而确定的。

这一点关系重大。很多因素的共同作用造成了客户流失的严峻形势，并且在这一过程中摧毁着你的底线。

糟糕的客户体验对融资的影响

客户流失对企业成本的影响除了减少其直接收益之外，还包括以下方面。

首先，客户流失会增加企业在客户获取方面的沉没成本，而这是永远都赚不回来的。其次，每丢失一个客户都会降低企业的总利润。再次，如果不能保持稳定的客户基础，几乎不可能维持企业的发展。第四，每次丢失客户都会使团队士气受挫。最后,每次客户流失的时候,员工情绪都很失落;但他们似乎很快就将之抛诸脑后,也不会做出任何改变来阻止下一次的客户流失。

单独来看,以上每一项成本都很重要。但如果综合起来看,他们带来的影响是巨大的。

在众多领域里,客户保留率增加5%就能带来25%—100%的利润增长率,弗里德里克·瑞奇在《客户忠诚的影响》一书中如是说道。

如果你像我一样不擅长数学的话,或许会对此说法表示怀疑。5%怎么可能会等于25%—100%呢?

你或许不知道瑞奇,但你肯定对他的工作有所了解。他是《纽约时报》畅销书作家,也是企业战略专家,以忠诚的商业运营模式和忠诚的市场营销研究而闻名。你可能更熟悉他的"网络促销管理系统"。对其工作原理,瑞奇做出了如此解释:典型的企业经营都披着某种利润的假象。每一个留存客户都能提高企业的总利润,有两个原因:

1. 保持新客户的维护成本远低于开发新客户的成本。
2. 当企业无须销售和营销成本时,客户获取方面所花费的钱全部由企业承担并直接影响最低保障。

在大部分企业中,客户获取成本是企业预算中排名前三的最大支出之一。对于某些企业而言,客户获取成本甚至是最大的支出。

如果能够留住更多的客户、减少客户获取的支出,营销和销售人员可能会不高兴,但实际利润却会增长25%—100%。各个不同行业的实际情况反复证明了这一点。

现在,请问自己以下几个问题:

如果你一如既往用过去的方法与每个客户做生意,你的公司能发展到多大？

如果你不再丢失客户，你可以多节约多少钱？

你的利润可以增加多少？

公司发展速度能增加多少？

留住客户的诸多好处

与努力获取新客户相比，为现有客户创造卓越体验的效率更高、效果更好、利润也更高。

如果公司优先考虑客户体验，就能激发员工与客户之间的互动。随着员工逐步意识到自己的工作目标，他们便有了新的工作动力，员工的整体士气也随之大增。因为企业看重生意的价值，客户有了新的理由与之做生意后，企业的利润和收入也就增加了。随着客户体验情况的改善，员工经验丰富了，反过来更有利于客户体验的发展，由此形成良性循环，整个生态系统也将随之繁荣发展。

但是，如果不相信我说的话，看看数据怎么说。

根据营销绩效，向新的目标客户推销时，成交概率是 5%—20%，而向现有客户推销的成交概率可能高达 60%—70%。因此，聚焦现有客户更有利于销售成交和企业成长。

忠诚客户带来的终身价值是其初次购买时所创造价值的 10 倍以上。就像存在银行账户里的钱一样，客户忠诚度方面的投资会随着时间的推移而产生复利。

获取新客户的花费是留住现有客户费用的 6—7 倍。因此，把注意力放在留住现有客户身上可以保持更低的成本。

当被问到自己的消费习惯时，70% 的美国人表示更愿意购买他们认为能提供**卓越客户服务**的公司的产品，90% 的人愿意花更多的钱确保卓越的客户服务。与老客户做生意不仅更容易，而且能够提高"钱包份额"。尽管很多企业会觉得自己正在提供卓越服务，但本书中所设计的技术和方法都是为了让客户感受卓越的客户体验，这显然不同于很多公司"好"不就是"足够好"的情况。我们将通过大量案例分析来探索如何提高客户体验，并探讨实施卓越体验计划的具体细节。

一项又一项的研究表明，所有行业的客户都喜欢与自己熟悉的企业做交易。如果你能提供卓越的客户体验，客户就会愿意继续与你做生意，而且还会介绍他们的朋友。我们将在后面几章进一步讨论这方面的内容。

未来最重要的是维持客户

最容易看清趋势的方法是观察硅谷初创公司的行为。在过去两年中，风投资本家对客户流失率低的公司给予了明显更高的估值。Gainsight 公司提供了一个例子，有两家公司，一个的客户流失率是 5%，另一个是 20%，他们第一年的市值非常相似。然而，经过 5 年发展之后，它们的估值却有了巨大的差别。

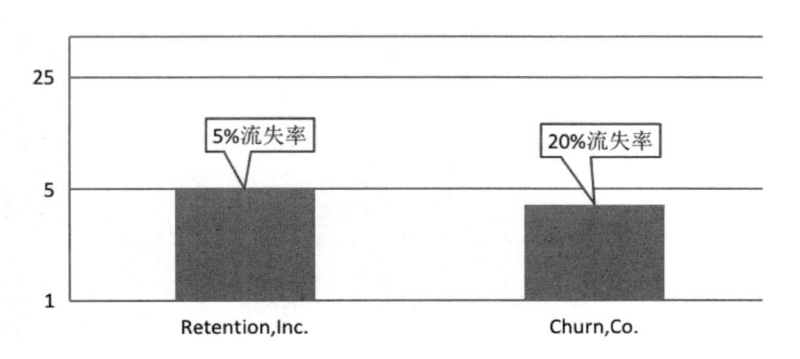

第一年公司估值（单位：百万美元）

图 4-2　两公司估值对比图

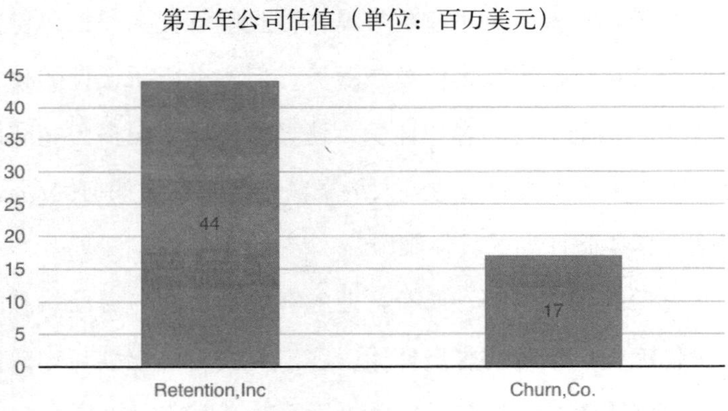

第五年公司估值（单位：百万美元）

Retention,Inc: 44
Churn,Co.: 17

图 4-3　5 年后两公司估值对比图

从上图可见，经过 5 年发展之后，客户保留率差异对应着两家公司 280% 的估值差异。随着企业发展逐步走向成熟，留住更多客户确实可以用综合效果来抵偿成本。

考虑到客户流失的巨大损失，不难理解为什么会有如此多的企业想要留住自己的客户。但是，在集中精力留住客户之前，我们必须先弄清楚他们离开的原因。

第五章

什么是客户体验

这个问题并不像听起来那么荒谬。根据我的经验，大部分企业管理者都认为自己知道什么是客户体验，但就是在这些人所经营的企业里，每年会失去 20% 以上的客户。

在提出如何解决这个问题之前，我先简单介绍我们是如何进入客户流失率居高不下的困境的，以帮助我们理解这一困境意味着什么。

客户体验简史

20 世纪六七十年代，如果你在商场购买新产品，回家后打开包装的时候，它很可能是破损的。

现如今，我们很难相信，人们居然能够接受这样的商业行为。当时很多顾客会在回家之前就**在商场**打开产品包装，以确保它是能用的。我清楚记得，我曾亲眼看到我父母这么做的情景。可以说，过去的人只要得到自己花钱买的东西就满意了，而不管它是否达到了自己期望的结果。事实上，那时候的顾客只要得到了自己花钱买的东西，他们似乎就很激动。

20世纪80年代，企业界的持续改进运动将实现制造业零缺陷列为工作重点，聚焦全面质量管理和程序与流程的标准化，用以消除商品缺陷和浪费。

最先实施这种方法的是汽车制造业（例如"丰田之道"），然后是其他制造业。当其他行业都采纳这种哲学观并将之付诸实践后，全球各地的客户期望都开始发生改变。

1986年，摩托罗拉工程师比尔·史密斯提出了"六西格玛"概念，这是一套特定的技术和工具，旨在改善企业质量流程。当杰克·韦尔奇将之作为通用电气公司核心企业策略之后，六西格玛迅速受到美国各大企业的青睐。消费者不再接受企业销售破损产品的行为。没有采纳这种改进后的操作实践并有效控制其缺陷的公司将无法生存。

20世纪90年代，戴尔计算机公司推广了"即时生产"模式。潜在客户致电戴尔公司，与兼任销售员的"技术专家"讨论自己对计算机的需求。于是，满足客户个人具体要求的新电脑便生产出来了。客户不再被迫"按原样"购买东西。这种定制产品的需求迅速扩展到其他产品生成领域。客户想订制他们生活中的所有东西，从汽车到高尔夫球杆，再到家里的炉子等，不一而足。

企业很快了解到，如果想要保持竞争力，他们必须在一定程度上为客户提供私人定制服务。那些允许独特性和个性化渗入自己品牌的公司脱颖而出，而那些"谨慎行事"的公司则成了米色盒子，无人问津。

到21世纪，随着制造成本的降低和全球航运及物流管理的改进，所有产品的平均成本都大幅降低。标榜"永远低价"的沃尔玛公司急剧扩张，将低成本商品带到世界各地的每一个角落。

21世纪前10年见证了商业界的一个重大变化，制造成本和全球范围内分配货物的成本直线下跌，客户开始期待厂商能够一年365天、一周7天、一天24小时提供服务和产品。

到2010年，由于手机和平板联网的出现，客户开始习惯于随时随地、瞬间联通自己想要的任何产品或服务。

综上所述，客户体验发展经历了如下变化：

20 世纪 70—80 年代，企业只要做到零缺陷就能与众不同。

20 世纪 90 年代，企业可以通过私人定制与众不同。

21 世纪前 10 年，一年 365 天、一周 7 天、一天 24 小时提供产品或服务是与众不同的方式，但当所有企业都时时"在线"之后，这种方式很快就过时了。

那现在呢？

产品零缺陷、提供私人定制、低廉的价格、随处可得已经成为所有行业的普遍标准，因此，若想在竞争中脱颖而出，企业唯一能做的就是提升**客户体验**。

客户服务不等于客户体验

很多人会错误地混淆"客户服务"和"客户体验"两个术语。但我认为它们的性质截然不同：**客户服务是被动反应，而客户体验则是积极的主动反应。**

为了确保大家意见一致，我们先来看看**客户服务**的定义：

> 客户服务是公司向购买或使用其产品或服务的人所提供的帮助和建议。

再来比较**客户体验**的定义：

> 客户体验是客户在与公司互动过程中的感受。

相信我，你或许想记住这两个定义，以便有朝一日解释给某个人听。

客户体验包括客户在使用某产品或服务时所感受到的各种情感。当这种体验超越了该产品或服务本来应该达到的程度时,客户就会觉得自己享受到了非常棒的体验,从而打心眼里喜欢上这个品牌。

客户服务指的是在出了问题或者客户提出某种需求时企业所做出的回应。相对而言,客户体验走在顾客需求的前端,能够预见哪里可能出错,从而做出相应的互动安排,以避免问题的出现。客户体验是积极主动的。它是企业为了激发客户情感而营造的环境、感觉和情境。

客户体验不只是铁杆粉丝

20世纪90年代初,肯·布兰佳和谢尔登·鲍尔斯合著了《顾客也疯狂》一书,对企业与客户之间的关系提出全新的看法。该书假设的前提是,如果企业为客户打造出卓越的客户体验,不仅能使企业自身从中受益(因为客户投诉、客服咨询和资源全面流失的情况都大为减少),而且能在此过程中培养出大量铁杆粉丝。

然后,这些铁杆粉丝会将他们所知道的该企业提供的产品或服务告诉自己认识的每一个人。有了这些粉丝,企业可以减少市场营销方面的投入,因为粉丝们在替他们营销。从很多方面来看,《顾客也疯狂》这本书使得"口碑"的诸多好处广为人知。

"口碑"这个概念流行好几年了。实际上,你们或许读过布兰佳和鲍尔斯合著的这本书,并且认为自己知道了吸引**铁杆粉丝**的重要性。或许你们公司在努力吸引更多铁杆粉丝。

这很好。我们确实做了很多思考,而且都同意这样的看法,即善待客户和激发口碑都很重要。可问题是,大多数公司对于客户满意情况都只提出了概括性的模糊结论,而不去核查具体的统计数据。如果他们是诚实的,并且真正进行过评估就会发现,他们真正拥有的**铁杆粉丝**远比自己想象的要少得多。不过,大部分公司其实压根就不会去评估他们的行为。

第五章　什么是客户体验

他们所做的工作根本不起作用，而大部分人甚至对此毫无意识。

根据贝恩公司的研究，80%的受访公司认为自己提供了"卓越"的客户服务。然而，客户对这些公司所提供服务质量的感受却大不相同。只有8%的受访客户认为这些公司提供了"卓越"的客户服务。

这些公司没有跟踪客户的情感或体验，也没有定期报告，甚至没有清晰地了解其客户的冲动行为。很多公司想要为客户创造更好的体验，但却认为自己已经调动所有的资源、尽了百分之百的努力。

我们都想要拥有铁杆粉丝，但却从来没有人教过我们该如何培养铁杆粉丝。

毫无疑问，《顾客也疯狂》为这一造粉运动开辟了良好开端，它不仅提供了范本，而且激励了后来者。紧随其后的《客户黏性》以之为基础，绘制出前进的蓝图：**打造卓越的客户体验**，并持续性提供给所有客户，从潜在客户开始，直到他们转变成正式客户，始终如一。

客户体验不同于产品特征、设计元素，以及产品的功能和材质。要想"复制"其他企业的客户体验，即使有可能，也非常困难。于是，客户体验就成了你与竞争对手之间的决定性因素。

过去十多年以来，我一直在就客户体验的话题发表演讲。其间，我询问了将近10万名听众（几乎都在企业就职），为什么他们不给自己的客户提供美妙的客户体验？他们的回答无外乎如此："我们知道客户体验很重要。但是，**我们不知道该怎么办，也不知道如何开始**。"

我现在就来告诉你如何获得终身客户。

第六章

获得终身客户，只需100天

当我说客户体验很重要的时候，我的意思是，我们**必须**在一定时间内让客户体验到难以忘怀的经历。这不只是说客户与你相处的所有经历都应该是愉悦的，更关键的是客户什么**时候**体会到这种愉悦感。

我的好朋友，也是我的演讲同伴，约翰·詹奇在专著《胶带行销》一书中指出："只有客户得到了想要的效果，销售才算'完成'。"

通常来讲，客户需要在使用某项服务或某个产品相当长一段时间之后，才能确定这次购买是不是"值得的"。客户必须在获得自己想要的预期结果，才会成为你们公司真正的粉丝。你不可能只做好一次工作就拥有终身的拥护者。这是不可能的。

获得终身客户需要一定的时间，其原因之一在于，像Altoids那样的公司实在太少了。你买一盒Altoids薄荷口香糖，拿一颗在嘴里嚼几下，然后猛地一吹，你的呼吸变得清新了！起效迅速，而Altoids也实现了他们所提出的"超级清新"这一口号。然而，对于其他产品和服务而言，其"结果"并非立竿见影。客户在购买产品或服务之后，通常需要经过一段时间的磨合才能体会到其功效。

尽管客户可能需要一段时间才能得到他们期望的结果，但他们对与你合作的感觉在购买那一刻就开始累积了。从关系一开始，时钟就开始滴答作响，每次互动、每次接触、每次思想的交流和沟通都有助于他们深入了解你的企业。这些互动活动的每一次都很重要。随着它们的积累，它们的重要性也在增加，对整体体验影响的权重也随之增加。我们不可能指望先用6个月的时间证明客户的忠诚之后，再去向他们树立良好的印象。如果早期互动收效甚微，你就永远没有机会为客户打造卓越体验。

我想强调的是，售后第100天是确保客户忠诚度的关键时间窗口。这并不是因为100天是个准确的时间限制，而是因为它容易被人记住。对于焦点聚集而言，100天足够短；对于客户体验完整的产品或服务价值而言，它又足够长。在这100天时间里，你有机会与客户建立关系，给他们留下几次好印象，并且始终如一地提供卓越服务。这样一来，他们就会信任你，喜欢你。

这些最初的印象、最初的几次互动、早期的进展以及建立融洽关系的时刻，都有助于客户对你和你的企业产生良好的长期看法。也就是说，如果你在你们关系的前100天里一切处理妥帖，那你就可以留住一个终身客户。

100天的时间限制会根据行业的不同而不同。在一些企业中，当100天到来的时候，客户可能仍然在等待期望的结果。如果产品是公路，当100天到来的时候，甚至可能还没有进行实地勘探。在其他行业中，当100天到来的时候，客户可能正在积极地向周围人推荐自己使用过的产品或服务，因为他们得到了自己期望的结果，甚至比自己预期的还要多得多。

虽然有的人从新客户过渡到狂热粉丝的时间可能不到100天，但这样的情况很少。通常情况下，企业需要花几个月的时间来建立跟踪记录，确立信任的基础，并证明自己能够兑现承诺。在普通客户以声誉为担保，向朋友或家人介绍你的产品或服务之前，这项基础工作必须做到位。

总之，无论企业处于何种行业或领域，其要点都是一样的：100天时间期限足够长，所以你必须深思熟虑地思考问题；但又足够短，让人觉得是可控的。

你要想清楚的是，不同公司的起始日期（也就是第 1 天）会因为其程序或产品的不同而不同。例如，当你在网上买东西时，第 1 天是你在填写完付款信息之后点击购买的日子；在服务业中，第 1 天是新客户与你签订合同的日子；在零售机构中，第 1 天是客户签署信用卡收据以及商家交付商品的日子。简而言之，只要进行了资金交换或者签订了合同，就开始了 100 天倒计时。

顾客不会等到第 101 天再来确定对你的看法。我们的大脑运转太快了，一开始就会决定要把你当成"朋友还是敌人"。随着世界从农业化到工业化的转变，信息量、相关时间压力以及各种选择都增加了，人类实际上被迫做出更多的决定，而且做出这些决定的速度越来越快。

从是否"喜欢"脸书的状态更新，到点什么样的沙拉酱、穿哪件衬衫、买哪种牌子的黄油，顾客都在不断做出决定。研究表明，我们平均每天做出与食物相关的决定多达 219 个。人类每天面对的决策数量正在增加。要想在瞬息万变的世界里影响客户对你们企业的看法，你就必须做到与时俱进，与客户互动时也要头脑更敏捷、反应更迅速。

事实上，现代世界的特性就是过度刺激。有鉴于此，要想为获得客户信任并建立融洽的客户关系打下坚实的基础，你就**必须使用持续、系统的客户体验方法，并且持续 100 天**。

100 天的体验之旅涵盖 8 个阶段

所有客户都有可能在大约 100 天的时间里度过客户之旅中连续的 8 个阶段。我意识到这一点是在 2002 年 1 月，当时我正开始一项名叫"设计交响曲"的营销和设计业务。

我的第一项服务工作是 logo 设计。当时我相信并且今天依然相信，logo 的目的是让看到它的人既有心理反应，也有情感反应。心理反应指的是他们理解你的产品、服务或品牌，情感反应指的是他们基于与 logo 的最初互动所形成的对产品、服务或品牌的感觉。

我设计 logo 的目的是把公司做的事情和他们需要表达的感情融为一体。我与客户合作，在他们的 logo 中创造这种联系，然后迅速扩展出去，帮助他们在广告、网站、营销材料，甚至其内部运作中建立心理和情感上的联系，并做出相应的反应。

随着企业发展，我发现，当公司能够将自己的所作所为与其相关情感相结合时，公司将获得更大的成功，而且日程安排也会更紧凑。

这样的"设计"无异于电影制作。如果一部电影会让你哭泣、大笑或感到恐惧，几乎可以肯定那不是意外的。导演和制片人知道你会有某种特定的情感反应，所以他们设计并创作了这部电影，来为你创造这样的体验。

在商业中应用好莱坞技术时，主要的关注点应该是客户的情感旅程。如果企业以电影处理观众互动的方式来处理他们与客户的互动，那将会改变整个商业世界。

这就是新客户关系的前 100 天如此重要的原因。在此期间，客户开始度过自己的情感之旅。如果客户觉得他们的旅程不错，就会留下来；如果客户没有得到情感上的满足，就会离开。

在我建立自己的企业，然后帮助别人建立企业过程中，我意识到，有一个明确和系统的方式来打造客户体验。事实上，我非常震惊地意识到，每一家企业，无论是埃西百货、易趣网或亚马逊网站上销售小饰品的零售商，还是出售大型飞机的大型公司，都经历着同样的客户体验过程。

所有客户都会经历 8 个阶段，无论他们正在购买什么、如何购买，或者交付结果需要多长时间，这些阶段都是一样的。

现在，既然你理解了客户生命周期前 100 天是怎样回事，是时候探索客户体验旅程中的 8 个阶段了。

第七章

客户体验的 8 个阶段

8 个阶段模型描述客户从第一次接触产品到成为其铁杆粉丝的过程。每个客户都可能会经历 8 个阶段，但大部分企业却未能自始至终陪伴客户走过每一个阶段。事实上，大多数公司都在第四至第六阶段停滞不前，便也无法享有忠诚客户和铁杆粉丝所带来的效益。

从下一章开始，本书将深入每个阶段，着重列举打造卓越客户体验的公司，继而概述一系列可资借鉴的步骤。通过这些步骤，你可以在客户旅程的每个潜在阶段创造令人难以置信的互动。不过，在此之前，先概述一下这 8 个阶段。

第一阶段：评估产品或服务

在评估阶段，客户正在考虑是否与你做生意。他们正在了解能从你的公司结构中获取什么，并（明确地或隐含地）分享他们对合作关系的期望。客户希望你日后能帮上忙，但他们充其量也只是持一种谨慎乐观的态度。如果你不能摆好位置、用绝妙的客户体验满足其需求，那他们就不会与你合作；如果你能让他们相信选择你是最好的，他们就会购买你的产品或服务。客户与组织之间的这种互动就是大多数人所说的"销售和营销"。在评估阶段，潜在客户正在**评估**他们面前的选择。

📝 第二阶段：认可产品或服务

当客户坦言他们遇到问题或者需要帮助，并相信你（即某个公司或组织）能解决当前问题时，认可阶段就开始了。结果是，他们会购买你的产品或服务。这就是人们通常所说的"销售"。但遗憾的是，大多数企业就是从这时开始不再奉行"以客户为中心"的策略了。此时，因为经过调查阶段，客户内心充满着欣喜、喜欢和兴奋之情。如果你没有意识到这一点，就不能抓住机会将这种高涨的情绪与自己的产品或服务联系在一起。如果你能迎合客户此时的情绪状态，就可以延长这些良好体验的持续时间。当客户**认可**你的产品或服务时，就会从潜在客户变为真正的客户。

❓ 第三阶段：确认交接活动

确认阶段更多地被称为"买家懊悔"阶段。这时候，客户开始质疑自己与你合作的决定是否妥当。几乎每个生意人都听说过买家懊悔这个概念，但却很少有人会采取相应的行动来消除客户的担忧、怀疑和犹豫等负面情绪。如果你不消除客户的负面情绪，若想让他们重新感受到认可阶段所体验到的快乐、喜悦和兴奋，你就需要付出更多的努力去加班加点。如果你（在负面情绪变成永久感受之前）关注客户暂时的负面感受，就可以迅速将他们原来的消极情绪转化为积极情绪。因此，你必须尽快与新客户**确认**你们之间的合作。

⚡ 第四阶段：激活客户体验

当客户和企业间的关系第一次以有意义的方式呈现出物质形态，而企业也开始履行在评估阶段所做出的承诺时，随着售后的第一次重要交互，激活阶段便开始了。激活阶段开始的标志可以是客户收到自己所购买的产品、公司启动服务项目或者召开促进事情发展的项目启动会。看到项目开始启动时，客户会很兴奋，同时难免隐忧，不知道事情的发展是否会如卖家起初承诺的那样。如果你开始的方式欠佳，那将很难摆脱糟糕的第一印象；相反，如果你一开始就表现出色，你将有强劲的势头给顾客留下深刻的印象。此阶段的标题和相关图标会指引你激活与客户之间的关系，并推动它向前发展。因此，你需要以一种重要而有意义的方式来**激活**新的关系。

第五阶段：适应产品或服务

在本阶段，客户会了解公司的业务处理方式（而且很可能会感到满意）。为客户提供成百上千次甚至上百万次产品或服务的企业中，有太多的企业都想当然认为，世界上所有人都非常清楚他们企业处理业务的具体过程。但对客户来说，这很可能是他们第一次体验到某个企业特殊的做事方式。由于客户不熟悉企业的经营方式，最好的情况是客户不确定如何继续合作，最糟糕的情况是客户对企业感到沮丧失望。如果你不能恰当引导客户去认可你的做法，他们永远也不可能成为你忠实的长期客户。如果你确实能够手把手地带领客户一路向前，当他们接受你的做法时，你自然而然收获了客户的忠诚。因此，你必须让客户**适应**你的运营模式。

第六阶段：达成客户初始目标

当客户获得他们最初决定与你合作时所谋求的结果时，客户体验进入达成阶段。这可能是他们使用产品并获得预期效果的时候，也可能是你的服务满足他们在关系开始时所抱有的期望的时候。如果你不交付产品或服务，客户可能表现出不满、愤怒等情绪。如果你确实交付了产品或服务（客户也同意），且一切如期进行，他们会感到高兴，甚至欣喜若狂。因此，为了关系的发展，客户必须**达成**他们最初的目标。

第七阶段：接纳产品或服务

在接纳阶段，客户在关系中处于主导地位，进一步深化和强化双方的纽带关系。在此阶段，他们会自豪地表示支持并亲近你的品牌，会因与你的声誉联系在一起而激动不已。如果你未能让他们觉得自己是专属群体中的一员，未能得到独特的回报，未能参与一种特殊的、共享的语言体系中，他们便不会完全忠诚于你的品牌。如果他们真的觉得有必要认可你，就会成为你的终身客户。你肯定希望客户**接纳**你的经营方式并在关系中居于主导地位。

第八阶段：拥护企业品牌

在拥护阶段，客户会成为狂热的粉丝、热情的推广者和热心的咨询接待员。在此阶段，他们会成为你们品牌固定、免费、自发的营销代表。在其他可能从你的产品或服务中获益的潜在客户面前，他们会大力称赞你。如果你未能让他们得到各自的利益，未能说服他们帮你推销，他们可能会继续做你的客户但却不会帮你拓展业务。如果他们动力十足地推荐你，你的公司将以无与伦比的方式快速发展。终极客户将会无条件**拥护**你的企业或品牌。

是的，所有 8 个阶段都适合你的企业！

8 个阶段对**每家**企业来说都是一样的。不管你服务于哪种类型的客户、在哪个行业经营企业或者提供哪些产品或服务，这 8 个阶段出现的顺序都是相同的。

所有客户都要经历这些初始阶段。如果你一直帮助他们，他们就会继续完成这个过程，并最终到达最后阶段：成为你和你的企业拥护者。

如果你一路上不给他们引导，客户可能在某个阶段止步不前，然后不进则退，抑或最糟糕的，彻底退出客户体验之旅。

第七章 客户体验的 8 个阶段

根据企业类型的不同，客户在每个特定阶段停留的时间也不同。但大家的目标都是一样的，那就是让客户顺利通过各个阶段，最终使你**不再丢失客户，并让每个客户成为你的终身客户**。

各阶段可用的 6 种交流方式

当你与客户互动时，有 6 种重要的交流方式。这些方式全部投入使用时，它们会从整体上创造出卓越的客户体验。这 6 种方式分别是**面对面交谈、发送电子邮件、邮寄信函、打电话、定制视频和馈赠礼物**。每种方式都能创造不同的情感体验。他们对相关客户的影响取决于客户所处的阶段和相关交流方式的应用。我并不是建议你必须在每个阶段中使用所有 6 种方式，除非存在这种可能性。在接下来各章的结尾，我会针对每个特定阶段应用各种方式的情况给出相关建议，并分享一些案例，供读者参考。

面对面交谈

面对面交谈是人类最古老的交流方式。与客户围桌而坐，跟他们直接交谈，以及进行眼神的交流，这是创建和建设融洽关系的最有效方式。面对面交谈可以让你展示自己对客户承诺的兑现程度，以及他们对你业务的重要性。这些互动消除了在其他交流方式中可能产生的误解。

此外，这种方式能让你及时读懂客户的肢体语言，从而知道你的观点是否被倾听和被理解；同时还能让客户有机会读懂你的肢体语言，展示你的真诚。

@ 发送电子邮件

在一个全天 24 小时都在沟通的世界里，电子邮件已经成为企业与客户互动的主要渠道。电子邮件既实惠又便于跟踪。通过使用现有的技术工具，你可以了解到客户在什么时候阅读电子邮件，阅读了多少次，在不久的将来，你还有可能判断他们是否理解电子邮件背后的内容和意图。

作为沟通媒介的电子邮件很方便，因此，几乎每一家企业都将其作为与客户沟通的主要方式。同时，电子邮件在商业交流中广泛应用，所以它也就变得越来越常见。

现在很少有人坐在电脑前或手机前说："我希望收到更多的电子邮件！"但如果电子邮件有更大程度的个性化和更强的目的性，它仍不失为与客户交流的有价值方式。

✉ 邮寄信函

随着电子邮件的普及，实体信函或直邮（有时也被称为"蜗牛邮件"）几乎从人们的视线中消失了。

因此，空荡荡的邮箱现在是接近客户的更好方式。因为实体邮箱没有电子邮箱那么多的竞争，所以，使用这种媒介与客户进行交流可以迅速消除其他声音。

在这个日益数字化的世界里，实体交流比以往任何时候都更有价值。我们都有过在邮箱里收到手写感谢信和填满表格的感谢信（或者更有可能是经过垃圾邮件过滤器留下的感谢信）的经历，这两者之间的情感差异可想而知。

📱 打电话

"与某人联系"一词的意思是指把电话作为尽可能接近"面对面"的交流媒介。如今，普通客户不仅可以通过电话与你面对面交流，而且很可能在一天中任何时间、任何地点都能与你联系上。无论早上、中午还是晚上，91%的人都会把手机放在离身体不到1米的地方（触手可及）。

拿起电话和你的客户交谈，或者发送个性化的短信，可以让你以量身定制的方式与客户进行沟通。这种方式可以保证你立即联系到客户。想想我在装上新牙冠第二天接到麦卡恩医生电话所带来的影响吧（参见第二章）。我立刻接听了电话，与她进行了一次有意义且有深度的交流。就回复速度而言，短信的回复速度要比电子邮件快。根据行业协会CTIA（美国无线通信和互联网协会）的说法，普通人回复邮件需要90分钟，而回复短信只需要90秒。

▶ 定制视频

现如今，手机上内置摄像头比20年前市面上最好的摄像机更强大。

通过YouTube、脸书直播和其他在线视频平台，用户消费视频信息的速度越来越快。脸书首席执行官马克·扎克伯格相信："我们正在进入视频的新黄金时代，但大多数企业甚至还没有开始利用视频作为与客户交流的媒介。如果你往前推进5年，人们在脸书上看到的、每天都在分享的大部分内容都是视频。对此，我不会感到惊讶。"

利用视频为客户创建个性化定制内容是被大多数企业忽视的机会。普通公司或业主认为他们必须首先建立视频工作室，准备一块绿幕，调试光线，撰写脚本，录制视频，然后进行编辑，添加配音和动画，然后把视频发送给某个特定客户。其实，这种关于视频使用的观点与实际情况相去甚远。

研究表明，用手机内置摄像机拍摄的视频，因没有脚本，没有对背景或设置的太多顾虑，让你不仅更有可能获得新客户，而且还可以说服他们采取你想要的行动。简而言之，非正式视频的效果通常比编辑过的视频效果更好。

🎁 馈赠礼物

最后这个沟通媒介，即给客户馈赠礼物，似乎是理所当然的，却是在激发客户积极情绪时最容易被忽视的方式之一。虽然有些公司会顾及送礼的规章制度（取决于你所在行业和规则，这可能是合理的考虑），但正是那些用礼物感谢客户的创意方式，在客户与公司之间建立了其他媒介难以企及的关系和情感联系。

最好的礼物是有意义的、个性化的礼物。他们表现出与关系相对应的关心和体贴。如果你打算送一份标准化、"大容量"礼物，它其实会让人感觉枯燥无味或平淡无奇，在这种情况下，你最好不要送礼物。

更糟糕的是，有时候公司赠送的"礼物"根本称不上真正的礼物。给顾客20%折扣的优惠券并不是赠送**给顾客**的礼物，而是赠送**给公司**的礼物，因为你希望它能用来增加你的总销售额。给客户一个印有公司logo的杯子不是赠送给客户的礼物，而是免费的营销工具，是你希望其他人也能看到的促销物。

你不需要穿上斗篷，变得"超级有创造力"的样子来冥思苦想如何馈赠礼物，你也不需要倾家荡产花费巨额资金去购买礼物。问问你自己，如果你的客户是你最亲近的兄弟姐妹或者你最好的朋友，你会送什么礼物给他们？如果你喜欢在营销材料中称客户为"家人"，你就应该像对待家人那样给他们准备礼物，而不是像营销机器里的齿轮那样机械应对。

送个性化礼物并不像大多数人认为的那么难。例如，如果你知道某位客户是商务书籍的忠实读者，那么请一位顶级作者签名并提供个性化书籍就是很好的方式。如此一来，既可以让客户收到贴心而有意义的礼物，而且还有两个好处：首先，花费不到数十美元；其次，可以促进客户的成长和学习。

阶段、工具和客户，我的天哪！

提到客户所要经历的各个阶段和可以用来提升他们体验的工具，想想都是件艰巨的事。不过，反过来看，你或许可以考虑接受这样的事实，那就是你过去可能没有考虑过这些阶段，但现在可以考虑了。可能你以前只使用了两三种交流工具（这是我向听众调查他们当前的客户体验之旅时的平均使用数量），但现在你有了更多与客户交互的选择（见图7-1）。

请放心，在本书其余部分，我将介绍一个循序渐进的过程，用以评估

阶 段	面对面交谈	发送电子邮件	邮寄信函	打电话	录制视频	馈赠礼物
评估产品或服务（第八章）	财富工厂	宇宙来信	公司执行委员会			
认可产品或服务（第九章）	造一只熊，莱德美兄弟，安东尼·罗宾公司，Maverick1000，圣母院欢乐合唱团	安东尼·罗宾公司	Zogics		Zogics	安东尼·罗宾公司，Zogics
确认交接活动（第十章）	车美仕	盒中书，CD宝贝，卡斯珀，美捷步，兰姣角	盒中书，CADRE	盒中书，CADRE	全面债务自由公司	盒中书，CADRE
激活客户体验（第十一章）	世界银行		苹果公司，Tech 4 Kids，23andMe，基石投资		Tech 4 Kids	苹果公司，财富工厂
适应产品或服务（第十二章）	PolicyMedical，旧金山 CrossFit	PolicyMedical，旧金山 CrossFit，Acceleration Partners	PolicyMedical	达美乐比萨，达美航空公司		PolicyMedical
达成初始目标（第十三章）	约科咨询公司	在线培训师学院，Audible 音频网，约科咨询公司	Ongoing Operations，在线培训师学院	巴罗餐厅		Ongoing Operations，在线培训师学院
接纳产品或服务（第十四章）	苹果公司，哈雷－戴维森，喜达屋酒店		丝芙兰，芝加哥小熊队，泰勒·斯威夫特	Lady Gaga	Lady Gaga	丝芙兰，多特瑞精油，芝加哥小熊队，泰勒·斯威夫特
拥护企业品牌（第十五章）	Maverick1000，MastermindTalks	ViaCord，4Knines，Dropbox，达美／运通	匿名手提箱			Dropbox，达美／运通，Maverick1000，MastermindTalks

图 7-1 交流工具的选择

客户处在哪个阶段，映射他们的当前体验，并通过各种工具和技术优化他们在客户旅程中的体验。

先来看看客户生命周期的开始阶段，也就是第一阶段：评估产品或服务。

第八章

第一阶段：评估产品或服务

> 🔍 **评估阶段速览**
>
> 评估阶段是客户正在决定是否与你合作的时期。他们调查你的公司，并公布他们对这种合作关系的期望。大多数人称之为"销售和营销"。

价值 3.5 万美元的高尔夫球

在创立自己的公司之前，我曾在一家名为"公司执行委员会"的组织工作，该组织可以称得上是"营利性智库"。我们研究了世界各地优秀组织的成功秘诀，并以书面报告、主题演讲和现场研讨会等形式，与客户（或处于核心位置的企业高管）分享我们的调查结果，并给出相关的研究建议。

从会员服务副主任这个头衔来看，我的工作内容并不明确，实际上我就是销售员。我会见了财富 1000 强企业的众多高管，尽我所能吸纳他们成为会员。我会飞到每家公司总部，与他们的高管会谈一小时。在这短短的时间里，我试图说服他们每年花费（平均）3.5万美元，成为我们的会员，这样他们就可以获得我们的调查结果和研究建议。

有一天，在美国南部一家能源公司，我拜会了高管鲍比。走进他的办公室时，我惊呆了，因为那里的规模和装修完全出乎我的意料。办公室非常大，我猜可能有12米长、6米宽。更疯狂的是，办公室的一切都围绕一个主题，那就是……高尔夫球。

在自己办公室里，鲍比拥有的可不是20世纪80年代商业电影中那种把高尔夫球打进咖啡杯里的小型绿地练习场，而是**迷你型四洞高尔夫球场**！除了风车之外，其他一应俱全！

办公室墙壁上装饰着抛光的木镶板，木板上装裱着世界顶级高尔夫球场的照片。圣安德鲁斯、奥古斯塔、松树谷、辛纳科克山和皇家乡村的照片为整个办公室增添了一抹绿色。墙壁上有一个抛光木架子，挂着6个高尔夫球袋，里面装满各种形状和大小的球杆。

跟着鲍比，我来到他那张巨大的雕花木桌前。双方落座之后，我觉得自己别无选择，必须聊聊"高尔夫"的话题。我开口说："鲍比，看得出来，你很喜欢高尔夫？"

鲍比笑着说："哦，何以见得呢？"

然后，在接下来的57分钟里，我们热烈讨论着高尔夫球。我绝对算不上高尔夫球好手，但我之前花了足够多时间去研究网上的各种知识，所以我可以不时提一些有趣的问题，以表示我对高尔夫的了解不只是停留在工作层面上。

我很幸运，因为这次会谈一周之后，我将和家人（父亲和哥哥都痴迷于高尔夫球）去度假，而我们要去的地方是加利福尼亚州圆石滩（如果你不熟悉高尔夫球，我可以告诉你，圆石滩可是高尔夫球手的天堂）。我把这次旅行的事情告诉了鲍比，令我吃惊的是，他居然悄悄地说："乔伊，我还从来都没有去过圆石滩呢。"

"嗯，到时候，我一定告诉你那里的具体情况。"我向他承诺说。

关于"高尔夫"的话题到这里就结束了。此时，鲍比意识到我们的会谈只剩下 3 分钟了，于是他说："很抱歉！我们把时间都用来谈高尔夫球了，但我还约了别人，所以我们现在不得不准时结束。"

我从包里拿出随身携带的研究报告样本，说："没关系。我想说的是，加入我们，你就是高级俱乐部会员，感觉就像去奥古斯塔那样。我们的服务无微不至，甚至超出你的想象。周围都是你尊敬、钦佩和值得学习的同伴。我们就像你的企业智库，我们有最好的研究和最全面的知识，能保证你安全发展，规避风险，且无论是现在还是将来。这是我们为你准备的样本。非常感谢你抽空与我会谈。"我把报告递给他，然后离开了他的办公室。

一周后，当我在圆石滩小屋礼品店闲逛时，我发现一个高尔夫球，上面不仅有圆石滩的标志，还有美国高尔夫公开赛的标志。幸运的是，那年恰好是美国高尔夫公开赛 100 周年，而且公开赛将于几个月后在圆石滩举行。

我买了一个高尔夫球，向酒店礼宾部要了一张纸，然后写道：

亲爱的鲍比：

我们在圆石滩玩得很开心。一看到标志着公开赛 100 周年纪念的高尔夫球时，我就想到了你。我希望这个纪念品能有幸成为你办公室高尔夫乐园的一分子！

也许有一天，我们会有机会在这里一起玩……

乔伊！

我把信折好，连同那个高尔夫球一起放进联邦快递的袋子，第二天就把它寄了出去。两天后，我坐在高尔夫球场后排观看球赛，我的手机响了（这是对高尔夫极大的不尊重，我知道）。接通电话，里面传来我那一本正经的助手的声音，正用她那可爱的南方腔调慢吞吞地问我："你到底对鲍比做了什么？"

"怎么了？"我问道。

她说："我刚接到鲍比助理的电话，要我们的传真号码和合同，说他今天就要签约，成为我们的会员！"

> **速读宝典**
>
> 这不仅仅是销售问题。与客户建立联系，并到他们所在的地方去见面，然后坚持到底（抱歉，我忍不住又要提到高尔夫球会谈）。只要多努力一点点，做些不是自己分内事情的额外工作，就能得到巨大的回报。

评估阶段：你能解决我的问题吗？

客户体验的第一个阶段是评估，是某人**成为你的客户之前的阶段**。在此阶段，潜在客户将**评估**你的公司是否能解决他们的问题或者提供他们想要的产品或服务。有时候，评估是一种直觉，因为客户往往不知道自己想要什么，他们只是觉得自己需要**某样东西**。你在销售中讲述的故事未必能让他们产生情感共鸣。

许多销售人员和营销团队没有意识到的是，潜在客户正试图弄清楚，他们在售后会受到怎样的待遇（也就是说，一旦付款成交，他们的筹码是否就没了）。他们知道销售团队可以做出"任意承诺"，而具体办事人员则不一定会"兑现销售承诺"。通常而言，这种担忧都是下意识的。

关于评估阶段，"3.5万美元的高尔夫球"给我上了宝贵的一课。我从中意识到：

让人体验到与你合作的感受，比你实际的产品或服务更重要。

后来，鲍比告诉我说，他甚至没看我给他的那份报告，因为我让他体验到成为会员的感受，而且是用一种非同寻常的方式，所以我做成了这笔买卖。

高尔夫球案例是评估阶段影响力的最好证明。让潜在客户感受到与你合作的持续性，如果这种体验有足够的吸引力，他们就会情不自禁想要增加合作。

世界上最优秀的公司都会把售后服务的客户体验融入销售和营销，让客户感受到即将到来的卓越服务。这不仅会刺激潜在客户，促使他们心甘情愿在合同虚线上签字，而且还恰当设定了客户对成交之后的期望。

无关时间早晚，评估阶段总会出现

潜在客户在评估阶段所花的时间长短不一。根据客户、企业、产品或服务的不同，评估阶段可能是长期、中期或短期过程。此阶段可能持续几天、几周、几个月，甚至也可能只是几秒钟。

举个例子，某位高管想要聘请管理培训师，来教自己如何更好与员工互动。这位高管面临的选择有很多。例如，他可以研究和评估几位顶级培训师，可以与他们面谈，可以阅读他们的书籍，然后决定聘请哪位。这样的评估过程需要的时间可能是几周，甚至几个月。

再举一个例子，假设你需要花生酱，站在杂货店花生酱货架前，你看着几十个品牌的花生酱，只需要查看一下价格，考虑一下大小，再看看成分和包装……然后，只要几秒钟，你就能决定将哪种花生酱放到购物车里。

评估阶段的时间长短不仅取决于交易的重要性和规模的大小，还在于潜在客户愿意花多少心思，以及有多大的投资意愿。如果潜在客户认为某件事情是低收益、低风险的，通常会很快做出决定。反之，如果认为某件事情可能危害工作安全、影响家庭稳定或需要高额资金投入，通常需要更长的时间才能做出决定。

市场营销和销售往往忽视评估阶段

在企业里,评估阶段的相关活动通常由营销和销售部全权负责。无论是投放广告、分发促销材料、优化网站搜索,还是参加交易展销会,都是为了努力推动潜在客户做出最终决策,并在此过程中完成销售,从而让企业获得新客户。

问题是,关于销售或营销的所有对话几乎都不会涉及售后可能会发生的事情。

从传统意义来看,营销部认为自己的工作由两部分组成:

1. 让客户相信他们有问题需要解决。
2. 向客户提供能够解决他们问题的公司产品或服务。

现代企业的营销部则将自己的服务或产品当作客户实现目标和愿望的手段。于是,销售部将这些理想目标与产品或服务相结合,努力说服客户投入时间和金钱来达成销售。

然而,关于客户在售后能得到何种体验的实质性讨论,即便有,也相当稀少。

销售人员充其量会说"我们会照顾你""我们爱我们的客户"或"你对我们很重要"等诸如此类的话语。这些泛泛之谈都只关注与公司做生意的好处,却压根不涉及公司将如何帮助潜在客户达到他们预期的结果。客户被告知他们将得到照顾,但却从未被告知他们将如何得到照顾。

若想在未来的客户会谈中带入客户体验,有两件事值得重视:**分享和展示**。分享你们有关客户体验的理念,并详细解释服务机制,即如何确保在整个过程中提供一致的、卓越的客户体验。像对待老客户一样对待你的潜在客户,以此展示作为企业客户的实际感受。在评估阶段,出人意料的礼物、额外的接触和深思熟虑的举动,是未来情感体验的预演。

问题不在于销售人员，而在于企业结构

在大多数公司，负责销售的人通常并不负责售后的客户体验工作。

销售人员的工作是让潜在客户相信，与公司合作将是一次奇妙的经历，值得为此投入金钱和时间。销售人员通常不会有动力向客户描绘销售成交之后的生活蓝图，他们并不关心是否有合适的潜在客户，即适合公司并愿意长期与公司合作的人，因为他们的奖励通常只与获得的新客户数量挂钩，而非与持有客户的数量挂钩。

这种典型的企业结构在销售激励机制和达成客户体验成功之间造成了功能割裂。销售人员没有理由与潜在客户建立长久关系。一旦目标达标（促成销售），他们就会把工作关系转交其他人。通常情况下，销售人员并不关心交接是否顺利。

造成这种心态的问题在于，潜在客户认为他们与销售人员共享的信息（问题、需求、期望和要求等），均将在销售签约后无缝传递给客户经理（或有着此类头衔的其他人）。

但事实上这种情况非常少见。

任何曾经从事过销售或采购的人都知道，这种交接根本不可能做到无缝对接。众所周知，"接力棒"往往会中途掉下，以至于几乎在每笔交易中，销售人员都应该被"解雇"！

一旦潜在客户决定进行交易，销售人员通常就会把注意力放在交接后的早期阶段，对后面的具体步骤则轻描淡写一笔带过，他们会说："你先签下合同，支付初始投入，然后我们会有新的客服代表为你服务。在那之后，他会和你一起确保后续工作的顺利进行……"

听到销售人员描述交接后过程的三言两语之后，大多数客户都会对与新客服代表之间的关系感到不安。从潜在客户那里获取的信息很少会移交给负责交付、实施、账户管理或者执行任务的团队或个人。销售人员很少会谈及签约后客户与公司打交道时的情感或个人体验。

虽然合作相关的"感受"与可交付成果和工作步骤一样重要，但却很少被人提及。根据麦肯锡咨询公司的研究，70%的购买决定来自客户受到的良好待遇。如果销售人员不能考虑到潜在顾客的感受，他所在公司就会停滞不前，甚至因为没有销售而倒闭。

这种典型的企业结构在销售激励机制和达成客户体验成功之间造成了功能割裂。这种行为在公司的流程和程序中根深蒂固，大多数情况下会导致交易失败。

好消息是，解决这个问题并不难。

坏消息是，这需要整个公司的人，尤其是营销和销售部员工，一起改变理念和行为。但是别担心，他们能搞定的！

为潜在客户做好准备

为了避免客户在签约后感到失望，销售人员应该"预先规划"客户体验，换句话说，就是解释并展示售后体验是什么样的，以及会给客户什么样的感受，并为未来的互动设置期望。销售人员需要描绘出可以预期的生活蓝图，然后详细解释企业会采取何种措施，确保这样的生活场景在售后得以实现，从而消除潜在客户的后顾之忧。

想要用有意义的方式进行预先规划，销售人员应该在销售过程中与潜在客户进行互动，让他们知道自己一直是关注的对象。在销售过程中关注细节可以让潜在客户清楚地知道，哪怕是销售成交之后，他们也能受到这种程度的关注。

早上9点喝"汽水"

最近，我参加了金融咨询公司财富工厂在盐湖城举办的研讨会。这次研讨会为期三天，其设计的宗旨是将财富工厂的服务和优惠项目介绍给潜

第八章　第一阶段：评估产品或服务

在客户，通常是企业家。该活动的目标是为大家提供各类与财富和金融管理相关的有价值的资讯，并将财富工厂定位为该领域的专家。如果财富工厂能够达成该目标，他们期待能与参会者继续合作。

会议开始时间是早上9点。快到点时，我走进会议室。公司创始人兼首席设计师加勒特·甘德森马上走到我面前，对我说："乔伊，很高兴你能来参加这次研讨会。"

"非常感谢。"我回答，"很高兴来到这里，有机会更多地了解贵公司。"

加勒特突然转变了话题，他说："听说你喜欢喝根汁汽水？"

显然，有人在这方面做了功课。

我不喝酒，也不喝牛奶。不管是可口可乐，还是百事可乐，我都不喝。说到喝的，我通常只要一杯水就好了。不过，正如他所说的，我爱喝根汁汽水。

事实上，我对根汁汽水有点痴迷。

加勒特拿出一提六罐装根汁汽水，解释道："虽然整个活动，我们为在场的人都准备了茶点，但这些特别的东西是专门为你准备的。"

甚至活动还没开始，加勒特的这个小举动就让我成了他和财富工厂的粉丝。

做些"功课"，为你的潜在客户量身定制体验，是向他们展示你有多在乎他们的奇妙方式。通过调查个人的兴趣、好恶、爱好和习惯，你可以轻松设计出一系列互动，在情感上与潜在客户产生共鸣。

我欣赏财富工厂并不是因为他们给我提供了可口的饮品，尽管那是个不错的额外奖励。我爱上财富工厂，是因为他们花时间找出我性格和兴趣上的一点"怪癖"，然后采取行动告诉我，他们做了功课。通过给我根汁汽水，财富工厂向我展示了他们对客户的关心。

虽然在评估阶段预先规划客户体验是尊重潜在客户，也是在他们身上下功夫，但我认为更重要的目标是，通过个人和情感联系快速建立融洽的关系。加勒特愿意提前做功课，买好根汁汽水，并在出乎意料的时间（早上9点）为我准备好，这显示了他的在意程度和对"细枝末节"的关注，这可不是一般的客户体验。

猜猜我现在是不是财富工厂的客户？是的，而且我非常快乐。

（如果你有兴趣，我顺便披露一下，财富工厂也成了我的客户。当我们谈到系统化潜在客户和客户互动时，加勒特非常兴奋。虽然他知道财富工厂做了很多"正确的"事情，但就像大多数杰出的商界领袖一样，他也认为凡事都有提升空间。）

太多的销售人员只关心当前的销售业绩，而不愿花时间去建立融洽关系，从而错失长期利益。虽然在客户身上做功课要投入更多精力，并且可能需要花更多时间，但随着客户生命周期的发展，这种努力的回报是巨大的。帮助销售人员认识到超越交易关系的好处，采取与确保长期客户相一致的销售激励措施，公司可以避免客户流失，并从一开始就获得最合适的客户。

优秀的销售人员不会专注于完成下一次销售，而是注重发展长期关系，即使这意味着放弃今天的机会，以便获得更深入的未来联系。评估客户能否从你的产品或服务中真正受益，并与他们分享你的建议，即使你的建议是让他们不要购买这些产品或服务，将有助于客户在关系正式开始之前建立信任。如果竞争对手的服务或产品能提供更好的服务，一定要告诉潜在客户，这是另一种有效的方式，能够确保客户下次寻求解决方案时还会回来找你。这些无私的行为证明你在乎的是长期的稳定关系，而非短期快速交易。

速读宝典

你要做足功课。调查潜在客户，找到方法，争取在关系建立初期取悦他们，并给他们惊喜。如果能找到一两个关键的个人信息，你就能抓住客户的注意力。如果你的产品或服务不合适，一定要让潜在客户知道。很少有人这么诚实，但若这样做的话，客户在下次需要帮助的时候一定还会回来找你，因为你们之间已经建立了信任关系，尽管这是以牺牲当前的销售为代价的。

预先规划单项工作，再惠及整个企业

在多个层级进行预先规划。这让企业可以做些常规销售和营销活动之外的事情，以使客户体验更加具有纪念意义。通过向潜在客户展示未来蓝图，你既可以有效地为他们设定预期，也可以暗示成交能得到什么好处。

预先规划不是自卖自夸地告诉潜在客户，为什么你是他们最好的选择，也不是解释为什么你有资质、经验和专业知识来帮助他们解决问题，而是通过向潜在客户展示，如果购买产品或签约服务，与你合作将会是什么样子，从而让他们感受到自己是整个体验的中心。

听到这些描述后，一些企业主开始担忧。

我们如何才能创造这样的定制体验呢？如何教会员工这样做呢？这些事情要花多少钱？如果客户不止两三个，我该怎么做呢？

这正是我写本书的原因，由我来告诉你这些问题的答案。

做这些事情远比你想象的要容易得多。如果你愿在客户说话的时候，认真倾听或者花几分钟仔细阅读他们在社交媒体上的简介资料，那么，找到与客户建立情感联系的方法只需两分钟就够了。

你可以教会员工怎么做。第一步就是通过展示你对同事生活的兴趣和调查，来建立行为模型。如果员工从未亲身经历过令人惊叹的体验，他们几乎不可能创造出令顾客感到惊叹的体验。

我认为这是当今客户体验计划中最大的问题之一，所以必须重复这句话：如果员工从未亲身经历过令人惊叹的体验，他们几乎不可能创造出令顾客感到惊叹的体验。

体验的影响力与体验的成本几乎没有关系。一个高尔夫球带来五位数的咨询业务；一提六罐装根汁汽水带来每月 3000 美元的聘用费。这与金钱无关，只关乎你是否为客人思虑周全。

个性化交流和联系可以系统化和规模化。当然，这需要继续努力。一旦全公司的人都接纳了这种理念，继而投入人力、物力和财力去识别、跟踪客户信息，并采取相应行动，那么，设计卓越体验就不过是各项努力中最细微的部分。

与客户建立联系可以产生意想不到的情感效果。与企业互动时，客户的想法其实很简单……

他们想要让人觉得自己是特别、重要、举足轻重的。如果能给他们这样的感觉，持之以恒，你就能获得他们多年的支持。

来自宇宙的问候

与客户建立个人和情感关系不是"一次性"练习，每次互动都是针对个人的专门定制，需要投入大量的时间、金钱和精力。

有些简单的方法可以实现个性化，并体现出你在预先规划和调查活动中对客户的高度重视。在客户关系的此阶段，潜在客户会很高兴地自愿提供个人信息，尤其是在你对所询问的信息毫无恶意时。一旦潜在客户成为客户，你就可以使用这些信息，与他们进行持续性交流。客户可能会忘记他们在评估阶段提供过这些信息，而当你能够回忆起他们的信息，他们会感到惊讶不已。

几年前，朋友转发我一封鼓舞人心的电子邮件。我被深深吸引住了，于是订阅了服务，接收每日来信。

迈克·杜利的"宇宙来信"始于1998年，当时他每周给38位朋友发电子邮件。从那时起，它现在已发展为每天向185个国家超过75万用户发送信息！

这些电子"留言"是"宇宙"写给你的短文。留言里有你的名字，有时还有个人目标和梦想，目的是为了提醒你生活中一切美好的事情。这些信息鼓舞人心、发人深省，有时甚至能激发强烈的情感。

若想收到"宇宙来信"，请浏览TUT网站（www.tut.com），并提供以下资料：

- 名字；
- 电子邮件；
- 所在国家；
- 最近的城市；
- 生日。

网站还要求你补充完整下列句子：

目标1："现在"我有自己的_____。

（比如，漂亮的度假屋）

目标2：我很快就会_____。

（例如，每天帮助数百万人）

一旦点击提交，从那天起，你的收件箱就会收到一条鼓舞人心的信息，一条宇宙来信，鼓励你以不同的方式看待世界，并朝着你的目标继续前进。

我不能百分之百确定我在多年前注册时是如何回答这些问题的，但我记得我的目标是有一天登上《时代》杂志封面，所以我把它写进了问卷。当时，我并没有多想。

日复一日，我不断收到来自宇宙那令人鼓舞的信息，这使我脚步轻快、面带微笑。在这个世界上，积极的想法和感受并不像人们在电子邮件收件箱里看到的那样常见，因而这些信息提供了一种受欢迎的喘息之机，让我从常规的商业交流中解脱出来，并在我的人生旅途中鼓舞我、激励我。

订购邮件大约5个月后，我打开收件箱，发现了下面的内容：

乔伊，你知道吗，你最大胆的梦想，比如拥有海滨别墅和有朝一日登上《时代》杂志封面，总有一天会成为让你微笑的记忆，就像学习阅读、骑自行车和转呼啦圈一样。

太赞了！你这辈子总是这么"上进"。

你最大的粉丝：宇宙

就这样，129 天后，"宇宙"专门给我发来一条与我的梦想目标紧密相连的信息。

当我第一次读到这条信息时，喜悦和兴奋悄悄爬上我的心头，我想："哦，我的天哪，宇宙真的为我准备了这个。总有一天梦想真的会实现！"

直到几小时后我才想起，**我在订阅电子邮件的评估阶段时曾分享了我的梦想**。

当客户在后来的关系中得到情感回报时，预先规划创造的效果是令人惊叹的，能让客户感到被倾听和被理解，而这正是宇宙来信给我的感受。

尽管是我自己告诉他们登上《时代》杂志封面的事，但他们依然记得，并在后来把这个信息反馈给我。虽然这种个性化体验是用电脑建立的，但我一点也不觉得这有什么不好。

我感觉到自己是特别、重要、举足轻重的。

速读宝典

如果你想了解客户的情况，直接询问他们就可以。一旦他们回答了，你必须利用这些信息，来使他们未来的体验和互动更具个性化、更有意义。这意味着你要把客户信息记录在客户关系管理工具中，然后确保在关系的后续阶段将这些信息反馈给客户。

预先规划的风险：成交后不能兑现预期设定的期望

预先规划是提高评估阶段工作效果的有力工具，客户可以借此预见他们的未来体验。然而，只要客户在评估阶段设定的期望没有得到满足，或许是因为销售代表夸大其词、不懂政策／流程，或只是忽视了某些重要信息而没有将之转达给客户代表，整个关系都会遭受负面影响。

你知道我说的是什么意思。

第八章　第一阶段：评估产品或服务

我们都有过这样的经历，我们向销售人员表达我们到底在寻求什么，然后他们告诉我们，他们的产品或服务完全能满足我们的需求。

但在成为客户后，我们意识到自己的诉求并没有兑现在与他们承诺的交易中。于是，我们感觉很受伤、很沮丧，甚至会丧失理智；有时还会在社交媒体上或者在与朋友和同事的交谈中大发牢骚。

当我们意识到最初的谈话被忘记或被忽视时，评估阶段的销售人员却消失不见了，取而代之的是来自呼叫中心某个拿计时工资、板着脸的客服代表，我们只能用电话跟对方交谈，试图弄清楚，在销售过程中做出的承诺为什么没有得到兑现。

最近，我的结婚戒指不见了，我深刻体会到了这种感觉。

任何丢失婚戒的人都理解其中的痛苦和悲伤。对我而言，在那段黑暗的日子里，除了妻子的体谅和宽慰之外，仅剩的一丝微弱希望就是我为结婚戒指买了保险。

我选择的条款是"让我赚大钱"（这是我的话，不是他们的）。这是我的理解，因为我在签订保单时提交了评估戒指价值的鉴定文件，保险单保的就是那个金额，而我每月交的固定保险费也是基于该金额，所以我觉得，如果索赔，我能够获得的赔偿也是那个金额（没有贬值，也没有升值）。

我花了几周时间寻找结婚戒指，但一无所获，于是我联系了保险公司，提出正式索赔申请。和我通电话的人非常有礼貌，在记下婚戒的相关信息后，他说："我们还需要你提供戒指的价值鉴定书。"

对此我猝不及防。"大约7年前，我最初签订这项保险协议时，我已经提交了珠宝商提供的价值鉴定书，这应该属于官方文件。"我解释说。

"哦……抱歉，我并没有看到这份记录，你能重新提交一份吗？"那人问道。

呃！我无话可说。

我给最初卖给我戒指的珠宝商打了电话，让她重新把原先的估价发给我（谢天谢地，她还保存着这枚戒指的档案），然后我把鉴定书交给了保险公司。

第二天,我接到保险代理人的电话,告诉我,文件已经处理好了,他们将为我"置换新的结婚戒指"。

"听起来不错。"我说,"但我想要我购买保险时为它投保的赔偿金。你只要给我寄张支票,我们就两清了。"

"好的。"代理人答道,"不过,赔偿金是投保金额的45%;你的估价过高,换一枚戒指的成本更低。我们可以从'首选珠宝商'买一枚戒指邮寄给你,也可以将赔付的赔偿金以支票形式寄给你,两个方案由你选择。"

失去戒指那天的悲伤、沮丧和愤怒像洪水一样涌了回来,而且还被放大了10倍。

"不,不,不。"我尽量保持冷静,说道,"当初购买保险时,我特别要求附加一项条款,保的是**实际评估价值**,而不是替代价值。我想确保的是,万一戒指丢了,我可以重新购买同样质量、同样工艺的戒指,而且要请帮我亲自设计和挑选结婚戒指的那位珠宝商来制作。这是我们达成的协议,这是销售人员告诉我的,这也是7年来我每个月都要交付保险费的原因,为的就是怕发生现在这样的事情!"

"很抱歉,销售员误导了你。"代理人回答说,"对于这些工作,他们真的需要解释得更清楚一些。"

你在开玩笑吧?在交了7年保费之后,这难道就是我提出索赔时应该得到的吗?

在那之后发生了什么,我就不再赘述了,但我要告诉大家,我从这段可怕的经历中学到了两个重要的教训:

首先,我立即找了一家新的保险公司办理财产保险。在连续7年按月交付保险费后,我离开了首次投保的公司,因为他们的行为告诉我,他们一点也不在意我这个客户。

其次,我了解到,当销售人员没有向公司解释客户需求时,其结果将是毁灭性的。在出问题时,客户肯定会遭遇可怕的经历。

第八章　第一阶段：评估产品或服务

令人吃惊的是，卖给我保险的销售员和给我处理索赔的客户经理之间完全没有业务交接。处理索赔的客户经理把责任推给了销售员，称其未能解释清楚保险单的条款。对我而言，这种漫不经心、麻木不仁的态度更是雪上加霜。想象一下，如果销售人员和客户经理事先沟通好，我的客户体验会有什么不一样呢？如果他们团队的每个人都清楚了解我购买保险的主要目的，事情又会是怎样的呢？如果保险公司真的满足我在评估阶段提出的期望，我现在又会讲什么样的故事呢？

在这个案例中，保险公司成了反面教材。我在一本关于客户体验的书中提到过它，在世界各地做巡回演讲时也经常提到它。我没有告诉你保险公司的名称，但如果我告诉你的话，我保证你会觉得它听起来就像 Fiberty Futual 一样押韵。

> **速读宝典**
>
> *履行你在评估阶段做出的承诺。确保销售人员将公司的产品准确地告知客户，并将客户的需求转告给公司。*

第一阶段小结：在评估阶段创造卓越的客户体验

在第一阶段，潜在客户会考虑是否选购你的服务或产品。

潜在的评估活动包括评估你的网站、重新搜索评价、分析在线评论，以及核查你的营销材料等。这段时间可能从几秒钟（在收银台的冲动购物）到几个月（安装花费数百万的大型软件）不等。

大多数公司的结构使得销售或营销与客户管理之间几乎不可能顺利交接。仅仅专注于销售是不够的。你需要与潜在客户建立联系，到他们的所在地去登门拜访，然后在他们成为客户后保持成交之前所规划好的客户体验。

客户生命周期的评估阶段为你创造了机会，可以预先制定与企业运营相一致的客户期望。这不仅提供了在关系早期营造卓越体验的机会，而且通过向潜在客户展示值得期待的客户体验，为其设定期望，同时暗示即将到来的美好体验。由此一来，客户就不用担心自己交钱却可能掉入陷阱中。

评估阶段进行沟通的 6 件事

请记住，你不必在每个阶段都用到下面所有的交流方式。相反，你只要考虑，在此阶段使用每种工具都有可能让潜在客户的体验记忆深刻。

面对面交谈

在关系开始时开展一次面对面交谈，这可以为未来的互动定下基调，同时也能让你对潜在客户有个初步了解。产品演示、"先体验后付款"的场景推销会议都能让你站到潜在客户面前，以实际行动让他们看到你的产品或服务。

想办法与潜在客户进行眼神互动，你就可以深刻了解到他们在考虑产品和服务时的想法、反应和情感状态。在日益数字化的当今世界，人与人之间的交流却常常受到忽视。这使得任何试图建立面对面联系的努力都更有影响力，却也更为罕见。

章节案例：（财富工厂）面对面的现场研讨会让潜在客户有机会在签字之前就团队的专业知识和整体客户体验做出评估。

发送电子邮件

注重品牌宣传，而不仅仅是关注销售，向潜在客户发送宣传性电子邮件，帮助他们更多了解你的产品或服务。此外，电子邮件将提供你与潜在客户的交流机会，这可以让你提前得知答案，并帮助对方评估他们面临的各项选择。

注意收集潜在客户在交流过程中分享的任何信息，这样你就有机会在成交后将这些信息反馈回去，以此表明你在倾听。

章节案例：（宇宙来信）利用设计得当的问题在客户登记时收集信息，并在未来的互动中将之反馈给客户，这样的互动能引起客户"哇"的一声惊呼。

邮寄信函

潜在客户评估过程中，可以投送免费的宣传性业务通讯和明信片，为他们提供帮助。在评估阶段，这些邮件应该侧重于宣传，而不是通常的硬性推销。

免费样品（在适当情况下）可以让潜在客户对你提供的产品或服务有所了解，从而减少购买风险。为收件人定制邮件能进一步突显出你的细致程度和对客户个人的关心程度。

章节案例：（公司执行委员会）用联邦快递寄来的包裹虽然出人意料，却立即引起了关注，同时强调，如果加入营利性智库，你将获得怎样的关心和关注。

打电话

电话咨询在许多方面能帮助潜在客户评估你的品牌。通过提供"现在就打电话给我"的功能和免费"专家咨询"电话会议，马上就有经过培训的客服人员而不是销售人员回答潜在客户的各种问题。

在客户记录表或文件中记录好这些电话中提出的所有问题及其获得的回答，确保销售过程中设置的期望与销售后交付的体验相一致，这样可以避免将来的冲突。

宣传性**电话会议**或录音提供了另一种方式，可以让潜在客户体会到你们如何工作，进一步了解你们提供的活动，进而评估你们是否能够满足他们的需求。

▷ 定制视频

在客户生命周期的评估阶段，视频赋予品牌以生命。简短的宣传视频展示出企业的产品和服务，同时可以回答潜在客户的问题，并力图解决所有疑问。

视频可以预先设定潜在客户成为客户后的体验。通过向潜在客户"展示"与你合作后的情景，视频可以让客户对未来的互动有清楚且具体的了解。

视频可以让潜在客户在评估阶段早期"与团队其他成员见面"，而不仅仅是与销售人员互动。

🎁 馈赠礼物

大多数潜在客户并没有期望得到免费的礼物，这就是为什么在评估阶段使用礼物作为沟通工具往往能获得巨大成功的原因。

考虑礼物的时候，一定不能是产品的"免费样品"。虽然这也是一种选择，但通常让人感觉不像礼物。为了解决这个难题，相关的产品和服务公司可以相互合作，携手提供相关礼物。如此一来，礼物就不会给人自产自销的感觉，而且还与潜在客户当前的需求相关。一份个性化礼物会对客户体验产生极大的影响，并能从一开始就体现出你对这段关系的重视程度。

章节案例：用礼物给客户惊喜，这些礼物可以证明你提前做了功课（财富工厂），或者在早期谈话中给予了重视（公司执行委员会）。如此一来，在客户还没有机会体验公司产品之前，他们就成了公司的铁粉。

你的任务：将想法付诸实践

在每一章结尾，我希望你能回答一些问题，将所学到的知识和必须处理的想法付诸实践。这些问题旨在让你思考如何使用各种工具，来提升客户旅行中某个阶段的体验。你可能会忍不住想略过它们，然后进入下一章，但为了使你获得最大效益，请花 15 分钟写出这些问题的答案。别担心，无论你在此过程中学到了什么，都可以写进这本书里！

评估现状

回答每个问题，然后用两三个句子解释你的答案。若想获得额外加分，请写出你心目中的"最佳"答案。

潜在客户查看你所提供的营销材料时，他们是否清楚成为客户后的体验是怎样的（不是与你合作能获得的体验，而是与你合作感受到的体验）？

在成为客户之前，潜在客户通常会花多长时间评估你的产品或服务？

你的销售团队是否会有效而准确地记录下客户的心愿和需求？

成交后，销售团队是否会有效而准确地将客户的心愿和需求分享给负责维护客户关系的工作人员？

潜在客户能否详细而准确地预先体验一番成为客户后的体验详情？

你是否预先设定了与企业运营相一致的客户期望？

在评估阶段，你是否创造了卓越的客户体验？

如果有，是什么？

按照从1分到10分的等级打分，1分表示"非常糟糕"，10分表示"非常棒"，你会如何评价潜在客户在评估阶段的体验？

运用工具提升客户体验

针对如何使用特定工具提升客户体验，在每个问题后面写出两三个想法。现在，你不必担心它要花多少钱，由谁来做，或者如何在公司里实现等问题。梦想要大，要有创意，不要有顾虑！

在评估阶段，如何利用面对面交谈让潜在客户体验到成为客户后与你互动的感觉?

如何让你的电子邮件更具有用信息,而不是充斥着营销和销售的噱头?

如何运用量身定制的信函脱颖而出,让潜在客户用出乎意料的方式看待你?

如何通过电话交谈向潜在客户介绍公司其他人而不是销售人员,以扩大销售过程?

如何运用视频在潜在客户和团队其他成员之间建立个人和情感联系?

你给潜在客户准备什么样的礼物才能真正打动他们?

现在就选一个

如果你已经回答了上述问题(我希望你不只是简单浏览,请放慢节奏,先停下来回答问题吧),那么你对潜在客户在评估阶段的体验情况就有了清晰的认识,对于如何创造更好的客户体验也有了很多想法。请结合你的理解和想法,认真思考以下问题。

要想使评估阶段的客户体验更上一层楼,哪件事是你明天就可以做的?

要想做好这件事,你需要跟谁去说?

如何知道自己是否能成功地提升客户体验?

如何量化潜在客户体验的整体提升程度?

你打算如何与公司其他成员分享这件事情的影响?

从评估到认可

既然你现在清楚了解潜在客户在评估阶段的情况,就让我们共同来思考,当他们承认自己遇到麻烦,并认为你能提供帮助时,会发生什么事。

第九章

第二阶段：认可产品或服务

> 📝 **认可阶段速览**
>
> 客户坦言自己遇到麻烦或有了需求，并且相信你可以提供帮助时，客户生命周期进入认可阶段。于是，客户决定购买产品或服务。

用毛绒玩具欢迎新客户

我走过48个国家，与不同种族、不同宗教信仰、不同社会地位及阶层的人打过交道之后，我发现一个耐人寻味的真相：所有孩子都喜欢毛绒玩具。

给4岁以下孩子（甚至"稍大点的"孩子）一个毛绒玩具，他们会立即抱抱它、搂住它、与它玩耍、帮它打扮、给它取名字。

在"造一只熊"的商店里，几乎每周六下午，你都可以见到我在上文所描述的场景。

如果你还没有去过"造一只熊"任何一家零售连锁店，我告诉你，他们那里可以让顾客手工制作属于自己的毛绒玩具。孩子们可以挑选制作泰迪熊所需的一切原材料，包括动物种类、皮毛颜色和材质、填充物密度，以及毛绒玩具要穿的衣服。孩子们亲手挑好各种材料，然后，就可以将它们缝在一起了。当然，在动手缝制之前，孩子们会把一颗录有个性化信息的小爱心（需要另收费）装进毛绒玩具里。亲自挑选材料、缝制毛绒玩具，这样的机会不仅难得，而且容易勾起人们的美好回忆。因为如今大部分玩具都是组装好的，来到店里的爷爷奶奶们可能会想起他们小时候缝制毛绒玩具的情景。因此，"造一只熊"在店里提供让客户参与或自制的项目，仅是小小的举动在整个玩具行业中造成了巨大的轰动。

　　一旦小熊做好了，柜台服务员就会给孩子的专属小熊一份个性化出生证明。证明上有小熊的"出生时间"和孩子在制作过程中给它取的名字。

　　然后，销售员会骄傲地宣布小熊"诞生"了，并由这个孩子"领养"。

　　用仪式化方式宣布孩子成为小熊骄傲的主人，用有形的实体工艺品（出生证明）让人记住这一时刻，如此一来，孩子会感觉整个"造一只熊"对这只小熊的诞生是兴奋的，就像他们自己一样。亲自挑选材料并组装缝制自己的小熊，让孩子们产生自豪感和对制作"成果"的主人翁意识。这些感觉能够保持孩子的愉悦心情，从他们走进店里那一刻，直到他们回家后和新玩具一起玩，使他们在整个过程一直保持兴奋。

速读宝典

　　共同创造的客户体验能迅速确立客户的认同感。用有形的纪念品让人记住拥有新伙伴的重要时刻，确保新客户长期铭记与你并肩合作的决心。

第九章　第二阶段：认可产品或服务

认可阶段就是客户举手说："帮帮我"

每当客户在合同上签下名字，在网站上点击"购买"新产品或服务或支付费用，客户体验的认可阶段便开始了。这是客户在向自己和企业承认，他们遇到了麻烦或有了需求，而且他们相信企业提供的产品或服务可以解决他们的问题或满足他们的愿望。

大多数企业认为，潜在客户向企业付款是客户认可阶段的开始，**也是客户体验正式开始之时**，尽管事实上，**客户体验早在评估阶段就已开始了**。

一旦销售正式完成，客户就会进入新的情绪状态，即从"怀疑"状态过渡到"兴奋"状态。他们相信新产品或服务就是自己寻求的答案，所以他们对未来抱有热切的期望。

在客户做出决定的这一刻，身体里会出现一种生理反应。脑科学研究表明，在潜在客户从评估阶段到决定购买过程中，他们的大脑会分泌出化学物质多巴胺。多巴胺漫过大脑灰质区，让人获得精神上的愉悦。新晋"客户"感到心情愉悦，激动不已，因为搜索结束了，他们相信自己找到了孜孜以求的东西，同时对自己的决定坚信不疑。达成与自己所做决定的一致性，这是通常人都有的行为。对所做决定感觉良好，是为了让我们相信自己做出正确选择的方式；而大脑分泌有益健康的多巴胺来给予协助，则是额外的奖励。

在这种愉悦的状态下，客户对自己等待的新产品或服务满怀希望与憧憬。让他们感到兴奋的不仅有他们自己的购买决定，而且有为他们提供产品或服务的公司，以及与之发展的新关系。

我喜欢把这种状态看作"新客户的感觉"。就像新汽车闻起来给人的感觉一样，它激发了客户对所购产品或服务的兴奋与热情。

此时，公司，尤其是向潜在客户进行推销的销售人员，同样感到兴奋。评估阶段的追求过程就此达成了主要目标：潜在客户成了正式客户。在大多数企业里，销售工作到此就结束了。

通常情况下，企业会用公司内部的庆祝活动来作为认可阶段开始的标志。铃声响起来，大家互相击掌，阵阵掌声送给完成交易的销售员。销售员在排行榜上的名次逐步上升，甚至有可能获得纳帕谷七日游的奖励！所有人都很兴奋，公司员工在这特别时刻的感受与客户的感受是同样的，至少在此时此刻是相同的。

尽管企业还继续沉浸在成功收获新客户的喜悦中，但客户的生理状态却开始发生变化。随着多巴胺慢慢消退，客户进入另一种充满恐惧、不确定性和怀疑的状态。对此，我们将在下一章"第三阶段：确认交接活动"进行更详尽的讨论。

为了将客户兴奋与整个公司员工的兴奋之情联系在一起，让客户参与公司在认可阶段的庆祝活动非常重要。就像"造一只熊"在店里宣布小熊诞生一样，这种情感状态的共享也是值得共享的客户体验。

通常来说，获得新客户的庆祝活动是公司内部私下举办的。很少有公司邀请新客户分享进入认可阶段的喜悦。

如果有共同庆祝的活动，一般也是销售人员单独邀请客户进行的。足够讽刺的是，这样的做法只会让新客户感觉更糟糕。当销售员与客户分享自己的兴奋之情时，客户会觉得销售员的兴奋感与自己的并不一样。客户会想当然地认为："销售员当然很开心，因为我刚刚掏了钱！"客户知道销售人员对此次销售感到兴奋，认为他们得到了佣金，达成了销售目标。客户担心他们的"新朋友"对自己的情感状态很可能漠不关心或无动于衷。

大多数公司没有对客户感受到的喜悦做出反应或回应，继而赋予彼此共同拥有的兴奋之情以仪式感，并利用客户情感上的高峰，从而错失客户认可阶段这个宝贵机会。

女士们、先生们，发动引擎吧

出于某种原因，在赋予认可阶段以仪式感这方面，玩具公司做得比其他行业企业都要好。玩具行业有几家公司能轻松共享公司与收到玩具的孩子之间那份喜悦之情，并加以利用。

不久前，我去了趟迪士尼综合商业区。这是一个室外购物中心，坐落在加利福尼亚阿纳海姆迪士尼景区，这个地方专门用来吸引孩子和那些自称永远不会长大的人。

我完全被迷住了！

当我沿着商业步行街追赶着我的侄子、外甥和儿子时，我发现一个之前完全没见过的、十分吸引眼球的商店。后来，我才知道这家商店曾在2008年度零售商店奖评比中获得过"最具吸引力零售店"奖。

莱德美克兹是玩具车的天堂。商店瞄准的目标人群是那些一想到定制玩具赛车就两眼发光的孩子（或小孩心性的大人）。在店里，小朋友（或"**定制客户**"）选择一个底盘，然后决定要定制哪种车型。

在这里，他们还可以从各种各样的轮胎、轮辋、贴花纸（包括火焰和赛车条纹）、阻力板，甚至是可以模仿不同类型引擎声音的芯片中挑选自己喜欢的东西。据莱德美克兹估计，店里有超过6.49亿种不同组合供客户选择，用来定制属于他们自己的"座驾"。

一旦选择完毕，小朋友就成了**莱德美克兹**组装台上的销售员（称之为"后勤维修员"）。在这里，小朋友用真的钻孔机（当然是在大人监督之下）将轮子和车身固定在底盘上，粘住尾翼，给赛车添加附件，嵌入可以发出引擎声音的微芯片。只要额外支付一小笔费用，就可以给这辆车编程，用小朋友的名字给它命名。

车造好之后，后勤维修部某个成员会把赛车举过头顶，用洪亮的声音向店里所有人宣布，某某小朋友（直接叫他的名字）刚刚光荣地成为这辆新车的赛车手。接着，他会提议店里所有顾客以热烈的掌声庆祝这一激动人心的重要时刻。

莱德美克兹赛车自制玩具店把新客户的情感体验与组织成员的情感回应紧密结合在一起，让店里所有人都知道这是值得庆祝的时刻。他们不仅创造了与小朋友共享的情感体验，而且向店里其他潜在顾客发出温馨的暗示，只要他们决定购买自制赛车，同样会有这样的庆祝活动。

在客户认可阶段创造有意义的体验，绝不只是玩具公司才可以做到的，任何企业都可以创造与这一重要阶段相关的体验，以确保客户关系有积极的良好开端。如果公司能用一个纪念品让人记住这次体验的话，这种共同参与的庆祝活动将更有意义。

速读宝典

宣布企业与新客户的合作关系就是在与全世界分享这个好消息。满怀激动地向客户表示庆祝和祝贺可以将互动的气氛推向高潮。

与安东尼合影，只要参加就行

企业可以带动客户对所购产品的内在高亢情绪（就像"造一只熊"和莱德美克兹赛车自制玩具店所做的那样），此外，企业还有创建联系的另一种做法，那就是设计购买体验。虽然这只是辅助性手段，但仍能让新客户感到情感上的满足。

巅峰绩效教练、国际知名励志演讲家安东尼·罗宾每季度都会举办一场名为"释放内在力"的活动，这个活动在为期三天半的摇滚音乐会中向观众介绍安东尼的教学内容和教学方法。到第三天，参与者就像赤足走过燃着的煤炭一样，思想和心灵都得到了净化。此时，安东尼和他的团队已经在观众中建立了公信力，观众也在自我提升和价值观方面获得大量指导。这时，安东尼的团队会告诉观众，他们有个项目叫大师学院。

大师学院可以让学员继续跟着安东尼学习，唯一要求是在第二年参加三次现场活动，其主题分别是健康（生活大师）、金融（财富大师）和设计理想人生（与命运约会）。项目定价1.5万美元，且必须"当天付款"，

第九章 第二阶段：认可产品或服务

所以是否参加可不是一个简单的决定。

为了鼓励大家报名参与大师学院项目，安东尼团队提出：为了表示感谢，凡是成功签约的学员都可以得到一份奖励，不仅可以降低学费，而且还可以与安东尼合影。

花无数小时（众所周知，安东尼的活动从上午很早就开始，一直到深夜凌晨才结束）看着安东尼在数千名欢呼不已的粉丝面前掌控全局之后，观众通常都会热切地想要与他们眼里的领袖安东尼合影。很多时候，安东尼更像他们刚刚发现的英雄人物。

想要利用这次机会并得到相关纪念品的大有人在。每次活动都有数百人冲到后台，报名参加大师学院项目。考虑到活动现场的气氛达到了高潮，很容易让人认为这种兴奋之情激发了大家对该项目的兴趣。虽然情绪在其中起了作用，但还有很重要的一点不容忽视，那就是客户体验的巧妙推动作用（让客户当场支付1.5万美元）。

观众完成购买后会拿到一份收据，凭此收据可以和其他新参与者一起上台与安东尼合影。在数千人面前合影的机会不仅增加了体验的兴奋程度（观众还会为新参与者欢呼祝贺），而且在很大程度上给尚未做出决定的听众造成"唯恐错过"的压迫感。通常情况下，看到如此盛况之后，潜在客户都会促使自己下定决心，然后冲去报名参加。从策略上讲，留给观众的报名时间应该足够长，以便他们可以全程见证与新报名者的合影活动。

合影活动当然需要大师学院项目团队投入时间、金钱和精力，但是相比新报名者收到的无价礼物来说，这种投入微不足道。照片是独一无二的特殊礼物，这份礼物只有安东尼才能送出。收到这份礼物的人所获得的价值远远大于该公司所付出的成本。

活动结束后不久，公司会用电子邮件把照片发给新登记的学员，用有形的纪念品标志学员加入大师学院项目并与著名的超级演讲人、人生导师、知名企业家安东尼合影的时刻。

在客户认可阶段创造有形的纪念品不仅标志这一阶段发生的里程碑事

件，而且就像上面所说的照片使用一样，它还让企业在交易结束后继续与客户进行交流提供了恰当的理由。决定过程中的有形纪念品可以让客户想起他们所做的选择，并强调他们做出这一选择是多么明智。

> **速读宝典**
>
> 庆祝里程碑性时刻、分享有形纪念品以及让客户体会到加入高级俱乐部的感受，这三种方式结合起来，可以引起客户强烈的参与感和协作感。在数千人面前公开做这些事会更加放大这种情感。想想看，你有什么独一无二的东西可以让客户记住这一里程碑达成的重大意义呢？

你肯定会点开这个链接，我赌 100 美元

去健身房的每个人都明白，走近运动器械却看到上面满是汗水时那种不舒服的感觉。

保罗·勒布朗以创世之举解决了这个问题，他创造了一次性使用的消毒运动擦拭湿巾，继而在 2007 年创立了 Zogics。坐落在马萨诸塞州伯克希尔山脚的 Zogics，是健身行业最大的一站式健身器材商店之一，为专业健身人士提供服务。公司为客户提供数百个品牌数千种产品的完整目录清单，可以同时为全球 2 万多家健身房服务，Zogics 靠的绝不只是他们卖出的健身产品。

过去 10 年来，Zogics 用一流的服务赢得了良好的声誉。"我们以极大的热情让顾客感到开心。"保罗解释道，"我们所做的一切都是为了客户。"Zogics 致力于第一次互动时就创造卓越的客户体验。在 Zogics 网站上购买了产品之后，新客户会立即收到一封有趣的确认邮件，邮件上列出他们所购买的物品，并标注这些产品有望送达的时间。通过向客户表达热

第九章　第二阶段：认可产品或服务

情与友好，Zogics 让他们感受到了公司的文化，而且不用花费多少力气和金钱。然而，几小时之后，也就是这天快结束的时候，新客户会收到下面这封邮件（见图 9-1）。

　　这封邮件最有趣的地方在于，里面有一个视频截图。截图是 Zogics 员工举着剪贴板，上面写着："谢谢你，丹尼尔！" 用视频截图实现信息个性化，这样做的结果是，在邮件接收者中获得极高的点击率。在发送这种含有个性化截图的邮件之前，大约只有 20% 的新顾客会点开这封确认邮件。而现在，点开这封邮件的新客户超过了 60%，提高到 3 倍。最初观看视频的客户数量只有客户总数的 4.5%，自从增加个性化缩略图后，观看量达到 20.7%，比之前增加了近 4 倍！在客户关系早期，20.7% 的观看量在任何行业都是闻所未闻的，更不用说对于那些第一次网上购物的人来说。他们的点击率一般在 1.33%—5.13%，这还取决于他们购买的产品是什么。

图 9-1　个性化视频截图

似乎点击率或播放量还不足以成为制作视频确认邮件的理由，因为制作视频需要的时间不到一分钟。视频没有过多的台词，也没有过度制作。员工只需用心录制高能视频，而不用担心制作成本太高。

新客户选择播放视频的时候，屏幕上会弹出浏览器窗口，让客户去浏览个性化的 YOUTUBE 网页（示例请看：http：//bit.ly/2yxlzME）。视频是这样开始的：

> 你好，丹尼尔！我是来自 Zogics 的劳拉……
>
> 我只想占用你一分钟时间，用来表示对你购买我们产品的感谢，也想让你知道，只要你需要，我们随时准备为你服务。
>
> 我们很高兴看到我们的产品投入使用，所以请用 # zogicslove 话题标签，将使用我们产品的照片或视频上传到社交媒体平台上。
>
> 再次感谢你的浏览和购买。希望尽快收到你的来信！

这种简单又有效的感谢邮件，再配上个性化视频，奠定了 Zogics 将与客户开展的互动基调。当客户收到包裹，看到定制印刷纸板运输箱上配着的有趣文字时，企业对客户体验的承诺还在继续。

运输箱最上面写着趣味十足又引人深思的话，体现着箱子的"神奇"之处（见图 9-2）。箱子一面有预先制作好的井字游戏面板，第一个 O 已经植入。箱子另一面是来自 Zogics 的警示信息：

> "嘿！注意：勿用小刀割开箱子，以免划伤物品。另请注意，切勿将湿巾从包装袋中取出！还需要更多吗？请重新下单 #Z1000。"

整个设计的最后是包装箱底部那个调皮的问句："检查我的屁股？"

似乎这样的包装还不够吸引人，箱子里还用胶带固定了一根 YumEarth 有机棒棒糖。这一令人意想不到的美味食品不仅给新客户惊喜，

第九章 第二阶段：认可产品或服务

而且符合 Zogics 对健康有机产品的追求。

Zogics 致力于在客户关系早期给客户留下深刻印象，这一事实表明，他们极其看重并强调积极的客户认可阶段。通过向新客户展示他们多么有趣，Zogics 为未来的一系列积极交互奠定了良好基础。

保罗说道："专注客户体验的最大好处是我们在做这件事时所获得的快乐。作为公司首席执行官，我的感觉是，如果我们以游戏的方式做事情，而不是'我们必须提升客户体验以增加收益'，最终的结果会更加成功，也更加真实。"

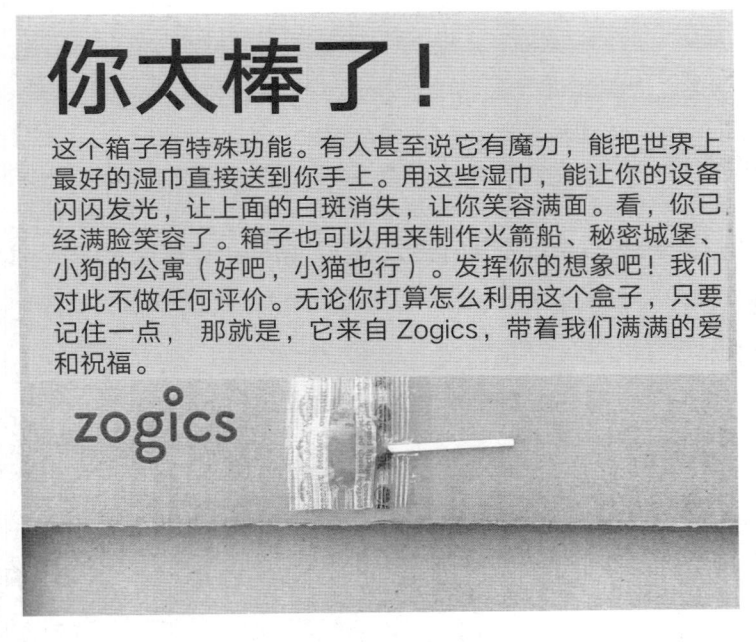

图 9-2 "神奇的"箱子

最后，保罗指出："作为首席执行官，我能做的最重要的事就是，授权给我的团队，然后自己靠边站，放手让他们去创造卓越的客户体验。我们内部经常说：'关键不是我们卖什么，而是怎么卖。'在某种程度上，我们已经将提升客户体验变成游戏，如此一来，我们便享受到更多乐趣和激情，以及业务不断增长所带来的回报。所有这些努力都转变成更高的销售额、更高的留购率，并且使客户经常在社交媒体上谈论我们。我们每年的平均增长率是25%—40%。我只能说，这样的成功，即便不是全部，至少大部分应归功于我们能够取悦客户。"

> **速读宝典**
>
> 　　用有趣、幽默、令人意想不到的惊喜（这或许与实际产品毫不相干），创造卓越的客户体验。你的客户都是人，你也是。用你的行动和行为提醒他们，而且在此过程中，让他们感受到你们的企业文化。

吃下这颗绿丸子，开启新的人生

　　利用大家都担心错过绝佳时机的天性，**国际企业家组织Maverick1000**有一个特别仪式，用来欢迎新成员，庆祝他们加入该组织。除此之外，因为意识到每个人内心深处都渴望归属感，该组织还会提供词汇表，让客户从中选择自己专属的新名字。

　　Maverick1000是专注发展、影响和体验的组织，集合了一批来自世界各地"特立独行的"（maverick）企业家。签约加入雅尼克·西尔佛创建的团队，成为Maverick1000成员，你就可以参与现场活动、参加在线学习、获得特别邀请，去参加终身仅此一次的体验，比如去俄罗斯驾驶米格战斗机、登上马丘比丘，或者在理查德·布兰森的私人岛屿内克尔岛上参加沙滩派对。

　　作为评估阶段的一部分，该项目的潜在参与者会参加现场活动，亲身体验作为Maverick1000的成员是怎样的感觉。在活动过程中，他们会见到该组织的老会员，老会员会向他们介绍这个项目的情况，并向组织提供反馈，说明他们是否同意潜在客户成为组织中新的一员。

第九章 第二阶段：认可产品或服务

在现场活动的最后一晚，如果潜在客户表示有意加入组织，其他老会员一致表决同意，就会举行 Maverick 成员自己设计的有趣又有爱的仪式。仪式之后，潜在客户就成了该组织的正式会员。

为了庆祝客户认可阶段，在告别晚宴最后，Maverick 新成员会被请到宴会厅前台。一走上舞台，新会员就会被人裹上绿色的工业用玻璃纸。

你见过有人被绿色玻璃纸完全裹住的样子吗？

简直令人忍俊不禁……

被完全裹住之后，新成员就要面向该组织所有成员背诵 Maverick 信条。信条是一份声明，由一组铿锵有力的词语组成。有了这份声明，原本容易笑场的时刻也变得庄严起来。信条给 Maverick 的每一个字母都赋予了新含义，具体如下：

M：我是多面手；

A：我富有思想；

V：我有远见；

E：我很特别；

R：我会再想象、再发明和再创新；

I：我富有影响力；

C：我会紧密联系、催化和共同创造；

K：亲亲！亲亲！砰！砰！（小玩笑）。

背完组织信条后，新成员会得到一颗绿色药丸（绿色是 Maverick 品牌色），并被告知一旦吃下药丸，他眼中的世界将大不同。这个仪式让人想起电影《黑客帝国》中的场景，主人公尼奥得到一颗药丸，只要吃下去就能看到世界是如何运行的。Maverick 入会典礼其他环节（包括新成员如何从裹在身上的玻璃纸里脱身）是首要机密，但只要说它看上去很有趣就够了。

这个仪式就是所有喜欢 Maverick 的企业家们终身寻觅的答案。对于会计师或律师群体而言，这种做法或许不太有效；但对于努力进取、爱好冒险以及喜欢旅行的企业家来说，用一个仪式和一次让人终生难忘的体验，来纪念入会时刻却是一种完美的方式。

> **速读宝典**
>
> 利用仪式和意义来纪念新客户加入组织的时刻。人们搜寻（并购买）一定能给他们带来改变的产品。给予客户仪式感，标志着他们从一种状态（成为客户之前）进入另一种状态（成为客户之后），与此同时，你所做的也不只是宣称"你的生活将和我们一起发生改变"，而是要开始向他们展示如何进行改变。

会员专享特权

让新加入的客户感觉自己成了团体一员，就相当于在公司和现有客户关系的早期建立起亲密的感觉。"会员优先"这条标语涉及人性最本质的部分，因美国运通公司在 19 世纪 80 年代的系列广告而广为人知。

我们想要感觉归属感、社群意识和责任感。从很小的时候开始，我们就在寻找生活中的一切"组织"，并加入其中。无论你加入的是操场上一群同龄孩子，还是系着腰带的女童子军组织、足球爱好者团队、具备特殊力量的突击队员团队，或者其他志趣相投的个体组织，这些部落／团队／俱乐部的诱惑力都令人难以抗拒。随着年龄越来越大，当你在合唱团里唱歌、在乐队玩音乐、成为某个政党成员或加入某个协会时，这种诱惑力对你而言也会越来越强。无论年龄大小、收入高低或背景如何，成为团体一员的渴望都令人无法抗拒。

第九章　第二阶段：认可产品或服务

共有体验可以建立起强大的纽带，连接新客户和组织中拥有同样感觉的老客户。该模式一次又一次地得到了验证，譬如兄弟会、妇女会和武装部队等组织，他们利用强有力的启动仪式充当着社群建设的催化剂。

大一参加巴黎圣母院欢乐合唱团试唱时，我亲身体验了这个模式。在试唱结束后，我被告知第二天傍晚 6 点要待在宿舍，等待通知是否可以受邀加入这一组织。

6 点钟，听到急促的敲门声后，我打开门。门外站着 3 个穿着怪异的陌生人，他们把我带出宿舍楼，上了一辆等候在外面的汽车。汽车开了 20 分钟，一路上都没有人开口说话。然后，我们到了一个安静的社区。汽车停在一栋房子后面，我们从后门走了进去。

我一进去就受到了热烈的欢迎，大约 50 位歌手拉开嗓门唱起了圣母院战歌。后来我才发现，其实我们当时是在一家意大利家庭饭馆里，而我也正式"加入"了合唱团。从那一刻开始，我得到了大家的认可，成为真正意义上的"歌唱兄弟"。

帮助新客户感觉到他们已经"属于"某个远远大过自己的团队，这是尽早建立关系的良好方式。它允许在认可阶段快速行动，并且强调客户所做决定的意义，理由是别人都有自己组织正在解决的问题或需求。

> **速读宝典**
>
> 在新客户和老客户之间建立联系越早，这一联系就越牢固、联系持续的时间也越长久。

不要太早到达顶峰

尽管在认可阶段为新客户创造难忘的体验很重要，而且与新客户拥有同样的热情也是建立亲密关系的绝佳方式，但是，企业在这一阶段创造的客户体验不应该是客户关系发展的最高峰。

根据你所提供产品或服务的差异，你要特别注意，千万不可太早大肆庆祝。就像约会一样，你不要进展太快。如果在第一次约会就提出带约见的另一半飞往巴黎，去享用浪漫晚餐，你肯定会把对方吓跑。最后，你不仅不能让人觉得你很浪漫，反而会让他们感到有些绝望。

这样的表现太过，太早，也太快。

客户认可阶段的发展也是这样的。你想要感受（也许稍微多一点）潜在客户感受到的欢乐、兴奋和激动，但是，你不想这么早就在客户关系中使出所有的招数吧！

在拿到新的毛绒玩具或定制赛车时，小朋友会感到高度兴奋。这时候，玩具店创造与之相匹配的兴奋感就是创造客户与企业双方情感体验的平行匹配。任何见证过小朋友收到新玩具的人都知道，你必须快马加鞭地努力才能赶上小朋友的热情水平。

在情感通常受压抑的企业界，在客户关系这样早的时候表现出过度兴奋，可能是危险的事情。用挂满气球、安排跳舞节目并有DJ主持的盛大派对来庆祝新车保险单的签约实在是大错特错！

企业必须注意有关"购买决定"的一切相关情况，并举办既适合这一时刻，也适合特定客户的庆祝活动。给客户在认可阶段所做决定做个标记，留下一段回忆，并且举办相应的庆祝活动，但注意不要过度。

第二阶段小结：在认可阶段创造卓越的客户体验

潜在客户将他们辛苦赚来的钱交给你，就代表他们进入客户旅程的认可阶段。他们"承认"自己遇到了问题，相信你可以解决他们遇到的问题；或者他们有了需求，相信你可以满足这一需求。

在客户生命周期这一阶段，客户对公司产品或服务所承诺的效果满怀信心和希望。因为多巴胺的分泌，大脑中的化学反应证实了这一选择，而

第九章　第二阶段：认可产品或服务

且让做出决定的客户兴奋不已，这甚至是他们自己都没有感觉到的。

客户生命周期的认可阶段给了你一个机会，让你可以利用客户购买产品带来的喜悦在新关系一开始就创造出超越客户预期的体验。

从明天开始：认可阶段要做的 6 件事

我要再次提到所有 6 个交流工具，但你不必全部用到。你只要挑战下自己，想一想，每个工具在认可阶段使用，会是怎样的感觉，又能催生出什么想法。

面对面交谈

当面祝贺为认可阶段建立联系提供了奇妙的机会。与对一起工作感到兴奋并感谢有机会这样做的人进行互动，这样的积极交流使双方关系从一开始就处于积极状态。

章节案例：（造一只熊）庆祝孩子领养毛绒玩具；（莱德美克兹）展示定制的玩具赛车；（Maverick1000）给毫无防备的新人裹上绿色玻璃纸；（安东尼·罗宾）拍下庆祝时的照片；（圣母院欢乐合唱团）"绑架"新加入的部落成员，或创建客户亲自参加的仪式，这些面对面的交流都标志着客户决定一起工作所具有的重大意义。

发送电子邮件

由整个团队签名的个性化邮件（不同于平常的一声谢谢），可以让你对客户的购买行为和他们给予你的信任表示感谢。通过使用独特语言来突出重点，这一交流方式可以深化企业的核心价值观、品牌声音和总体精神。

章节案例：（安东尼·罗宾）活动后送出一个纪念品，可以让收到的人感受到极大的喜悦，让他们想起决定与你们合作的那一刻，再次感受到做出那个选择时的兴奋之情。

📧 邮寄信函

对新客户而言，下单当天收到个性化手写感谢信是令人惊喜的互动。因为大多数企业从不对新客户说谢谢，更不用说以书面形式表示感谢了，所以，给客户邮寄感谢信的做法能把你的品牌和竞争对手进一步区分开来。

章节案例：（Zogics）写着有趣信息的创意包装，使得收到所购物品本身就成了一种客户体验。在客户关系早期展示企业故事和企业文化，等于从第一笔订单开始就与客户建立了亲密联系。

📱 打电话

购买后 24 小时内的个人感谢电话可以把你的品牌和其他企业区分开来。一个电话就可以感谢客户的购买，感谢他们对你的信任，并回答他们可能有的任何问题。饱含激情而又简短的语音信息也能创造很好的接触点。

▶️ 定制视频

可以在客户购买后不久发给他们简短的"欢迎来到我们家"的视频。在理想情况下，这个视频很有自己家里做出来的感觉，是为特定客户专门定制的，而且抓住人们对有机会合作的感激之情，也应该能让我们对未来的关系感到兴奋。

章节案例：（Zogics）"感谢你下单"的个性化视频中，用截图图像显示客户的名字，这就确保了新客户会观看这个视频，并且融入庆祝这段新关系的氛围中。

🎁 馈赠礼物

用出人意料的待遇来开启一段关系，通常都很受欢迎。但是，用于以后购物的优惠券和公司品牌下的促销产品并不能算礼物，至少对客户来说不是。相反，企业要专注于提供贴心的谢礼，这份礼物具有感知价值，足以相当于客户在这段关系中感知到的终身价值。

第九章　第二阶段：认可产品或服务

章节案例：（安东尼·罗宾）给客户发一张标志他们做出合作决定的照片是对双方关系承诺的持续提醒。（Zogics）出人意料的礼物和奖励让新客户喜笑颜开。

你的任务：将想法付诸实践

既然你对客户认可阶段已经有了清楚认识，请回答以下问题，这些问题旨在让你思考，如何使用每种交流工具来增强客户旅程中认可阶段的整体客户体验。

（上一章你在这部分的回答很棒，对吗？等等，你跳过那些问题了？呃！请回到上面，回答问题，然后返回，回答这些问题。哦，我知道，你打算把这些问题留到最后一起回答是吧？不！别这样！请马上回答问题，这样才能让你的学习真正有效果，而且让你对客户旅程每一阶段的实施有清楚的规划。）

评估现状

写出下面每个问题的答案，并用两三句话进行解释。如果你6个月前做过这份评估，请写下所有能让你的回答更完美的想法，你可以由此获得加分。

当潜在客户开始成为真正客户时会发生什么？（提示：可能是客户交钱或者签署合作协议，或者类似活动）

详细描述"销售"时会发生什么：这个时间段会持续多久？给人什么样的"感觉"？客户需要做些什么让它显得"正式"？这时你要做些什么？

就当前企业而言，在认可阶段，你们是否为客户创造了卓越体验？如果有，有些什么？

按照从 1 分到 10 分的等级打分，如果 1 分表示"非常糟糕"，10 分表示"非常棒"，你会给认可阶段的客户体验打多少分？

运用工具提升客户体验

针对如何使用具体工具提升客户体验，在每个问题后面写出两三个想法。我在前面已经说过，但必须重申，千万不要担心费用成本、谁去做或如何实现等问题。只要大胆想象，提出你的创意就行。

在此阶段，你打算如何通过面对面交流让关系顺利开始？

如何利用电子邮件让客户知道你对双方合作感到兴奋，并且十分期待合作开始？

如何利用定制化信函来标志潜在客户到正式客户的转变？

如何利用电话交流与新客户建立联系？

如何利用视频吸引新客户，并在他们由潜在客户变成正式客户时有所表示？

你会给客户什么礼物来纪念这一时刻？

现在就选一个

如果你已经回答了上面的问题（我希望你已成功完成这两章的所有问题），你对认可阶段的客户体验就有了清晰的认识，对于如何创造更好的客户体验也有了很多想法。现在，请结合你的理解和想法，好好思考以下问题。

要想使认可阶段的客户体验更上一层楼，哪件事情是你明天就可以做的？

要想做好这件事，你需要跟谁去说？

如何知道自己成功地提升了客户体验？

如何量化客户体验的整体提升程度？

你打算如何与组织中其他人分享活动的影响？

从认可到确认

既然潜在客户已经正式成为客户，而且在认可阶段主动表示他们遇到了问题或有某种需求，那么，是时候确认他们与你合作的选择了！

第十章

第三阶段：确认交接活动

> **? 确认阶段速览**
>
> 经过激动人心的认可阶段后，客户开始转入确认阶段。客户的情绪状态也随之发生戏剧性转变。这一阶段被称作"买家懊悔"阶段，在此期间，客户可能会对刚刚做出的决定感到担心和怀疑，从而变得犹豫，所以卖家必须采取措施，缓解他们的消极情绪。

介绍"鲍勃"要在求婚时，而不要等到新婚之夜

对于同时经营线上线下交易的公司来说，在两个平台间相互切换时，必须始终维持客户的高度信任。通过建立客户对公司业务的信心和保持公司工作流程的透明度，加拿大全面债务自由公司维持了线上线下两个平台间的良好互动。通过高度看重销售人员和客户经理之间的顺利交接，将客户视为有血有肉的人而非冷冰冰的数字，并在个人层面和情感层面上建立

联系（这种做法在债务和金融领域极其少见），全面债务自由公司提供了业内罕见的客户体验。

全面债务自由公司于2004年在多伦多成立。公司提供三种方式，帮助加拿大人处理私人债务，包括独立解决个人债务问题、在债务和金融方面给予指导，以及在客户寻求法律咨询时给予帮助。公司团队帮助客户从压力重重且不确定的金融状态转向稳定且安全的金融状态。

因为全面债务自由公司不像其他公司那样有机会与客户进行面对面交互，所以他们制定一套方法用来缓解新客户的担忧情绪。一旦潜在客户表示对公司服务感兴趣，销售代表就会安排工作人员与客户通话，重点了解客户的需求、心愿、欲望和对双方关系的期待，同时提供有助于潜在客户达成其目标的服务项目。

推销电话顺利结束后，销售人员马上走到办公室另一头，和即将负责新客户的客户经理一起拍视频。视频中的对话内容大致如下：

你好，弗兰克！

我叫布莱斯，过去两周以来，我一直在与你联系，帮你签约我们公司的债务清算项目。旁边这位是我的朋友乔尔，之后他将是你的客服代表。他做这行7年了。接下来4年，你们会一起合作。如果你们进展速度快，也许用不了4年。你得节约开支，我们也会尽快帮你摆脱债务，老兄……

我知道你准备好行动了，你已经厌倦"月光族"的生活，你想处理掉坏账，这样就可以在将来的某天为家人买套梦想中的房子了。

乔尔，把你的联系方式告诉他。

（然后，乔尔给出他办公室的电话号码、手机号和个人邮箱地址，在他说话时，所有信息都清楚显示在屏幕上。最后，他表示十分期待与弗兰克尽快沟通，一起合作，帮他摆脱债务。）

弗兰克，就在我们身后，你可以看到粉丝墙，上面有很多签名，都是那些对服务感到满意的客户留下来的。希望有一天你也会来到这里，在这面墙上写下你的名字。我们的目标是，在接下来的几个月或几年里，给你提供超乎想象的服务。希望这段经历会让你自豪，让你迫不及待到这面墙上来签名。

保重，老兄！我们很快会再联系你。

再见！

这段互动视频很好地表明，公司员工已经共享了客户的顾虑。这样顺利的交接让销售人员可以重申新客户的期望，并亲自将新客户介绍给之后即将负责客户体验的客户经理。销售人员和客户经理所表现出来的热情和自信程度，证实了新客户在整个过程中将受到怎样的关照。在所有工作还没开始之前，新客户与全面债务自由公司合作的决定就得到了确认，而客户也能快速度过"买家懊悔"阶段。

为了清楚地了解交接过程到底有多重要，就让我们以个人生活中的一种重要关系为例来加以考量吧。想象一下，你遇见一个人，心里暗自思量："我想多了解下这个人。"于是，你们开始约会了。见面几次后，你们互相见过了对方的朋友和家人。接下来，你单膝跪地，请求对方嫁给你。令你非常开心的是，对方同意了。然后，你们开始计划为这段新关系举行正式的庆祝活动。你们请来了所有的朋友和家人，公开表示了你们对彼此的承诺。庆祝活动结束后，你们携手进入新婚套房。

想象一下，如果你打开房门，发现有人站在房间里，情况会怎么样？再想象一下，如果你对你的新伴侣说："亲爱的，这位是鲍勃。我知道你以前从未见过他，但从现在起，就由他来照顾你了。而我呢，现在要去追求别人啦！"那又会发生什么呢？

正常人绝不会这样对待他们的伴侣，可大多数企业却是这样对待自己客户的。销售人员尽力讨好潜在客户，确保协议的最终签订，甚至还为新关系的确立进行了庆祝。但庆祝活动刚刚结束，客户就被转到客户经理"鲍勃"手上。鲍勃之前连面都没露过，也没和客户吃过饭，更没听说过客户有着怎样的希冀与梦想。这种常见的交接方式对新客户来说是如此不和谐，这难道不奇怪吗！给你一个专业的建议：对于你在日常生活中不会做的事，你凭什么认为在职业生活就是可接受的呢？

> **速读宝典**
>
> 大多数客户理所当然地认为销售人员和客户经理之间的交接，不是令人担忧，就是让人感觉不靠谱。在企业中设计一下，顺利交接可以极大提高客户对你的信任度。用销售人员和客户经理之间透明清晰的轻松交接，来确认客户的购买决定，既能体现公司对细节的额外关心和关注，同时又能在这个过程中创造积极的客户体验。

客户"懊悔"之前，一切都很有趣

事实上，尽管新客户在决定购买之前对各种选择进行了评估，也承认自己遇到了问题或有未曾得到满足的需求，但他们还是对刚刚做出的决定产生顾虑。这种顾虑程度还会急剧增加。即使客户觉得自己的决定没有问题，他们也会下意识地产生疑虑。在认可阶段使人产生愉悦感的化学物质多巴胺在此阶段会从大脑中消失，这样便导致了买家懊悔。

如果你了解认知失调的心理学理论，即想法和行为不一致会导致不适感，那么在此阶段，你会很容易对客户产生同理心。买家懊悔是决策后认知失调的一个实例。客户的购买决定会对其物质资源产生影响，受到这一压力的影响，客户在继续采取行动时，往往要承担起相应的责任。

用外行的话来说，买家必须明白，他们花费时间和金钱得到的东西，也许并不能为他们带来持续价值，而且最后可能还需要他们长期为之努力。最糟糕的是，客户可能从一堆竞争者提供的产品或服务中选择了错误的那

第十章　第三阶段：确认交接活动　　　　　　　　　　　　　　　　97

一个。

客户购买后，脑海里会不断涌现一大堆问题：

我的决定对吗？

这东西真的有用吗？

这真是我日夜所求的吗？

我是被推销人员的三寸不烂之舌给动摇了吗？

如果这东西没有效果，我能退货吗？

如果这东西并不像卖家承诺的那样好，怎么办？

如果我的另一半讨厌它，怎么办？

买了这东西会让我看起来像个傻瓜吗？

做出这个决定，我会被老板解雇吗？

疑虑和后悔会吞噬新客户，逐渐摧毁他们先前的任何信仰或信心，然后依次摧毁他们对提供所购产品或服务的公司的信念和信心。

当客户内心涌现出疑虑的情绪时，一般的公司不太能察觉到客户的情感变化。我通常把这一阶段称为"风滚草区"。在此阶段，公司与新客户之间的交流就像美国西部电影中的典型场景那样，所有建筑物里都空荡荡的，只有一根枯草被风吹着滚过街道。

我这样做对吗？

其他人去哪了？

怎么总是我一个人处理这情况？

为了消除买家的懊悔感，企业要做的最重要的事就是，提供各种方式让客户尽可能快地再次确认他们的购买决定。用一系列积极的高能沟通再次确认客户的购买决定，你就能从生理上减轻他们的疑虑感。无论是给客户发送视频，让他们意识到自己做出了正确的选择；抑或发送一份实际案例，证实你的产品可以解决他们的问题，只要提供证据证明你的能力，就能消除客户的疑虑和不确定的情绪。

是的，我听说过，但我到底该怎么做呢

我必须承认，虽然我的研究工作让我对新客户在确认阶段所经历的心理和情感上的痛苦有深刻的了解，但这并不意味着我自己就不会产生买家懊悔的感觉。

事实上，在写本书过程中，我深受买家懊悔情绪的折磨。

作为忙碌的企业家和演说家，我原打算用一种"与众不同"的方式来写本书。我早就知道，在一片空白的电脑屏幕前连续坐上几小时，不停地敲击键盘，试图描绘出创造卓越客户体验是多么重要，但对我而言，这并不是有效的写作方式。

事实上，我尝试过用更传统的方法写本书，但历经无数次的写写停停后，我知道，我需要换一种写作方法了。

于是，我找到了朋友塔克·麦克斯。他与别人合作开了公司，叫"盒中书"。他们发明了一种方法，告诉大家如何用新潮的方式写书。这一方法分为几个步骤，但简单地讲，就是给他们的客户进行一系列电话访谈。认识我的人都知道，让我连续几小时一直讲话，一点问题都没有！父母也会给我讲述我一直不停说话的往事。正因如此，我把演讲作为谋生的职业，并努力做到"能说会道"，这一评价来自我那有着爱尔兰和苏格兰血统的祖母。还别说，"说出这本书"似乎是个好主意。

他们的方法非常直接、明了。首先，会有专业的大纲编写员帮助即将成为作者的人，给他们要写的书列出结构性框架。然后，会有编辑以此大纲为指导，采访作者，问他书里想写什么内容。最后，他们将对话所得内容进行誊写编辑，以作者的语言和语调补足欠缺部分，完成最后定稿。

第十章 第三阶段：确认交接活动

与盒中书签订合同后，我与塔克和大纲编辑马克·查特（著名的资深编辑，在几个知名的商业书籍出版社工作过）进行了第一次电话会谈。在电话里，我们列出了本书的提要，讨论了我想要达到的效果。然后，我们商讨出写书的时间节点，准备先列出大纲。

确认阶段的感觉棒极了。各方参与人员都情绪高涨。第一次通话我们就开始制定大纲了。但不久后，我开始怀疑自己，自问"我要写书"的决定是否正确。

我获得的信息真的足以撑起整本书吗？读者从书上所写的8个阶段中获得的价值能像我的客户在过去20年所获得的价值一样吗？我能用两三百页的书恰当解释大纲中列出的所有案例吗？我会不会让自己看起来很愚蠢？

当这些担忧、怀疑和不确定的情绪涌向脑海时，我开始与公司团队疏远了。我改变了与团队约好的通话时间，用或真或假的借口把通话时间往后拖。我用尽我能想到的借口推迟下一步进程。

这种状态持续了好几个月，直到某天晚上，我接到一通意想不到的电话。来电显示是塔克，我在脑海里快速思索了一遍日程安排，发现这个时间本不应该收到他的电话，但还是接通了。

塔克让我敞开心扉，我坦白告诉他自己有悔恨和遗憾的感觉。他向我保证，我现在的感受都是正常的，任何作家都会如此。他给我讲了一个故事，在他发行第一本代表作时，他和我有着相同的感受。但让人感到讽刺的是，这本书后来成了《纽约时报》畅销书，自发行起，全球销量超过了100万册。

塔克鼓舞了我，让我觉得我确实能写书，而他也相信这本书会对许多人有帮助。他说服了我，让我相信他们的方法，重新回到团队中去工作。

现在你看到买家懊悔的杀伤力有多强大了吧！尽管我熟知确认阶段产生认知失调所具有的危害性，甚至我还就此向公司职员发出过警示，但当我自己身处其中时，还是会不可避免产生负面情绪。喏，我也同其他人一样，我们都是普通人！

企业不花时间去建设自己的系统和工作流程，想办法消除担忧、怀疑和犹豫等负面情绪，新客户就会渐行渐远，最终彻底不再与该企业合作。

我分享这段经历的部分原因是，在我写作过程中，盒中书团队就像粉丝一般时刻关注着我，所以塔克很轻松发现我在确认阶段的犹豫和拖延。从那时起，公司团队就开始不遗余力实施每一项具体步骤，确保他们能预见到作者会产生的各种情绪，并帮助作者免受情绪困扰之苦。

首先，他们增加了"庆祝"活动，就在作者签订协议后，他们和作者一起庆祝。整个出版团队都发来电子邮件，祝贺作者与盒中书签约成功。除此之外，他们还会送出"关爱作者大礼包"，时间在签约后一周左右，而且通常是在第一次通话前。大礼包里有一些有趣又好玩的东西，包括与作者合作的编辑手写贺卡，一些表示庆祝的福利，还有一瓶香槟，上面特别注明，要等书籍出版之后才能打开。大礼包是个惊喜，同时告诉作者，他所托付之人非常专业，不会让作者失望。

在与作者的第一次通话中，出版人（类似客户经理）开始谈论"情绪"的问题。出版人问作者感觉如何，有什么疑虑和担忧，然后倾听作者描述自己的感受。之后，如同塔克给我打电话时所做的那样，出版人会解释说这些情绪都是正常的，继而帮助作者理解情绪的含义，并给出建议，教作者如何克服这些情绪。

盒中书团队不仅在合作早期就与作者讨论"情绪"问题，而且在作者感到沮丧或犹豫时，他们还会与作者共同回顾这次对话。

盒中书所做的不是努力消除焦虑，而是利用潜在的负面情感体验与作者建立联系，并在该过程中建立起信任的基础。

第十章　第三阶段：确认交接活动

> **速读宝典**
>
> 　　理解并预测客户情感旅程中可能会产生的负面情绪。处理情感变化最好的方法之一，就是开门见山地与客户谈论情感问题，并解决他们心中的任何顾虑。并不是说每个企业都要通过与客户详细谈话来了解他们的情绪状态，但对大部分企业来说，尤其是在（客户认为）购买费用不菲的情况下，这个方法值得一试。企业应当创造空间，让客户分享自己的情感，并制定合适的策略应对各种负面情绪。

电子邮件、日本打包专家和金线盒

　　在确认阶段，并不是所有互动都要像盒中书那样，与客户密切接触。处理"买家懊悔"问题也可以大规模地进行，而且是用自动化方式。

　　1997年，音乐家德里克·西弗斯创建了一个网站，用来销售他的作品。很快，网站就发展成了CD宝贝股份有限公司，专门销售激光唱片（CD）、黑胶唱片，以及可供下载独立音乐人作品的在线音乐商店。西弗斯听了网站上出售的每一张CD，这在当时是闻所未闻的，但却深受网站入驻音乐人的喜爱。西弗斯的做法给这个行业增添了人情味，与那些更偏"企业化"的竞争对手形成了可喜的对比。

　　一旦客户在网站下单成功，就会收到一封自动生成的电子邮件，用来确认所购产品的详细情况。这是CD宝贝销售过程的一部分。

　　那时候，电子商务刚刚兴起，网上购物还是全新的方式。西弗斯认识到消除买家懊悔情绪的重要性，尤其在与客户互动的是网站而不是人的时候。他的目标是让买家相信自己一定能收到CD。

　　CD宝贝最初的邮件是这样的：

> 你的包裹今日已发出，如未收到请回复告知。
>
> 感谢你的购买。

简短、亲切、明了，作为一封确认邮件，这无疑是有效的。

邮件告知客户订单已经得到处理，鼓励他们如果有问题就联系卖家，并感谢他们的购买。然而，"如未收到请回复告知"的声明实际上增加了客户的担心和疑惑，甚至暗示CD可能永远不会到货！

2012年，西弗斯在蒂姆·费里斯博客里的客座文章中写道："我本想让客户购物更愉快，但几个月后我发现，那（确认邮件）的确与我的想法背道而驰。我知道我可以做得更好。"

据西弗斯说，他花了20分钟写了下面这封"看起来有点蠢"的信：

> 感谢你在CD宝贝购物！
>
> 我们的工作人员已经带着无菌手套将你购买的CD从货架上取出，并放到光滑柔软的垫子上。
>
> 在发货之前，由50名员工组成的工作团队检查了你的CD，擦干净外包装，确保它处于最好的状态。
>
> 我们来自日本的打包专家对光检查了你的CD，当他把CD放进钱能买到的最好的金线盒里时，人群中一片寂静。
>
> 之后，我们举行了精彩的庆祝活动，所有工作人员沿着街道走向邮局，整个波特兰的人都在那里向你的包裹挥手致意："一路顺风！"就在这天，我们公司的专属飞机载着你的CD，一路向你飞去。
>
> 希望你在CD宝贝度过了愉快的购物时光。
>
> 我们相信自己做到了。
>
> 你的照片已经作为"年度最佳客户"贴在我们的表彰墙上。
>
> 虽然工作劳累，但我们真诚且急切地盼望你再次光临CDBABY.COM！
>
> 谢谢，感谢，万分感谢！

第十章 第三阶段：确认交接活动

两封订单确认邮件可谓天差地别。最初确认网上购物的交易性交流最终变成了歇斯底里的叙述，不仅传递了关键信息，而且肯定让收件人喜笑颜开，甚至开怀大笑。

当客户准备好感受买家的悔恨之痛时，CD宝贝公司略带轻率却又热情洋溢的话语反倒消除了客户所有怀疑的感觉。

这封确认邮件为一流的在线公司设定了标准，自那时起，大量电子商务企业受到这封邮件启发，并开始复制和使用该确认邮件。

西弗斯决定"不走寻常路"。他知道确认邮件一定不能呆板无聊，因为无聊的确认邮件不符合他的品牌、愿景和想法，也不能恰当地消除买家的懊悔之情。西弗斯意识到，人在微笑或大笑时，几乎不会产生恐惧、怀疑或犹豫的情绪。于是，他决定把公司理念定为"把必须做的事情做到与众不同"。我一直鼓励客户将该理念运用到他们的企业运营中去。

每个公司运营中都有其"必要元素"，例如确认邮件、办公室无人自动应答器、合同、发票、语音信箱和电子邮件模板等，这些都是现代企业运营的必要元素。

如果公司的必要元素与众不同，就会引起人们的关注。在确认阶段尤其如此。你在微笑或大笑时，内心几乎不会产生恐惧、怀疑或犹豫的情绪。

1998年，西弗斯写了这封新的确认邮件。到2011年，在谷歌搜索引擎上，短语"CD baby jet"（CD宝贝专属飞机）搜索结果的点击量达到了2万多次，每一次点击都代表着一个激动不已的顾客，他们对这个意想不到的接触赞不绝口。在我写作本书的2017年，谷歌引擎上"CD baby jet"的搜索结果已经达到256万条，而且该数字仍在持续增长。

> **速读宝典**
>
> 消除买方懊悔情绪的最好方法是尽量快而准确地确认客户的购买行为。向客户证明我们已经仔细检查过他们所购买的产品，以使

> 他们相信一切都在按计划进行，而且事情会按照他们所希望和期望的方式进行。在确认邮件中融入品牌精神，能进一步强化客户的购买决定，并带领客户体验顺利度过购买点。

别担心，可以全额退款！

有了退款保证，客户就不必担心钱回不来了。如果承诺购买后还能退货退款，你就消除了购买后会产生认知失调的两个主要因素，即对金钱损失的担忧和对持续承诺的怀疑。

退款保证和终身保修日益成为品牌可信赖的标志。网上床品零售商卡斯珀（Casper）"相信你一定会爱上卡斯珀床垫"，所以他们给出100天的试用期，如果客户不满意，他们会收回床垫，并全额退款。他们会把"用过的"床垫捐给你家附近的流浪汉收容所，这是提供积极情感来对抗后悔情绪的好方法。

当美国最大的卖鞋网站美捷步（Zappos）刚开始在线销售鞋子时，客户常常担心鞋子会不会合脚。从一开始，美捷步就提供了慷慨的全面退货政策，从而消除了客户的担忧。不管任何原因，只要你对产品不满意，在保证鞋子完好无损的前提下，你可以在365天内退货，并获得全额退款，没有人会向你提出任何问题。此外，美捷步甚至还会给你补偿退货的运费。

购买二手车可能比买新车更让人感到压力，因为你根本不知道前任车主是如何驾驶和保养车辆的。车美仕（CarMax）公司是美国最大的二手车零售商，也是世界500强企业之一，不仅提供"车美仕质量认证"汽车，还免费提供车辆的历史行驶记录和安全召回报告，以及为期5天的退款保证。你可以把车开走，5天之内无条件退货，并且得到全额退款。

有没有办法可以永久性地消除买家懊悔情绪呢？如果有的话，那么，兰兹角（Lands'End）公司可能已经做到了。作为专门生产休闲服装、箱

第十章 第三阶段：确认交接活动

包和家居用品的美国服装公司，兰兹角有极其宽松的退货政策："要么永远爱它，要么直接退款"。他们确实是指"永远"，因为你可以随时退货。人们会认为，这种服务会让不诚实的人有机可乘。他们会买件衣服，穿一次，然后退货货款（在业界被称为"衣冠禽兽"），但对兰兹角公司而言，这压根不成问题。负责员工和客户服务的高级副总裁凯利·里奇指出："我们的客户都很诚实，我们与客户的关系也很密切，我们的退货率的确是在行业标准之内，这根本不是问题。"

如果你能提供退款保证服务或慷慨的退货政策，你应该在确认阶段向客户重申这一点。即使他们在购买时已经知晓退货政策，再次强调有助于缓解担忧、怀疑或犹豫的情绪。

有客户称赞，就更好

如果产品和服务总成本很高，那么消除买方懊悔情绪尤为重要。很少有人会因为买了一包泡泡糖而感到后悔。在购买上投入的时间、金钱和精力越多，客户就越容易感到自我怀疑。购买汽车和房屋时，几乎所有人都会感到懊悔。随着成本的增加，确认邮件可以不变，但换一个发信人可以显著提高邮件的效果。

在消除买家懊悔情绪方面做得非常成功的公司是位于华盛顿的CADRE公司，这是德里克和梅勒妮·科伯恩夫妇于2011年创立的互助社团组织。

在以政客闻名的华盛顿，CADRE公司有些与众不同。在这家社团中，会员每月支付会费，用以参加旨在帮助他们管理和经营自己企业的私人活动。CADRE会举办适合各种企业的小型商业技能培训，还会邀请世界各地的顶级商业作家和演讲者来举办大型的会员培训活动。

加入CADRE公司需要3000美元入会费，每月还要支付499美元会员费。有鉴于此，在客户购买后立即提供等价服务以避免产生买家懊悔情绪就非常重要了。由于培训和教育活动是每月举行一次，新会员可能需要数周甚至数月才能从会费投资中获得回报。这种延迟获得满足的情况只会加剧购买者的懊悔情绪。

为了尽快化解消极情绪并提供价值，所有新成员入会后，都会接到CADRE公司的欢迎电话。但其实这也没什么特别的，因为许多公司都会打欢迎电话，感谢新客户的加入。

CADRE公司的不同之处在于，拨打欢迎电话的人不是公司领导，也不是支持公司的某个人，而是CADRE的某个老客户。

公司成立之初，科伯恩夫妇选出一小群热情、做事积极的成员，组成了迎新委员会（剧透一下，我也是这家公司的积极成员，并且非常自豪地加入了迎新委员会）。

新会员一进来，就会有人发电子邮件，将他介绍给迎新委员会的老会员。老会员会发邮件欢迎新会员，并表示要给新会员打电话，花20分钟对他们加以了解。在这次通话中，迎新委员会成员会强调加入CADRE的种种好处，并表示无论新会员有任何问题和担忧，都可以找他们帮忙。

CADRE公司让老客户向新客户解释会员的各种细微差别，以及如何最大限度地提高投资回报，通过这种深刻而有意义的方式增强了客户对其购买决策的信心。

通过将打欢迎电话从其他业务中分离，并使其成为其他客户的活动，CADRE公司消除了新客户在关系早期对自助评论或过度销售沟通可能产生的任何怀疑。除此之外，这样做可以快速引导新成员进入"部落"，满足人类加入新群体的需要，上一章讨论欢迎仪式的好处时提到过这点。

如果公司能把优秀客户投入业务推广，就有机会为新客户创造独特而非凡的客户体验。通常情况下，企业靠的是书面推荐信，或者把老客户推荐新人作为销售流程的一部分。通过将老客户反馈作为确认阶段一部分，企业不仅可以在竞争中脱颖而出，还可以妥善有力地解决新客户的情绪问题。

第十章　第三阶段：确认交接活动

过去 6 年来，CADRE 公司的年均客户保留率一直稳定在 90% 以上。这个比例简直令人难以置信，毋庸置疑，老会员给新会员打欢迎电话的举措在其中发挥了不可或缺的作用。"在正式开始与新会员之间的良好关系方面，迎新委员付出了很多，比我们尝试过的其他举措都更有效。"德里克·科伯恩说，"建立最初的联系可以让新成员很快了解我们，并立即体验到我们的文化。这样做的话，在参加正式活动之前，他们就会觉得自己已经成为社群一分子，使他们更加确信自己的决定，而且增加了他们继续愉快支付会费的可能性。"

CADRE 公司的欢迎电话对参与双方同样有好处。新会员很高兴接到电话，因为这让他们在第一次参加活动时至少会有一个认识的人；老会员也很乐意打这个电话，因为 CADRE 是社交互助组织，所以他可以通过这通电话认识一个经过公司审核的新会员，并把他作为可靠的业务联系人。

CADRE 公司还会给新会员寄送在公司活动上做过演讲的人所撰写的书，从而给新会员带来惊喜。在关系早期赠送这份出人意料的礼物，不仅为客户制造了充满惊喜和愉悦的时刻，而且强化了 CADRE 活动中演讲者的个人魅力。如此一来，CADRE 公司在鼓励新成员参加未来活动的同时，也巧妙加强了公司对其会员成长和学习的承诺。德里克观察道："当我们将这个接触点纳入'前 100 天客户引导策略'后，就开始收到会员发来的令人惊讶的感谢信息。"

速读宝典

将现有客户转变成公司的宣传者，然后用他们的热情来消除新客户的买家懊悔情绪。将新客户与老客户联系起来，是让新客户感到受欢迎，从而相信自己所做决定最有效的方法之一。

第三阶段小结：在确认阶段创造卓越的客户体验

客户生命周期的确认阶段是从购买行为发生几分钟或几小时后开始，到客户与所购产品或服务的第一次重大交互时为止。此阶段持续的时间可以是几分钟、几小时、几天、几周甚至几个月。

尽管有购买（即确认）时的积极情绪，事情很快变恶化。甚至买方自己都可能没有意识到，潜在的疑虑就开始吞噬先前的积极情绪。买家懊悔情绪持续得越久，客户就越焦虑。从客户购买后到收到产品或服务的"无声期"，问题的严重程度会进一步加剧，因为客户的自我怀疑会在无人沟通的空白期发酵。

在客户生命周期的确认阶段，通过强化客户购买决定并重申最初促成客户购买的产品亮点，企业可以有效消除买家懊悔的自然情感。

从明天开始：确认阶段要做的 6 件事

请记住，你不必在每个阶段都使用以下所有交流方式。你只需考虑在此阶段使用不同工具，为新客户创造难忘的体验的可能性。

面对面交谈

通常，只要公司有人出面与客户沟通，就能减轻买家懊悔情绪。只要知道公司有人关心并专注自己，新客户就能获得一定程度的保证，顺利进入对自己所购产品或服务感觉良好的下一阶段。

章节案例：（车美仕公司）销售人员向客户重申他们慷慨的退货政策，有助于消除客户对投资的担忧或疑虑，因为客户知道他们购买以后还可以反悔。

📧 发送电子邮件

"突然出现"的第三方推荐信或案例分析，能使买家坚定自己的购买决定。当其中的信息说买家做出了"明智选择"时，这样的电子邮件有助于减轻买家的懊悔情绪。确认邮件还有助于确认购买决定，让客户确信企业正在处理他们的订单。

章节案例：CD宝贝公司精心编写的确认邮件很好地体现了品牌精神，能让收件人面带微笑或开怀大笑。这样的邮件安抚了客户的紧张情绪，让他们确信一切都在按计划进行。盒中书团队发给客户的令人兴奋的信息增强了双方合作的热情。卡斯珀重申退款保证，美捷步无条件免费退货和兰兹角公司提供的终身退货保证，这些服务都告诉客户，他们不必遭受买家懊悔之苦，因为只要退货，就一定能收回自己的货款。

✉️ 邮寄信函

在信中对处境相似的客户进行案例分析，并根据他们的不同之处做出个性化说明。这样的做法可以让新客户了解他们现在能与公司进行什么样的互动。如果在信中再附上"我们希望与您一起，做出更好的成绩"，那将进一步增强团队与新客户合作的兴奋感。

章节案例：盒中书的"关爱大礼包"为双方关系定下基调，重申了公司对客户的重视，体现了给新客户增添信心的专业精神。CADRE给客户寄去知名专家的著作，这一做法巩固了他们致力于成长与学习的品牌定位和核心价值观。

📟 打电话

管理团队中的高级领导给客户打电话，肯定地告诉客户"你做出了正确的选择"，并传递出"我们最关心你"的信念，由此确认客户的购买决定。

章节案例：CADRE公司让老客户打电话欢迎新客户加入公司"大家庭"，由此开启新老客户之间的互动，从而巩固并增强公司的整体价值。

在项目面临搁浅风险时，盒中书老板打来的电话促使项目得以继续进行下去。

▷ 定制视频

在新客户下订单到收到产品或初次体验服务期间的任何时候，企业都可以给他们发送简短的、以"坚定信念"为主题的视频。让客户从视觉上确认公司对这段新关系的热情，这是让他们再次坚定与企业合作的好办法。

章节案例：通过给客户发送专门定制的个性化交接视频，全面债务自由公司让客户再次确定了自己的购买决定，也让公司可以巧妙地引用客户在销售过程中曾提及的关键好处和基本原理，以证明或解释客户为什么需要此特定产品或服务。

🎁 馈赠礼物

给客户提供免费的出乎意料的升级服务（比如加速邮寄、免费样品、产品发布前预览等），就可提供超出客户预期的交付。

章节案例： 在一个以恐惧和不确定性为特征的时间段里，盒中书和CADRE公司用出人意料的礼物和惊喜创造了欢欣而愉悦的感觉。这种类型的福利很容易以转嫁费用的形式进入企业的运营活动中，虽然不会对企业利润产生重大影响，但对客户感知价值的影响却是巨大的。

你的任务：将想法付诸实践

既然你现在对确认阶段有了清晰的认识，请回答下面的问题，这些问题旨在让你思考如何运用各种交流工具，来提升客户体验旅程中此阶段的整体客户体验。

（看到这里，你可能会想，"我干脆跳过这部分，直接翻到下一章吧"，拜托，千万不要这样！我真的希望你能将所学知识融会贯通，为将来学以致用时大获成功做好准备。）

第十章 第三阶段：确认交接活动

评估现状

写出下面每个问题的答案，并用两三句话进行解释。如果你在6个月前做过这个评估，请写下你心目中的最佳答案，可以加分哦。

从客户购买产品或签订服务合同到第一次重大互动的"无声期"，会发生什么？（提示：如果你觉得"实际上什么也没发生"，你也不必着急，因为普通企业中的情况就是这样的。对，你就是普通的！但这种情况不会持续太久……）

请详细描述从成交到第一次互动期间所发生的事情？这段时间持续多久？给你"感觉"如何？在此期间，客户到底在想什么，而你又在做什么？

就当前企业而言，你们在确认阶段创造了卓越的客户体验吗？

如果有，具体是什么样的体验呢？

按照从1分到10分的等级打分，如果1分表示"非常糟糕"，10分表示"非常棒"，你会给确认阶段的客户体验打多少分？（如果你什么都没做，那就是1分。）

运用工具提升客户体验

针对如何使用具体工具提升客户体验，在每个问题后面写出两三个想法。我之前已经说过，但还必须重申，千万不要担心费用成本、由谁去做或者在公司里如何实施等问题。只要大胆想象，提出你的创意就行。

在这一阶段，如何通过面对面交流，让客户把他辛苦赚来的钱放心地交给你？

如何通过电子邮件让客户知道，你一直在幕后为他工作，而且他们很快就能看到成果？

如何用定制信函把客户从担心、疑虑和犹疑不定的情感状态带入心平气和的情绪状态，同时让他们知道他们的行动是正确的？

如何通过电话让客户感受到你们对他们很关心，而且对他们的业务很上心？

如何利用视频向客户保证他们会得到购买时所期望的产品或服务？

你会给客户馈赠什么礼物，让他们感到惊喜和愉悦？

现在就选一个

如果你回答了上述问题（我希望你全部完成这三章结尾的问题），你对确认阶段的客户体验就有了清晰的认识，对于如何创造更好的客户体验也有了很多想法。现在，请结合你的理解和想法，好好思考以下问题。

要想使确认阶段的客户体验更上一层楼，哪件事情是你明天就可以做的？

要想做好这件事，你需要跟谁去说？

如何知道自己成功提升了客户体验？

如何量化客户体验的整体提升程度？

你打算如何与公司中其他人分享这次活动的影响？

从确认交接到激活客户体验

既然客户的购买决定在确认阶段得到了支持，现在就是以热情的方式开启客户关系的时候了。创造卓越的客户体验和壮观的活动场面，以活力四射又令人难忘的方式激活你们之间的关系吧！

第十一章

第四阶段：激活客户体验

> ⚡ **激活阶段速览**
>
> 激活阶段始于成交之后客户与产品或服务的第一次重大互动。企业必须通过正式"启动"的方式，来激活与客户之间的关系，并推动其向前发展。

X-10 超级爆破激光枪

想象一下，在圣诞节早晨或光明节第一个夜晚或任何类似节假日，孩子们正热切期盼着礼物。6 岁的你跑进房间，找到一个写有你名字的大包裹，一把撕开包装纸，打开包装盒，然后以胜利者姿态把 X-10 超级爆破激光枪高高举过头顶。你想得到这把激光枪已经好几个月了，现在满脑子想的都是如何打败外星人！

你扣动扳机……但是，没有反应……

没有闪烁的灯光，没有激光射击声，有的只是寂静。你所有的热情和期待都在这一刻消失殆尽。

激光枪没装电池。

你不得不等人去买电池回来，玩枪的时间也不得不推迟。这种延迟满足会降低你对此玩具价值的整体评价。即使有人最终找到备用电池，你对X-10超级爆破激光枪原有的兴奋之情也会大打折扣。如果找不到电池，情况就更糟糕了。

对于成年人来说，类似情况的感受也是一样的。在顾客第一次接触产品或服务时，如果你不能抓住机会给他们留下深刻印象，其后果可能是毁灭性的。

第一印象的力量

在激活阶段，企业激活客户情绪第一个重要时刻是在客户收到产品或体验服务的时候。

虽然在此之前还有其他阶段，但人们往往将激活客户体验视为销售成功后的第一次真实互动。因此，在激活阶段创造非同寻常的第一时刻是极其重要的事情。

第一时刻是指客户收到购买的产品、体验到他们签署服务或参加项目启动会的时候。

从本质上看，激活这个词意味着一股能量、一份热情和一丝兴奋感，激活阶段的所有互动都应该考虑到如何激发客户的情绪。客户在购买产品或服务之后通常会感到懊悔，因此，企业应该利用这一时刻好好表现，争取给客户留下深刻的好印象。企业与客户（包括潜在客户）的早期互动主要是企业告诉客户自己的产品或服务如何如何好。现在，是时候切切实实做点什么，而不仅仅是高谈阔论。

但是，交付产品或服务时千万不要像扔掉死鱼，迫不及待想要将它丢到视线之外。你的交付方式应该鼓励客户参与其中，从而让人牢牢记住。交付时，客户的反应应该像在剧院看到幕布开启的反应：先是屏气凝神，

第十一章　第四阶段：激活客户体验

然后是掌声雷动。

许多公司的确很重视此阶段。然而，很少有人能充分利用这个机会，给客户留下深刻的第一印象，从而开创良好的新局面。也许你们公司在销售过程给客户留下了很好的印象，但交付才是产品或服务给客户的第一印象。既然你承诺过自己的产品或服务是好的，就应该说到做到，让客户看到你所承诺过的种种好处。

如果最初的交互没有达到预期效果，公司就得不断加以弥补，帮助客户关系中的另一半（即客户）摆脱困境，因为客户的兴奋感遭到了压抑，而他的情绪又回到确认阶段那种恐惧、怀疑和不确定的状态。

让客户即买即用

苹果公司深知立即满足客户心理需求的重要性。2001年，iPod的推出，是技术和音乐领域的革命性时刻。在此之前，谁都没有想到可以随时随地访问苹果的整个音乐库，苹果公司却使之成为可能。

但史蒂夫·乔布斯做的远不止这些，他还要求苹果公司在产品出库前必须先充好电，以便新客户在拿到iPod的第一时间就能立即体验使用新产品的乐趣。

关于iPod预充电的创意缘起，产品原创设计师之一的托尼·费德尔在TED演讲中是这样描述的："伟大设计的首要秘密是……"

史蒂夫注意到（几乎所有新产品都需要先充电才能使用），所以他说："我们不会让这种情况发生在我们的产品上。"

我们是怎么做的呢？

通常情况下，如果你的产品装有硬盘驱动，工厂会将其运行约30分钟，以确保产品从包装盒里取出后的几年里仍能正常运行。

但我们会将产品运行2小时。为什么？因为，首先，我们可以生产出更高质量、更易于测试的产品，并能确保产品对客户来说是非常好的。

其次，确保产品从包装里取出来时已经充满电，可以使用了。如此一来，满怀欣喜的客户就可以马上使用新产品。这真是太好啦！这样的效果也很好。大家都很喜欢。

现在，几乎所有产品的电池在开箱时都充满电，甚至一些没有硬盘驱动的产品也是如此。但在此之前，是我们注意到这个细节，并且完美解决了，而现在呢，几乎所有厂家都在这样做。

再也不必"先充电后使用"了。

正如费德尔所观察到的那样，预充电电子设备现已成为行业标准。新买的电子产品几乎很少不是打开包装就已功能齐全、马上可以使用的。

然而，在 iPod 推出时，给电子产品预充电是一项革命性举措。在此之前，所有电子设备都需要先充电 4—12 小时才能投入使用。苹果公司决定给 iPod 预充电，这便确保了公司在激活客户体验第一时间，就提供了客户所期盼的所有东西，甚至远超客户预期。

> **速读宝典**
>
> 消除任何障碍，无论障碍看起来多么微不足道，让客户在验货后就能立即体验产品，让客户参与变得超级简单。

大人也爱玩具

国际玩具公司 Tech 4 Kids 有一种独特的方法，让新批发买家获得特别的感受。作为招揽新客户策略的一部分，Tech 4 Kids 通过隔夜服务发送一本令人"震撼与冲击的"小册子。客户在打开设计精美的邮件后，首先映入眼帘的是内置视频屏幕。小册子被打开时会自动播放，视频包括销

第十一章　第四阶段：激活客户体验

售代表的定制信息，总结了品牌商业宣传的关键要素；然后过渡到一系列视听盛宴（利用视觉效果、音频剪辑和文字信息制作的简短视频，对某产品进行快节奏而个性化介绍）；再接下来是电视广告，重点介绍公司产品线的主打玩具。控制按钮使新客户可根据各自喜好，选择想要观看和重播的视频内容。邮件还提供了所有相关订购材料的打印件，包括报价单、产品商业计划书以及客户可能想要或需要的东西，都方便地放在一起。

此后不久，Tech 4 Kids 会给客户邮寄一盒样品玩具，用的是公司定制的包装盒，上面印着公司核心价值观的关键词。如此一来，相较于买家收到的其他竞争对手的玩具包装而言，Tech 4 Kids 的邮件从包装上便脱颖而出了。包装盒设计有助于吸引客户更加关注 Tech 4 Kids 所提供的产品和服务，强化了公司的指导原则。

该宣传视频融合了技术创新且高度个性化，使客户能在首次互动时体验到妙不可言的感受，确信 Tech 4 Kids 会关注细节，从而放心地把店里其他空置货架全部留给 Tech 4 Kids 产品。这种早期互动为公司与客户的良好关系奠定了坚实基础，预示出与 Tech 4 Kids 开展业务的前景。这样的第一印象既有意义，又能经受时间考验，没有谁会轻易忘记的。

据公司首席执行官兼总裁布拉德·佩德森估计，正是因为额外花费的心思，使得公司在过去 4 年中一直保持着两位数增长率。这笔额外的收入和利润对于年销售额超过 5000 万美元的公司而言相当不错。Tech 4 Kids 成立于 2008 年，最近与另一家美国玩具公司合并（还收购了另一家公司），这是 M&A 并购汇总战略的一部分。新公司现已更名为 Basic Fun，每年的销售额超过 1 亿美元，现已在美国佛罗里达州（公司总部所在地）和加利福尼亚州、加拿大、中国和中国香港地区设有办事处，向全球 80 多个国家和地区提供各种玩具。

> **速读宝典**
>
> 为客户提供高度个性化、量身定制的数字化体验，打造不同寻常的互动交流。用邮件给客户发送出乎意料、高能量的惊喜正式启动与客户之间的关系，是创造令人"震撼与冲击的"效果的良好方式，可以为今后开展令人激动的互动合作打下良好基础。

你也可以收集基因样本

DNA 检测公司 23andMe 深知，当涉及用户失误的可能性时，科学驱动的品牌将面临巨大挑战。基于这种认识，该公司开始设计与客户之间操作简单且效果可靠的初次互动，让新客户感到既方便又熟悉。

由于 23andMe 团队没办法现场收集样品，他们只能依靠客户用家用检测试剂盒收集合适的 DNA 唾液样品。鉴于此过程的科学性和可能出现的用户／人为失误，23andMe 公司测试工具包采用个性化包装，以强调客户成功采集样品过程的重要性。该工具包操作方法简单明了，任何人都能看懂，并根据说明收集到必要的唾液。此外，基因检测试剂盒盒盖上有色彩缤纷的设计元素和有趣的文字信息，让人看一眼就知道如何收集样本。

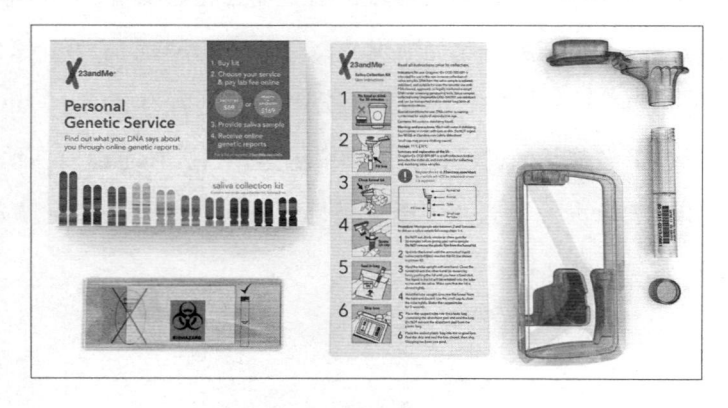

图 11-1 试剂盒使用说明

第十一章　第四阶段：激活客户体验

将样品采集说明书印制在个性化工具包上，再将之送到客户手中，从而使最畏惧科学挑战的客户也能明白如何操作，这开启了公司与客户关系的良好开端。公司与客户之间第一次重大互动，预示着这家 DNA 遗传物质分析公司与客户之间流畅而友好的互动将持续向前发展。根据 23andMe 公司生命科学业务发展部副总裁艾米丽·德拉班特·康利的说法，用测试工具包收集大量唾液样本可以提供某种保障：万一第一次分析失败，公司不必再向客户索要样本，因为有足够的唾液进行第二次分析。此外，帮助客户成功完成首次互动，也反映了他们将在业务中体验到简便易行，从而为发展长期繁荣的关系奠定良好基础。

> **速读宝典**
>
> 强调客户在实现自身成功方面所发挥的作用。努力让公司的早期互动活动容易理解，给客户熟悉感，以避免在与客户关系早期出现失误和意外。努力在设计、颜色、情感和文字编排等方面探索新方法，使产品和服务在一开始就颇具吸引力。

出人意料给客户震撼与冲击

位于拉斯维加斯的财务规划与财富管理公司基石投资欢迎新客户的方法是，向其家中邮寄包裹，内部人员称之为"震撼与冲击"工具包。

图 11-2　"震撼与冲击"工具包

自 2009 年成立以来，基石投资公司执行团队一直致力于方法的开拓创新，通过体验设计，在与新客户建立关系之初激发客户的特定情感，通过为客户提供大量资源，强调在客户认知方面的投入。公司认为，了解公司理念和财富管理方法的速度越快，客户看到在基石公司投资回报的时间就越早。

"震撼与冲击"工具包彰显了基石投资的品牌特色。客户会收到一个外表光滑的磁性盒子，上面写着"最好的还在后头"。

打开公司定制包装盒后，新客户看到的东西有：一封感谢他们加入公司合作项目的个性化信函、一系列文件和免费礼品；一份商业改善局报告，报告突出强调了基石投资团队及其出色的社群工作；一份文件，对后续计划进行逐步说明；以及其他东西，比如客户在与基石投资第一次面谈中将会涉及的议题纪要。

工具包还有一份详细说明基石投资管理资产的年度报告，一份对其企业哲学进行描述的文档，以及丹尼尔·维尔德穆特所著的《智慧金钱》，该书倡导的投资、财富管理和资产增长理念正是基石投资的经营理念。

除了文件和免费礼品之外，工具包还为新客户准备了个性化视频信息DVD。虽然 DVD 可能会让千禧一代感到厌倦，但对于 55 岁以上的人（构成了基石投资的大部分客户）而言，收到可以在家庭电视上轻松观看的内容还是很开心的。

基石投资的邮件为客户提供了各种实物，其做法是庄严的，其风格是个性化的，如此便为新客户注入了活力。此外，通过各种宣传材料，基石投资展示了公司的愿望：希望客户能够了解更多的相关情况、做好充足的准备，并且具备广博的知识。

基石投资公司的团队明白，新客户在财务上投入越大，在激活阶段恰当开启客户体验的重要性就越大，其意义也就越大。

第十一章　第四阶段：激活客户体验

> **速读宝典**
>
> 让第一印象成为令人惊叹的体验。用透明可见的接触方式、可以预知下一步的真知灼见和可用来提升关系的资源打造意外惊喜，来迎接新客户。最好能为客户描绘出双方合作的蓝图。

吃好喝好，身心愉悦

激活客户体验的第一次互动往往不是在客户收到产品或签订合同时，而是在项目启动会上。很多公司表示，不知道应该准备什么样的活动或者采用什么样的形式，举行这样的首场见面会。实际上，我们完全可以用一些方法，几乎不需要投入多少资金，就能让项目启动会与众不同，且令人回味无穷。

几年前，我为世界银行策划了一个项目。有一天，我赶到世界银行华盛顿特区总部参加复选设计项目启动会。参加会议的人大约有15个，包括全球著名经济学家、政府专家和发展规划方面专业人士。

不客气地说，相较仪式化项目启动会，这些人更愿意处理各种电子表格或进行回归分析。因此，为了打破尴尬，我带了一提调味苏打水和六罐根汁汽水（我自己也想喝点）、巧克力葡萄干和酸奶椒盐饼。我提前20分钟进入会场，将带去的零食和饮料摆到桌子中间，如此一来，会议室里每个人都能轻松拿取自己喜欢的东西。

参会的经济学家到达会场后，他们兴奋得两眼发光。当他们在会场各处跑来跑去地享受美食和饮料时，那情景就像跨年晚会。

我完全被惊呆了。有谁能想到，区区30美元的甜味零食居然笼络了一屋子世界顶级经济学家呢？

在项目启动会上提供有趣的零食和饮料不过是非常简单的小窍门，但却取代了同类企业活动中的惯常做法，使之成为一件有意义的事情。要想做好这件事，你只需要用一点点时间，花一点小小的心思，而且成本也不高。所以，卓越的客户体验并不一定等同于昂贵的花费。

> **速读宝典**
>
> 千万不要忘记常识性的东西。事情不只关乎产品和服务。世人都爱美食、好享乐。如果你提供美食，大家就会喜欢你。
>
> 现在，请不妨想象一下，假如你将"仅供参与者食用"的方法再向前推进一步，根据项目启动会参与者的饮食需求和个人喜好，为他们量身准备会场上的零食和饮料，情况又会怎样呢？如此一来，参会人员必定会在随后数周或数月里告诉别人你是个多么善解人意、多么思虑周全的人。

第四阶段小结：在激活阶段创造卓越的客户体验

当客户收到初次下单所购产品或服务时，客户体验激活阶段便开始了。这时候的第一印象（包括生理的和情感上的）为将来交流互动设定了基调，并为品牌的情感反应设置了感觉基线。因为客户对自己初次购买的产品或服务期待已久，所以他们必定会密切关注产品外包装、防撞用填充物，或者与该产品或服务密切相关的其他信息。

想想看，需要什么样的能量"激活"与客户之间的关系，为他们打造卓越的客户体验呢？你可以利用客户生命周期这一阶段来设定未来交互沟通的标准，同时代表自己的品牌或社群欢迎新客户的到来。

第十一章　第四阶段：激活客户体验　　　　　　　　　　　　　　123

从明天开始：激活客户体验要做的 6 件事情

切记，你并不需要在每个阶段都用到以下所有沟通工具。只要记住，你在此阶段运用的每个工具都有可能为客户打造令人难以忘怀的美妙体验。

面对面交谈

客户生命周期激活阶段的面对面交谈应当考虑周详、准备周全且积极向上。在最初重要的交互中，高能的交流、真诚的邀请和热情的态度都**能给新客户留下深刻的印象。**

章节案例：在第一次重大活动上，带些点心（在世界银行的做法），既奠定客户关系的基础，又增添意外的惊喜和欢乐。

发送电子邮件

在客户收到第一份产品或服务当天，给他们发送电子邮件时，应该询问客户的情感状态，为他们获得最大的成功提供清晰明确的方向。私人定制是从一开始就能创造独特感受的关键。

邮寄信函

根据所提供的是产品还是服务，你可以给客户邮递信函，创建特殊的互动。如果提供的是服务，在最初互动中，业务流程图和成功清单（别担心，我们将在下一章详细讨论）提供了一个品牌体验的人工制品，帮助客户在此过程中建立动觉学习和行为。如果提供的是产品，通过改进产品包装，可以再次提升客户的兴奋程度，从而让事情有良好开端。

章节案例：（Tech 4 Kids）采用个性化宣传视频，（基石投资公司）给人惊喜的礼物和市场营销材料，都在客户心中留下开启新关系时强有力的第一印象。（23andMe）设计精美的包装和（苹果公司）通俗易懂、开箱可用的产品，给客户留下妙不可言的第一印象。（Tech 4 Kids）将品牌精神的关键因素融入产品包装，从而帮助企业从竞争中脱颖而出。

📞 打电话

在客户收货当天打个跟踪电话进行确认，或者在服务过程中打个电话确认事情顺利进展，这种做法能进一步稳固客户的品牌体验感。这通电话还能让你第一时间了解客户首次订单或服务中可能出现的问题，从而提出快速解决方案。

▶️ 定制视频

个性化视频能在第一次互动中制造出"宣誓"般的仪式感，尤其是在视频中出现那些为产品或服务最初交付做出贡献却没有直接参与当前项目的团队成员时。在客户生命周期的这个关键阶段，视频让客户在互动活动中看到了活生生的人。

章节案例：（Tech 4 Kids）采用高科技、高度个性化宣传视频，打造了极其受人欢迎的第一印象，并为将来源源不断的美妙体验奠定了基础。

🎁 馈赠礼物

Cracker Jack 有个免费发送奖品的传统，那就是在客户首次订单中加入特别的或者意外的礼物。这些小礼物可能是：订单中没有的产品小样，或者还没有公开发行的产品小样，或者是卡片，上面印有链接地址，可供客户免费下载某个工具，从而提高成功的可能性。

章节案例：（基石投资）强化项目启动会上主要话题的做法给客户带来了意外惊喜，还进一步确立了新客户对品牌的信任度。（苹果公司）预充电产品让客户在收到产品第一时间就可以体验新产品，既让客户在产品交付瞬间获得满足感，同时创造了非同寻常的第一印象。

第十一章　第四阶段：激活客户体验　　　　　　　　　　　　　　　　125

你的任务：将想法付诸实践

既然你现在对激活客户体验有了清晰的认识，请回答下面的问题，思考如何运用各种交流工具，提升客户体验旅程中此阶段的整体客户体验感。

（温馨提示，请勿跳过这些问题，直接阅读下一章。继续完成下面的工作，你将从本章阅读中获得最大的投资回报！）

评估现状

写出下面每个问题的答案，并用两三句话进行解释。若想获得加分，请写出你心目中的最佳答案。

产品或服务成交后，你与客户的第一次重大互动是什么？（提示：如果给客户邮寄产品，就是客户收到包裹时；如果从事企业咨询，就是在项目启动会上；如果是经营会员组织，就是第一次举行聚会时。）

请详细描写第一次互动的情况：活动持续多久？大家感觉怎么样？你是如何建立友好关系的？这次交流是否特别或者令人难忘？

就当前企业而言，你们在激活阶段是否为客户创造了卓越体验？如果有，有些什么？

按照从1分到10分的等级打分，1分表示"非常糟糕"，10分表示"非常棒"，你会给激活阶段的客户体验打多少分？（再次提醒，打分要诚实。）

运用工具提升客户体验

针对如何使用具体工具提升客户体验，在每个问题后面写出两三个想法。我在前面说过，但必须重申，千万不要担心费用成本、谁去做或如何实现等问题。只要大胆想象，提出创意就好。

你认为在此阶段应该如何通过面对面交谈，让客户了解继续与你合作可能会产生的感受？

如何让电子邮件更精彩、更受欢迎，而不是简单列举客户"将要完成"或者现在"必须完成"哪些任务？

如何用个性化私人信函感谢客户，表达对客户关系开启方式的喜悦之情？

如何通过电话让客户感到自己是受欢迎的和被接纳的？

如何利用视频建立客户和即将与之互动的重要团队成员之间的关系？

你会给客户馈赠什么礼物，让他们感到自己真的很受欢迎？

现在就选一个

如果你回答了上面的问题（我希望你不只是简单浏览，请放慢节奏，先停下来回答问题吧），你对激活客户体验阶段就有了清晰的认识，对于如何创造更好的客户体验也有了很多想法。现在，请结合你的理解和想法，认真思考以下问题。

要想使激活阶段的客户体验更上一层楼，哪件事情是你明天就可以做的？

要想做好这件事，你需要跟谁说？

如何知道自己成功提升了客户体验？

如何量化客户体验的整体提升程度？

你打算如何与公司中其他人分享这次活动的影响？

从激活体验到适应产品或服务

既然现在你考虑好售后第一次重大交流活动和激活阶段的客户体验情况，我们就来看看，客户开始与你打交道并适应你处理业务的方式之后将会发生什么吧。

第十二章

第五阶段：适应产品或服务

适应阶段速览

在适应阶段，客户将逐步了解公司的业务流程，他们需要熟悉双方互动关系中出现的各种情况。企业通常会将他们的产品或服务交付数十次、数百次、数千次甚至数百万次，因此企业管理人员想当然地认为，每个客户都熟知企业的业务流程，也知道接下来会发生的事情。但实际上，公司新客户并不了解这些程序，因此，他们需要手把手引导的情况远比你想到的要多得多。

呕吐是可以预防的

我家在科罗拉多州落基山脉地区，这里海拔高达2591米。因此，适应环境对我来说有着特别重要的意义。

当朋友或家人来访时，我往往会走到家门口，一边欢迎他们，一边递上一大杯水。这种迎接方式与众不同，因为客人必须立刻喝580毫升水，以帮助他们适应落基山脉地区的高海拔。

　　偶尔，有人会说他们不需要喝水。记得我刚刚搬到这里时，客人说不喝水，我便没有勉强。然而，没过多久，有百分之二三十的客人出现了高原反应（包括头痛、呕吐等症状）。于是，我赶紧采取补救措施，马上要他们喝水。其实，无论他们是否意识到，喝水的确在人适应海拔时发挥着至关重要的作用。

　　相应地，公司在与客户相处时，也要这样手把手地引导客户，确保他们得到想要的效果；即使客户表示拒绝，说他们"很好"，不需要指导，公司也要向他们提供指导与帮助。

放慢节奏，帮助客户适应产品或服务

　　你如何帮助客户成功适应新产品或服务呢？向客户介绍公司的企业文化、员工情况、业务流程和体系，可以让客户轻松适应新的环境。

　　这看似是常识，但大多数公司却没有这样做。

　　公司通常认为新客户了解并清楚公司的运营模式。然而，在成功召开新项目启动会议之后，公司管理人员会发现自身陷入了虚假的安全感之中。公司从感觉良好的启动阶段进入适应阶段，并期待这一良好势头可以随着客户对公司业务流程的适应而延续下去。

　　更何况，这些业务流程在发给客户的文件（无论是服务合同还是提案）中均已写得很清楚。况且，客户肯定仔细阅读过这些内容，不是吗？

　　对此，你怎么看？设想你是某个公司的新客户，你会阅读所有细则吗？我觉得不会！

　　所以，当你提供产品或服务时，你凭什么认为客户会有所不同呢？公司没有意识到铺天盖地的信息正充斥着客户生活的方方面面。这种信息大轰炸的情况是前所未有的。当潜在客户向公司询问"接下来会发生什么"时，公司常常因这种突发状况而措手不及。

公司可能认为业务流程已经概述清晰且明白易懂；而客户却仍习惯于向公司逐一询问。如此一来，**公司预期与客户感受之间便有了巨大差异**。

此时，客户可能对产品或服务感到不满意，至少不完全满意。他们仍在了解公司产品和服务，并与公司客服团队沟通交流。他们也开始了解公司的其他产品或服务项目。

适应就是让客户对公司业务人员、业务流程和系统感到满意。如果公司在登记新客户过程中，能够采用一系列管理规范且组织严密的活动，打造欢迎新客户的体验活动，那就完成了适应阶段最重要的使命，帮助客户适应新环境。要知道，你对这个环境的熟悉程度比客户要高得多。

我知道这种情况是令人沮丧的，但所有人在购买新产品或服务时都一样，关注的是自己而不是你的欢迎活动。与人打交道很困难，原因在于我们人类都是独立个体，或多或少以自我为中心。当花钱向他人购买产品或服务时，我们通常希望他们把所有事情都做好了。这并不是基于任何个人的判断，不过是陈述事实罢了，因为作为消费者的我也是这样的。

有时候，公司员工可能会带着怒意和敌意答复心神不定客户的疑问。他们会责怪客户为什么不能认真一点，或者专心阅读相关合同，或者查阅指导手册；而客户总是回答说他们尝试过了。但是，如果他们真的读了合同或手册，怎么还会连基本的问题都不清楚呢？所以，客户不知所措、急需帮助时，公司却无所作为。

你很清楚公司是如何运作的，也清楚业务流程各个步骤，但客户很难理解这些信息。虽然客户签订了合同、购买了产品、参加了项目启动会，但这些通常都不重要。事实上，客户对自己购买的产品或服务仍然一知半解。

因此，你对客户所处位置的想象与其实际所处位置之间的距离非常遥远。因此，必须在适应阶段尽一切努力缩小这种差距，让客户熟悉你处理业务的方式。

用客户满意的方式拉开序幕

帮助客户成功适应产品或服务的秘诀就是,在整个过程中尽可能提供指导和帮助。每采取一个步骤,你都需要细心地告诉客户正在做什么以及接下来会做什么。很多情况下,还需要不停地解释每个步骤的必要性,告诉对方当前所做的事情对于客户实现总体目标有什么作用。

国际比萨供应商达美乐(Domino)在这方面做得非常好。公司通过一款应用程序(APP),让顾客在等待比萨外卖期间有更直观的购物体验。通过应用程序下单后,顾客可以清楚看到自己的比萨从制作到卖出的整个操作流程。他们可以实时看到面点师取出生面团,将面团压成面饼,在面饼上放满馅料,将生比萨放入烤箱烘烤,然后交给外卖员,外卖员再登上送外卖的交通工具。

达美乐引导客户观看比萨制作、烘焙、送货整个过程,在此期间,顾客实时了解制作进展并参与其中。这种沟通方式不仅让顾客了解每一个步骤,

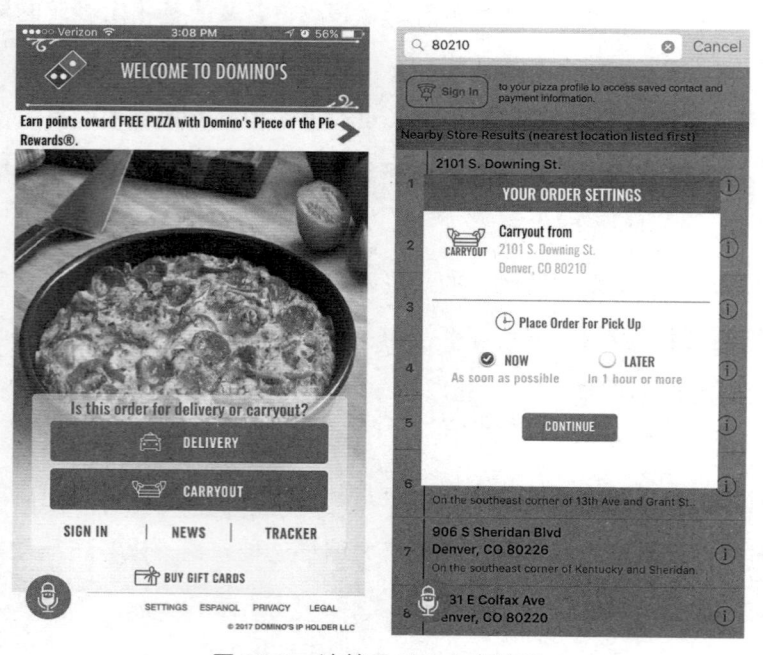

图 12-1 达美乐 APP 订餐流程

而且可以实时更新比萨从烤箱到顾客餐桌流程的各项"微小成就"。

许多人都听过"事情的过程并不重要"这句谚语。然而，哈佛大学和斯坦福大学的研究结果却表明事实恰恰相反：

> 客户希望了解每一个步骤。当客户看到你正在做所承诺的事情（例如，你正在"工作"）时，他们就会减少内心的不确定感，从而更好地规划自己的生活，并在流程结束时大幅提高满意度。

如果顾客可以看到你正在为他们"工作"，他们会更加信任你的产品，也更感谢你在整个过程中付出的努力。如此便极大地提高了顾客对所购产品或服务的满意度，也增加了顾客在未来重复购买产品或服务的概率。

速读宝典

> 采用关键里程碑方式的常规交流可以消除客户的顾虑。这种交流没有任何盲区，客户总能清晰了解整个过程的所有步骤，总能清晰看到你正在为顾客利益而努力工作，从而感到满意。

沉默者最危险

客户行为往往是无意识的，而且，即使你很希望有人说点什么，也很少有人会说出自己的想法，或者就某个话题展开公开讨论。记住这一点很重要。

当客户认为没有得到应得的价值，即公司承诺的价值时，他们通常不会投诉，而是希望公司有人站出来告诉他们接下来会发生什么。但是，当客户的希望落空时，或者当公司与客户之间的沟通时断时续时，客户就会中断与公司的交流，而客户与公司间的关系就变得越来越疏远。客户可能会生气地抱怨："我不知道事情进展到哪一步了。"他们甚至会向同事倾诉，希望公司能放慢脚步。但是，因为他们通常很少直接向你求助，说"慢点吧"，所以公司一直按照原先的经营模式奋力向前。日复一日，公司与客户之间的关系遭到越来越严重的破坏。最终结果是，你们的合作项目停滞不前甚至被迫取消，而曾经蕴含着巨大希望的客户关系也就此破裂了。

另一方面，即使有客户的确进行了投诉或者提出了自己的疑虑，他们却发现没有人理会自己。这时候，最理想的是公司尽力重建与客户之间的联系，重塑双方关系；而最糟糕的（也是最常见的情形）是公司重申提案中原来计划的时间安排或者相关描述，并希望客户自己去确认事情发展的进程。

手把手绘好活动示意图

虽然在前一个阶段，即激活客户体验阶段，公司中心任务是创造良好的局面，但在适应阶段，公司最重要的是始终如一地为客户提供卓越价值和卓越体验。在适应阶段，如果公司能握住客户的手，一步一个脚印地引导客户，并定期做好回访，客户便能从中获得安全感，并对公司产生信任。

每次交流都应建立在之前所有交流活动基础之上。并不是每次都要有娱乐活动，但每次都应减轻客户疑虑，让他们感到事情正在稳步向前，从而获得安定的心理感受。

在适应阶段，重要的是公司必须与客户清晰地沟通并向他们提供活动示意图，在上面清晰地标注后续每一个步骤。我的意思是，如果可能，绘制一张真实的地图更好。你认为我为什么绘制下面这张示意图呢？

图 12-2　客户体验流程图

从示意图上，你可以清楚地看到客户体验过程的 8 个步骤、每个步骤的具体情况及其后续活动。

公司应该把绘制好的活动图印制出来或直接发布在网站上，以便客户轻松确认自己在活动中所处的位置。地图还应标注有关后续步骤的定期提醒，解释他们在流程中的必要性。如果公司提供更复杂的产品或服务，而且需要更长时间的话，这一点尤为重要。

步骤太复杂了，没法再简化

最糟糕的商业活动之一就是软件实施。有关软件实施出错的恐怖故事多得数不胜数。众所周知，有的公司会花费数亿美元购买他们从未用过的软件。

正是基于对这个行业的认知，多伦多一家医院档案管理软件公司 PolicyMedical 开始实施体验增强策略，用以创建既有趣又易于理解的软件实施过程。

软件实施往往涉及供应商和客户双方的 IT 代表。此外，在软件实施后，会有使用该软件的终端用户需要参加培训，以便了解相关软件的新特征和新功能。

鉴于 PolicyMedical 公司的软件是用来管理内部政策、协议和程序（例如，洗手技巧与防摔指南），人力资源部门人员通常监督实施过程。换句话说，项目经理往往不具备计算机科学或相关技术背景，在此之前从未监督过软件实施过程。

当新手用老板的钱实施一个项目时，大多没有好结果。对于负责监督的项目经理而言，软件知识的匮乏往往会造成更大的理解障碍和心理压力，以及内心的不确定性。

好像这还不是最糟糕的。在常见软件安装项目中，执行管理团队会在项目经理不知情情况下决定购买软件。项目经理通常是在"被告知"参加启动会议时才第一次获知新软件的事情，在会上，他被通知将监督该项目作为他附加工作职责的一部分。

在与PolicyMedical公司讨论适应阶段、探讨标准实施过程时，我们很明显意识到，虽然每个软件的安装过程不同，但项目安装过程还是存在一定的共性问题。我们一起回顾了此前客户委托项目的各种实施要素，确定了几十个复杂、令人困惑的步骤，而且这也是客户或PolicyMedical软件实施团队在执行过程中几乎没有达成一致的地方。

经过仔细核查、合并或去除那些荒谬、多余的或者不必要的步骤后，我们总结出19个步骤(这是简化版！)。不管客户规模或具体软件配置如何，这些步骤需要在每个项目中完成。

这些步骤在软件实施过程中至关重要，因为只有全面充分地理解，你才能为客户制定出合适的流程图。

展示，而不只是讲述

在与PolicyMedical公司团队一起工作时，我们查看了之前软件实施过程中使用的Excel表格、甘特图、电子邮件、电话呼叫议程等资料。即使每天使用这些工具，PolicyMedical员工还是对其复杂性和混乱程度感到惊讶。很明显，客户没办法从中看出个所以然。

为了简化实施过程，给这些颇具压力的项目增添实施的乐趣，我们用头脑风暴方式想出一些好点子，用来创建信息丰富又引人入胜的软件实施过程。

我们的想法是用拼图方式解决这个问题。

如果用拼图展示整个过程的先后步骤，哪怕是不懂技术的项目经理和软件实施参与者，都能清楚了解每个步骤。此外，有了拼图之后，项目经理可以用一种有趣的方式追踪符合PolicyMedical品牌形象的项目进展情况，既能从中获得乐趣，又能减少软件实施过程中的压力。要知道，那原本可是令人恼火的事。

通过与PolicyMedical公司客服团队和技术实施团队密切合作，我们开发了自定义图框，其中有20个插槽可以插入迷你拼图，拼图一面清晰地展示出流程步骤（例如，"向整个医疗系统宣布新软件实施"），另一面是代表该步骤的光亮图像（例如，亮红色扩音器）。由于软件装载过程包含19个步骤，我们便添加了最后一个步骤（即第20步），祝贺用户成功实现软件安装。

在软件实施开始之初，PolicyMedical公司会在项目启动会前夜向用户方的项目经理发送自定义图框和拼图。第二天视频启动会上，PolicyMedical团队会邀请用户打开文件袋。一旦客户手持拼图的图框和图片，PolicyMedical便会解释整个跟踪过程，客户也会因软件安装过程中如此有创意的视觉跟踪方式而兴奋不已。

随着项目进程的推进，PolicyMedical团队会向客户发送电子邮件。邮件的页眉显示客户当前正在进行的步骤，邮件正文部分解释了完成该块拼图的必要步骤。邮件还包含下一块拼图，不过进行了阴影处理，所以客户看不到具体内容。

软件实施过程中每完成一个步骤，PolicyMedical就会鼓励项目经理在图框嵌入相应的图片。如此一来，随着时间流逝，图框就会发生变化，从而直观展示出项目进展的最新情况。

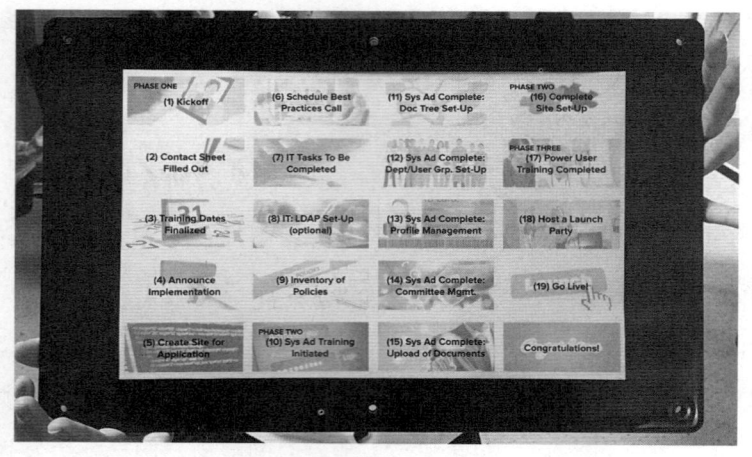

图 12-3　PolicyMedical 拼图流程图

软件实施过程全部结束时，客户就可以将最后一块图片嵌入图框中仅剩的空白位置上。最后的图片上显示了个性化祝贺信息。现在，项目经理就有了一个 20 片拼图组成的完整图框，作为项目完成的纪念品。然后，PolicyMedical 团队成员会前往客户所在地主持"成功发布"活动，庆祝这一重大成就。

不同以往用技术语言在好几页纸上列出整个过程各步骤的做法，PolicyMedical 团队将软件实施过程可视化，从而为原本繁重的安装任务增添了创意和乐趣。安装拼图让客户清晰地看到了整个任务过程，让他们逐渐适应事情的进展，并在最后获得纪念品，作为努力安装软件的奖励，把它摆在办公室里，骄傲地展示给别人。

> **速读宝典**
>
> 你必须深刻理解整个过程。把复杂过程变成一个个细小步骤，注意，不要一次性给客户提供所有信息。将技术性、过程驱动式讨论变成可视化图表，并用它来加深客户的理解。

WOD、RX 和波比运动

2005 年成立时，CrossFit 健身旧金山分公司是 CrossFit 全球第 21 家健身房（从这个角度看，现在全球有超过 1.5 万家）。时至今日，客户仍在思索 CrossFit 的含义。CrossFit 旧金山分公司首席执行官朱丽叶·斯塔雷特说道："在 CrossFit 发展早期，一切都是全新的，客户走进来，马上就开始上健身课。这样的起点是值得深思的。要知道，每节课都需要教练提供大量指导，但是，对于一个从未接触健身的人来说，就像把不会游泳的人扔进深水区，还希望他马上就游得很好。"

朱丽叶不希望这样的体验吓到新客户，所以她开发了有趣又轻松的入门课程。

每个来到健身房的潜在客户都会接触到15分钟"无汗型"入门课程。健身房会安排工作人员接待他们，回答他们的所有疑问，并消除他们的担忧（如，参与CrossFit健身运动期间，我是否要坚持遵循原始人饮食法？多长时间才能学会CrossFit的日常训练动作？我需要告诉周围每个人我正在参与CrossFit健身运动吗？），随后，工作人员会带领潜在客户参观整个健身房，给他们介绍各类健身设施，告诉他们将衣服和运动装备寄存在哪里；如果还未到上课时间，他们可以先到哪里。潜在客户了解健身房的同时，旧金山CrossFit团队也在了解潜在客户。这种体验项目是宣传式的，而不是销售性的。

如果潜在客户对CrossFit运动有兴趣，他们可以签约"CrossFit入门"系列课程。在三次入门课程期间，CrossFit会根据潜在客户的性格特征安排与之相匹配的教练进行训练。例如，某位教练因快速回复客户邮件而知名，CrossFit会把她安排给那些期望对方专业、迅速回复邮件的CEO客户。"CrossFit入门课程"把CrossFit运动的基础知识进行了细致划分，包括CrossFit术语（下文将详细介绍）、安全高效的运动方法、日常运动动作和运动设备使用等。

在三次入门课程结束时，客户就可以"毕业"了（90%客户都能顺利毕业），然后可以报名参加常规课程。教练会将毕业情况告知经理，然后经理会联系客户，告诉他们有哪些类型的会员卡可供选择，以及有关社交活动的安排。CrossFit不会强制要求客户办理会员卡，但高达73%的客户都会选择马上办理会员卡。

客户上完第一次常规课程后，经理会向客户发送邮件，祝贺他们成功完成第一堂课，同时邀请客户参加健身房举办的下一次聚会，以培养和提升客户在CrossFit社群中的参与感。

在与客户相处过程中，CrossFit一直在努力增强客户参与度。每次上课时，教练都会先邀请学员进行自我介绍，无论是新会员还是老会员，人人都要介绍自己。朱丽叶认为自我介绍具有"清晰可见的镇定效果"，而且能立即将会员们联系在一起。在开课前进行自我介绍的传统始于 CrossFit 健身旧金山分公司开业之时，如今该传统已在全世界所有 CrossFit 健身流传开来。

CrossFit 健身旧金山分公司乃至整个 CrossFit 行业，都在用一种奇特的方法帮助客户适应新环境，继而建立 CrossFit 社群。他们的方法就是用独特的语言进行交流。在 CrossFit 健身房，你会经常听到这样的话："WOD RX includes 5WBs,20 DLs, and 10 burpies,5X."（按规定，每日训练计划包括 5 组壁球、20 个硬拉和 10 组波比运动，每项重复 5 次。）朱丽叶说："我们欢迎所有人参加 CrossFit 运动。行话有助于建立 CrossFit 社群，但你必须参加，才能完全理解这些。"

虽然 CrossFit 旧金山分公司只是健身房，但那里的人都认为自己应该积极参与各项组织活动。CrossFit 健身社群每周都会在健身房或所在城镇周边举办集体活动。最令人期待的活动是每个季度的"塔科（墨西哥玉米饼）联欢会"。在联欢会上，健身房会推出"塔科大使"，准备大量冷藏啤酒，播放音乐，提供场所让人们尽情联欢。这种紧密联系对会员生活的影响已经延伸到健身房之外。在 CrossFit 健身房相遇的客户中，已经有 20 多对青年喜结连理。另外，还有 12 名客户在旧金山 CrossFit 健身房激发了创业热情，从而脱离会员身份，转而开办了自己的 CrossFit 健身房。

朱丽叶说："我们有办法让客户保持冷静，要知道，我们的健身房不是让你来炫耀腹肌的，这是我们的家园。"

强调社群意识对客户保留率有着直接影响。体验过入门系列课程的客户中有高达 73% 的人会注册会员，另外 9% 的人会报名后续的私人训练课程。总体而言，在最初三次课程中享受到心仪的客户体验之后，82% 的客户与健身房建立了正式的长期合作关系。随着时间推移，CrossFit 当前会员中有 8% 的人会龄在 5 年以上，60% 的在 3 年以上，22% 的在 2 年以上。这样的客户保留率是相当高的，因为普通健身房最初 6 个月后的平均客户丢失率是44%。

朱丽叶将健身房的成功归功于系统化入门过程。她说："我们深知让客户适应我们运营模式的重要性。即使这种做法会增加经营成本，也可能会打消一些新客户的积极性，但却极大提高了健身房的客户保留率，并促进公司整体成功。我们经常会遇到害怕或怀疑CrossFit运动的人，最后却将他们发展成终身客户。"

> **速读宝典**
>
> 带着客户在企业里走一圈，帮他们适应处理业务的流程。如果公司有特定的行话，请尽快向客户进行介绍，以便他们获得参与感而不是感觉自己受到排斥。公司应为客户匹配训练有素、态度友好的工作人员，以指导客户度过客户体验期最初几天。别忘了，世人都渴望社群。如果你能为客户提供机会，让他们在与公司互动过程中找到志同道合的人，继而建立自己的社群，那让他们与你继续合作也将是非常容易的事情。

我在飞机上，我的行李在哪里

我每年要花很多时间乘坐飞机（"很多"是指每年飞行超过16万公里）。时不时地，我得快速奔跑才能赶上中转航班。最近，我的航班晚了20分钟才降落在中转机场，意味着我必须尽快从国际航站楼（到达处）赶到国内航站楼（出发处）。我通常不会托运行李，但这次我托运了。当我耐心等待通过海关检查时，我开始担心行李是否能赶上下一趟航班。

刚过海关，我再次核查了手提箱，然后快速跑过航站楼去寻找登机口。我一边跑一边想："我可能赶不上航班了，行李肯定更赶不上了。"谢天谢地，我刚好在最后时刻赶到登机口，最后一位登上飞机。然后，乘务员就关闭了舱门。

当我坐下来为好运气感到庆幸时，我的手机震动了几下，达美航空公司应用程序发来的信息告诉我，我的行李已经托运上了飞机。

你最近一次听到航空公司提供良好客户服务是在什么时候？

我简直不敢相信，达美航空公司不仅将我的行李准时送上飞机，还花时间特意让我知道了结果。

接下来3小时的国内飞行途中，我全身放松，因为我知道在我到达目的地时，行李将在那里等我。整个飞行中，我毫无压力，根本不用提心吊胆，想着到达后没有换洗衣服也没有洗漱用品，还要准备第二天一大早的会议。因为有了飞机起飞前那条信息，我的飞行体验变得妙不可言。

尽管不是所有行业或企业都需要这种程度的沟通，但是，每位客户在与公司交流时都会有面临压力的时候。如果你能发现压力出现的时间点，继而通过与客户直接沟通，提出一些方法，帮助客户减轻压力，你就可以将原本的冲突和绝望，转化为惊喜和喜悦。

速读宝典

预先想到哪些事情可能会导致客户出现焦虑、不安、沮丧等负面情绪，并在客户可能向你求助之前提出解决问题的办法。如果公司能花时间真心地帮助客户适应整个业务流程，整体客户体验也将完全不同。

在整个业务参与过程中，一旦公司花时间真正适应客户，就会创造完全不同的体验水平。

这些沟通看似是小事，但对于客户来说却是非常重要的大事。每个组织都应考虑在工作流程中自己能做哪些小事来与客户保持密切联系。他们应该想办法让客户知道公司正在按部就班地履行向客户做出的承诺。

如有问题，可以找谁？

Acceleration Partners是一家一流的联署计划营销机构，客户包括阿迪达斯集团、锐步集团、塔吉特百货、金宝贝集团和眼镜电商沃比·帕克等。公司团队注意到，虽然他们内部工作人员都非常清楚谁将负责哪个项目，但客户往往不太确定。为了解决这个问题，公司意识到有必要让客户了解为他们服务的工作人员，并向他们提供参与项目的工作人员个人信息。尤其需要告诉客户的是，出现具体问题时，可以联系Acceleration Partners团队哪些成员来予以解决，以及在必要时如何与团队中更高级成员展开对话。

在签订合同大约两周之后，虽然双方合作仍处于初期阶段，但客户服务部副总裁就会向客户发送一封主题为"团队成员介绍"的电子邮件，对即将参与该项目工作的团队人员进行详细说明。电子邮件正文内容如下：

> 收件人：客户
> 主题：团队成员介绍
> 正文：
> 尊敬的×××（客户姓氏）先生/女士：
> 你好！预祝你与Acceleration Partners团队合作取得开门红。为了确保今后合作过程更好的交流，请允许我先做自我介绍，然后再正式介绍我们AP团队成员。
> 我的目标是确保所有客户关系都能成功，并且互惠互利。如果你对客服有任何疑问或疑虑，请随时与我联系。下面是为你服务的团队成员情况，以及解决常见问题的最佳联系人。
> 娜塔莎·罗曼诺娃，客户服务副总裁、高级客户服务主管。主要负责合同变更、重大销售机会或客户问题、主要升级服务。
> 史蒂夫·罗杰斯，客服总监，主管监督客户关系和成功。主要负

责高水平客户绩效问题或关切、重大流程问题或变革。

克林顿·巴顿,客服经理、日常战略和运营联系人,主管监督客户战略和绩效。主要负责日常营销机会或关切。

当然,随时欢迎你联系我或团队任何人,我个人非常乐意讨论任问题或机遇,无论大小。每个季度,我们还将通过客户心声软件与你联系,这是用来定期监控客户满意度的重要工具。对你来说,只需一分钟就能完成操作,但我们却将其视为监测团队工作运行情况的重要工作,因此我非常感谢你的回复。

希望合作一切顺利!

娜塔莎·罗曼诺娃
客户服务副总裁

电子邮件不仅正式介绍了项目团队成员,还概述了每个人的明确职责,以及在什么情况下应该联系他们。在关系早期,如此清晰的介绍消除了客户不确定性,并在此过程中建立起客户对企业的信任。如果想更进一步,Acceleration Partners可以在邮件中分享与客户之间可能发生的两三个假设性情景,然后明确说明在这些不同情况下客户应该联系哪位团队成员。细致入微地解释内部流程的做法永远都不会带来伤害,在关系早期阶段尤其如此。最后,这封电子邮件还提及软件工具"客户心声",这是该机构使用的工具,每季度收集一次数据,用来监测客户整体参与度和满意度。这显示了一个持续而正式的系统,用于继续建立关系并保持高度的信任和信心。

除了电子邮件,客户还会收到一份概述团队角色分工的PDF版文件,如图所示:

> **WHO WE ARE**
>
> **NATASHA ROMANOVA**
> SVP, Client Services
>
> **CONTACT INFO**
> 202-854-1002
> nromanova@accelerationpartners.co
>
> Natasha Romanova is the Senior Vice President of Client Services. Prior to working at Acceleration Partners, Natasha was a Senior Manager of Client Relations at Acme Corp. for over 7 years, growing retention by 24% and building relationships with key accounts. Before Acme Corp., Natasha worked as the Marketing Manager for an online home products website. Natasha earned a BA in government and international relations and a minor in computer programing from the University of Notre Dame. Outside of work, Natasha enjoys spending time with her family, going to Disney World, and watching the Notre Dame Fighting Irish play.
>
> **NATASHA ENJOYS…**
> Navigating the customer journey with our customers as it often requires tracking the emotions associated with various touchpoints
>
> **SHE'S YOUR GO-TO FOR:**
> • Account Strategy
> • Reporting & Analysis
> • Client Service & Communication
>
> ACCELERATION PARTNERS

图 12-4　团队分工概述

PDF 文件中的个人页面介绍了团队成员，展示了他们的照片，还分享了个人生活细节。简历照片使得双方交流更人性化，并且创造了联系，就好像新客户"看到"团队成员正在为他们的项目工作似的，因为客户可能永远没机会亲眼见到为自己提供服务的团队成员，这就为建立联系和信任创造了机会。根据娜塔莎的相关信息（见图 12-4），客户可以选择多个话题与她进行交流：她在美国 Acme 公司的工作背景，她对国际关系和计算机科学的研究，她对迪士尼乐园的喜爱或对橄榄球队爱尔兰战斗队的支持。这些零碎的信息至少能为客户与娜塔莎的交流提供共同的话题（如我也喜欢迪士尼乐园）或者相对立的话题（如你可以为爱尔兰人欢呼，只要他们不与我的球队对垒）。

由于 Acceleration Partners 的业务性质，大多数客户与公司的合作时间至少在 6 个月以上，这便使双方关系维系时间远远超出了前 100 天的范围。尽管存在这种契约结构，但在过去仍有约 10% 的客户试图终止协议或变更某些条款。然而，自从新用户引导策略实施以来，在双方合作的最初 6 个月内，没有一个新客户变更条款或终止合同，这说明信任正在建立，客户更加肯定双方的合作关系。

第十二章　第五阶段：适应产品或服务

公司创始人兼总经理鲍勃·格雷泽观察道："在双方合作最初100天里，你通常是不受信任的。客户不确定是否能百分之百信任你，因为对客户来说，你是新的合作伙伴，而且在签订合同时，他们往往带着过去的一些包袱，比如不愉快的合作关系和糟糕的客户体验。那么，你要想办法采取行动、付出努力，帮助客户意识到他们可以信任你，意识到这次合作将会与众不同。"

> **速读宝典**
>
> 建立个人连接是关系建设的重要因素。介绍团队成员及其具体职务与责任，有助于在客户生命周期早期消除客户内心的不确定性，帮助他们建立对公司的信任。客户需要知道，当遇到双方合作最初几周甚至几月里可能会出现的种种问题或有任何疑虑时，他们可以到哪里去寻求帮助。团队成员工作职责之外的个人信息使得客户有可能通过共同点或对立面来建立联系。授权员工积极主动地创建客户旅程中的接触点，将有助于促进长远过程中的认同感、成就感和奉献精神。

第五阶段小结：在适应阶段创造卓越的客户体验

适应阶段在两个标志性事件之间，从买卖双方第一次重大互动到客户达成其最初目标，也就是他们在选择购买公司产品或使用公司提供的服务时所追寻的结果。在适应阶段，客户将了解公司业务处理方式，与公司团队成员交流，并了解公司提供的其他产品或服务。

这一时期的目标在于利用新鲜感，帮助客户尽早确立认同感，或者养成新的习惯，以免他们再次回到过去的行为习惯。想想我们在帮助客户适应高海拔地区时的做法吧，请为客户准备好你的那杯水，以便让客户的过渡期更加顺畅，也更加舒适。

客户生命周期适应阶段提供了机会，你可以利用此机会，用合适的方法向他们介绍公司的文化、业务流程或体系，从而鼓励他们适应新的环境。

从明天开始：适应阶段要做的 6 件事

你不必在每个阶段都使用所有交流工具，但至少应将每种交流工具视为一种诀窍，用来创造令人难忘的客户体验。

面对面交谈

适应阶段的关键是向客户伸出援助之手，帮他们适用公司的产品或服务。到目前为止，客户已经了解了公司大部分基本运营情况和交互活动，但同时可能会发现他们在早期阶段还没有提及的细微差别。通过定期会面，品牌团队可以帮助客户解决这些问题，从而提升客户的舒适度和体验感。

章节案例：CrossFit 健身旧金山分公司把自己的个性化"语言"教给客户，带领他们体验健身房的工作流程，还会根据客户的节奏来进行，以确保新客户都能很好地领会。PolicyMedical 公司工作人员亲临用户所在地举办庆祝活动的做法，进一步强化了成功抵达里程碑所具有的意义。

发送电子邮件

为了了解客户定期核查的进展情况，公司会调整新订单、会议或交互活动的举办顺序，将公司与客户的沟通从单方面"推动"变成更流畅的双向对话。向个人用户发送电子邮件进行调查时应重点关注：更深层次的客户细分、有针对性的帮助，以及随着时间推移可能会出现的客户流失信号。

章节案例：Acceleration Partnership 向客户发送 PDF 文件，提供团队成员的背景信息，并附上成员照片，从而在个人用户与客服团队之间建立连接。PolicyMedical 公司定期发送电子邮件，确保客户掌握项目实施的

第十二章 第五阶段：适应产品或服务

进展情况。CrossFit 健身旧金山分公司在客户达成早期里程碑时表示祝贺，鼓励他们继续努力，同时让客户知道你正关注着他们的进步，衷心希望能看到他们成功。

✉ 邮寄信函

进入适应阶段后，除了邮寄发票、追加销售传单及产品目录册之外，大多数企业很少，甚至不会再给客户直接邮寄信函。不要将发送邮件当作销售模式，而应用邮件给客户发送意想不到的工具，帮助他们获得成功，借此机会进一步加深客户对企业品牌、企业文化和核心价值观的理解。

章节案例：PolicyMedical 公司将精心设计的拼图模块作为用户引导流程的可视路线图，从而使整个软件实施过程的安装速度更快，操作更简单，过程更有趣。

📞 打电话

群组电话或电话研讨会为新客户提供了获得个性化指导或建议的机会，帮助他们在关系早期成功获得品牌体验感。为新客户付出的努力建立了责任感和支持感，有助于他们适应企业的交流活动。

章节案例：对于可能超出计划的事情，美国达美航空公司和达美乐比萨公司通过向客户发送信息减轻了客户的担忧，不断确认事情正向预期结果发展。

▶ 定制视频

在客户成功完成项目一半时，高级管理层和项目负责人等专家发来祝贺视频，有效表明企业对客户成功的关注，增进了双方的关系，客户也可以借此机会根据品牌使命调整自身行为。

🎁 馈赠礼物

随着客户对品牌熟悉程度的提高,给他们提供令人惊喜的礼物和奖品,能让彼此的互动更加精彩,更加迷人。在客户生命周期此阶段,任何能使体验更顺畅、更容易或更高效的事情都会给客户带来惊喜。

章节案例: PolicyMedical 公司在项目进展过程中举行庆祝活动的做法,进一步强调了客户努力实现里程碑的重大意义。

你的任务:将想法付诸实践

既然你清楚地了解了适应阶段,那么请回答下列问题。这些问题旨在让你思考在双方交流过程中如何使用各种交流工具提升客户体验。

(你做得很好!这是一套你绝对想要回答的问题,因为客户往往容易在适应阶段与公司分道扬镳。回答下列问题,防止客户流失!)

评估现状

请回答下列问题,并用两三句话进行解释。如果想获得加分奖励,请写出你心目中最佳答案。

在客户熟悉与公司合作过程中,你是如何手把手引导客户的?(提示:你是否提供了产品说明书、甘特图、流程图、在线客户门户网站?是否召开了定期核查会议?)

请详细描述你为引导新客户所做的努力。客户需要多长时间才能见到成效?他们感觉如何?在整个过程中,你是如何标记里程碑事件的?客户如何知道下一步会发生什么?

在当前企业中,你是否为适应阶段的客户创造了卓越体验?如果是,你做了什么?

按照从1分到10分的等级打分,如果1分代表"非常糟糕",

10分代表"非常棒",你会给适应阶段的客户体验打多少分?

运用工具提升客户体验

针对如何使用具体工具提升客户体验,在每个问题后面写出两三个想法。我在前面已经说过,但必须重申,千万不要担心费用成本、谁去做或如何实现等问题。只要大胆想象,提出创意就行。

在适应阶段,如何通过面对面交谈确保客户工作正常开展?

如何通过发送电子邮件来引导客户,让他们实时了解工作进程并清楚地知道还要做什么?

如何通过一系列定制邮件告知客户哪些工作已完成,哪些工作还在进行中?

如何通过电话交谈核查工作进展并展开对话,以消除客户的不确定性或疑惑?

如何通过视频指导客户完成关键步骤,解决他们的棘手问题的?

你打算为庆祝客户的工作进展和取得的成果准备什么礼物?

现在就选一个

如果你已经回答了上述问题(我希望你不只是简单浏览,请放慢节奏,先停下来回答问题吧),你对适应阶段的客户体验就有了清晰的认识,对于如何创造更好的客户体验也有了很多想法。现在,请结合你的理解和想法,认真思考以下问题。

要想使适应阶段的客户体验更上一层楼,哪件事情是明天就可以做的?

要想做好这件事,你需要跟谁说?

如何知道自己成功提升了客户体验?

如何量化客户体验的整体提升程度？

你如何与组织其他人分享这次活动的影响？

从适应到达成

既然你已经帮助客户学习了这些诀窍，而他们也熟悉了你在适应阶段所展示的工作流程、习惯和行为，考一下，如何帮助他们实现在选择与你合作时候的初始目标吧。

第十三章

第六阶段：达成初始目标

> ☑ **达成阶段概述**
>
> 如果与客户第一次合作能使他们满意，客户体验就进入了达成阶段。遗憾的是，许多客户从未进入这一阶段，甚至很少有公司会重视这一重要里程碑。

"小菜一碟"

从字面意思看，"有管理的灾难恢复"这个词听起来像一个矛盾的说法，但如果你了解Ongoing Operations公司（客户称之为OGO）的团队，你就不会这么认为了。通过提供配置齐全的临时异地办公空间和服务器备份，OGO公司为信用合作社和任何需要额外空间的公司进行灾难恢复工作。该公司在业务连续性保证与灾难恢复技术领域处于领先地位，部分原因在于公司能够业务熟练地将幽默感和趣味性注入原本高压的规划活动中，遵循了客户体验前五个阶段的规律，另一部分原因在于公司会主动提醒客户庆祝自己取得的进步。倘若没有人提醒，身处压力的客户很可能不会记得庆祝。

好的灾难恢复伙伴应该离服务对象所在城市足够远，如此一来，服务对象所在地发生任何自然或人为灾难都极不可能影响到企业的持续运营。

OGO 公司位于马里兰州黑格斯敦市，离华盛顿特区和巴尔的摩尔城区不到 145 公里。这个距离足够远，让黑格斯敦身处不同的电网，甚至不一样的天气形态；但又足够近，方便公司员工在紧急情况下轻松地赶往临时总部。公司办公室都划分了众多隔间，电脑都预装了必要的软件和电话解决方案。所以，这里的一切技术和桌面空间都与总部的规划摆设一模一样。

做好这些准备和规划可不是容易的事，需要一定程度的战略和协调，这对大部分企业来说是非常陌生又充满挑战的。通常情况下，Ongoing Operations 需要在两三个月时间里打 30 个电话，发 50 多封邮件，举行 6—12 次现场见面会，然后才能确定一名客户。

当整个项目完成后，企业为灾难恢复做好充分准备（通常是在项目开启后的 60 天左右），OGO 公司会给客户实施团队送上定制蛋糕和气球。

客户收到这些礼物，打开附带的卡片时，会看到一段有趣的话："你们刚完成了一项了不起的伟大工程。虽然它不是'小菜一碟'，但请收下我们这块蛋糕！"看到这份意外的庆功蛋糕，客户无不露出会心的微笑，对完成这项艰巨、有时也是压力极大的项目心怀感恩。

公司创始人兼执行总裁柯克·德雷克解释说："这是一项微不足道的投资，只要 100 美元。相对每个月平均 2 万至 3 万美元的合同收入来说，几乎忽略不计。"花些时间去庆祝项目完成，送上蛋糕，这不会花很多钱，只要花点心思，提前做好计划就行了。"那些完成了安装，并在最后收到我们蛋糕的客户会永远喜欢我们。"柯克观察后说道，"努力让前 100 天愉快而令人难忘，这样一来，在我们后来寻求帮助时，我们的境遇就舒服得多了。"（敬请期待第十五章相关讨论。）

柯克坚信，用适当的方式引领客户，可以打造长期的客户关系。"我们花费大量时间与客户沟通，确保他们明白整个过程、预期结果和过程中

第十三章　第六阶段：达成初始目标

的一切……如果我们不在前 100 天努力做好这些，在合同到期后，客户就会扬长而去。"

> **速读宝典**
>
> 了解客户的主要目标，在他们达到里程碑时，与他们一起庆祝。你应该努力拿出至少 5% 的项目收益回馈客户。

究竟能否达成初始目标？

首先，你要清楚**客户是否进入了达成阶段**，也就是说，你是否帮助**客户达成了他们的初始目标**。奇怪的是，很少有公司会实时监测客户是否达成了预期目标。客户往往需要花费很长时间才能达成预期目标，所以可能会忘记当初为什么会首选你们公司的产品或服务。

如果不实时监测客户的预期目标，客户也忘记了自己的初始目标，你应该在什么时候祝贺客户目标的达成呢？客户又该在什么时候感谢你的付出呢？

客户体验的达成阶段与公司的运营模式密不可分，也与公司在营销和销售过程中对新客户做出的承诺息息相关。

客户进入达成阶段并不像我们想象的那么容易。达成客户目标时，公司与客户之间的互动情况可大体归为以下三类：

任务成功

客户达成预期目标，获得了良好的客户体验，因而继续购买公司的产品或服务，并且向其他客户推荐。

没有成功，也说不上失败

客户实现了既定目标，但是客户体验较差。在这种情况下，虽然客户实现了既定目标，但是他们不太可能再次购买公司的产品或服务，更不用说向他人推荐了。

任务失败

客户既没有达成预期目标，也不会与公司再次合作。

遗憾的是，任务失败的情况时常发生。

客户体验的达成阶段经常受到公司忽视，可能是因为它的存在看似明显，实则不然。当然，产品指实现那些结果！

虽然在此阶段，公司的服务及产品都是为了实现客户目标，客户却不一定这么想。很少有公司能与处在这一阶段的客户维持良好的关系。

公司经常忽视客户体验的达成阶段，这有悖于前面提过的商业顾问约翰·詹奇的箴言："只有客户得到了想要的效果，销售才算'完成'。"

到达终点线，给你证书

听完我在"与大师对话"活动上短短15分钟演讲后，乔恩·古德曼决定重新设计客户引导流程。2016年，乔恩新推出在线培训师学院项目。作为第一个在线培训师认证项目，他们提供了一系列在线视频课程，由乔恩亲自讲授商业发展方法论。

乔恩将传统线下客户交流互动与智能自动化系统相结合，让客户由始至终感受到公司的关怀体贴。乔恩解释道："无论过去还是现在，我的目标始终是为了帮助私人培训师制订更合理的日程安排，在更短的时间内赚更多的钱，同时提高工作效率。"

与许多在线培训项目不同，乔恩想给他的项目增加一些看得见、摸得着的东西，用以完善网络视频课程。比如，他会给新客户邮寄礼物，让他

第十三章　第六阶段：达成初始目标

们感到惊喜（与其他同类在线公司形成鲜明对比，也给客户留下更深刻的印象）。

客户购买培训课程后，乔恩的团队会给客户邮寄精装版课本、活页练习册以及配套网络课程的使用说明书。乔恩的在线培训项目配备有实体教科书和练习册，这与现有其他在线培训项目截然不同。设计精巧、印刷精美的书籍再次给客户带来了好感，也为品牌树立了品质好、可信赖的形象。

乔恩说："印刷课本再邮寄给客户，正是我们与众不同之处。电子版教材成本低廉，所以这一行业没人会提供纸质课本。我希望通过寄给客户贴心的高质量实物（包括与书本质量相媲美的练习册以及金属印花书签），让他们感到格外满意。"

客户收到团队邮寄的指导手册和练习册，这仅仅是双方互动的开始。一些精选礼品、小纪念品以及其他贴心礼物会不时出现在客户信箱里。乔恩用这种方式与客户保持联系、向客户致谢，同时铭记在心。

通过定制培训软件，乔恩能实时监控学生的学习进度。当学生在某个培训模块进展缓慢，甚至停滞不前时，他会耐心给予指导，在他们学习时，乔恩也能对客户多做了解。

乔恩的方法颇有成效，客户课程结束后，他们通过在线认证测试的目标也都达成了。

这也是客户最初选择乔恩的原因。事实上，乔恩有 40% 的客户都完成了所有培训模块，且通过了在线培训师学院的认证考试。此外，约有 20% 的客户完成了培训模块，但没有参加认证考试。也就是说，乔恩大多数客户（60%）都完成了网络课程，虽然少部分人没有参加官方认证的在线培训师考试，但在线课程教出来的学生平均通过率为 3%—5%。与之相比，乔恩学生的通过率超乎想象，是行业平均通过率的十多倍。

为了祝贺客户通过认证考试，乔恩会给他们发送邮件，随信附上认证网站链接，客户可以将认证页面截图上传社交媒体，宣布这个好消息。

更大的惊喜大约在一周后，获得认证的培训师会收到一份精美的毕业证书，上面有乔恩的亲笔签名，并盖有在线培训师学院签章。这一"虚拟"文凭与"现实世界"传统培训项目中获得的文凭大致相同，都得到了官方认证。事实上，完成在线课程的客户在虚拟网络课堂上的表现也十分出色。

创造卓越客户体验，受益的不仅仅是乔恩的学生，还有积极参与活动的团队员工。乔恩说："客户十分喜欢这些书籍。通过这些教材，我们为客户所做的一切都更加真实可见，因为员工可以从中看到我们为客户的付出。我认为，许多数字产品公司的员工觉得工作没有动力，是因为教材是他们编写的，但他们却无法'看到'人们享受或使用教材的满足感。在这方面，我们公司的情况迥然不同。"

对学生和员工的额外照顾在很大程度上影响着项目的利润。乔恩说道："在前100天里，使用电子课本在线课程项目的平均退款率是20%。竞争对手认为这一退款率在'可接受'范围之内。"但乔恩从来都不是满足现状的人，他想超越团队和客户期望，努力将退款率降至个位数。乔恩补充道："我们最近的交易，在线课程的退款率仅为2.9%。从销售情况来看，虽然退款率从20%降到了2.9%，虽然期间实体教材的成本有所增加，我们仍获得了264939.82美元的利润。"

客户体验进入达成阶段后，提升客户体验的效果将影响着业务进行的方方面面。在业务进行过程中，只有客户满意、员工积极工作，项目利润才会越来越高。

速读宝典

挑战客户期望，创造差异化体验。在线客户本以为与公司只有线上沟通，但多一些线下互动，会给公司和客户体验增加现实感。相较于在线交流，邮寄物品的交流方式确实有些老套，但恰恰是这种差异化体验产生了令人惊喜的效果。

冲过终点线

我初中时加入了学校田径队，有段时间我挺笨的，即使拼尽全力地跑，我也只比刚学会走路的小孩快一点。有一次800米跑比赛（两圈赛道），我远远落后于大部队，还没到终点线，工作人员就关掉了赛场上的灯光。当然不能怪他们，毕竟这是当晚最后一场比赛。但是我没有放弃，加油跑起来吧！

暂且抛开我乏善可陈的运动成绩不谈，我学到了对于田径运动员来说很宝贵的一课。我自认为这一课也适用于所有的商界领袖。

训练期间，教练总是教导我："冲过终点线！"他解释说："运动员快到终点时，大多数人都只将注意力放在终点线上。但终点线只是为了让裁判判定成绩，不是用来吸引运动员注意力的。"他认为，如果你将注意力放在终点线上，最后几步时，你的实际跑步速度已经减慢了，因为你的身体试图在终点线"着陆"。他鼓励我将注意力放在更远的地方，放在终点线后3米远的地方。这样一来，当我跑步冲线时，身体就会一直保持加速状态，而不会降低速度。

同样道理，帮助客户到达"达成阶段"这一终点线时，应该把注意力放在帮助客户超额完成目标，即超出预期结果上。

客户真正想要的究竟是什么？如果你卖减肥产品，客户的目标不仅仅是减掉体重9公斤，而是最终能在婚礼上穿着合身的西装。如果知道客户潜在的期望，你就可以帮助他们去实现自己的期望（例如，要求客户发一张成功减肥后在婚礼上身穿西装的照片）。

确保团队和你的精力致力于超越终点线，而不是简单地达到客户预期的结果。

滚去睡觉

确认客户获得预期结果并不要花费大量时间、金钱或精力。实际上，如果处理得当，你完全可以用别人意想不到的方式做到这点。

Audible.com 是全球性有声读物资源网站，提供有声读物的购买与下载服务。网站通过匪夷所思的电子邮件发货，在交易过程中，工作人员也会适时推荐其他产品，所以大多数人都会再次购买。

2012年，我和妻子贝丽特有了第一个孩子。儿子出生后不久，一位同事打电话说："乔伊，我想给你推荐一本书，当然，我不是让你去读，而是想让你去听，这是一本有声读物，特别适合新手父母……"我问他："什么书？"他回答："《滚去睡觉》。"我承认我一听到书名时就忍不住哈哈大笑起来……

图 13-1 《滚去睡觉》封面

他打断我，说："每个父母都要了解，新生儿入睡困难是正常现象，别不把哄孩子睡觉的沮丧当回事。"

为了让我更感兴趣，他使出了撒手锏："这可是塞缪尔·杰克逊（美国著名演员）朗读的有声书。"

要知道，电影大咖塞缪尔·杰克逊那独特而响亮的嗓音（有点像骂人）可是出了名的。这本趣味儿童读物由他朗读，给听众带来的体验肯定是全新的。

然而，最吸引我的，既不是作者亚当·曼斯巴赫写的有趣故事（并无冒犯之意），也不是塞缪尔·杰克逊的激情朗读（但确实挺好笑的），而是在我听完整本书第二天，收到了 Audible 网站发来的电子邮件。

邮件大概是这样：

图 13-2　Audible 邮件内容

邮件倒是很有意思。首先，我下载并听完整本书后，才收到这封邮件。Audible 的程序能够自动通知公司，所以在你听完整本书之前，不会收到任何邮件。一旦听完，Audible 网站就会给你发送其推广邮件。更有意思的是，如果听众给这本书的评分较低，邮件内容也会随之不同，他们不会给你推荐同一作者或同一类型的书，而是会给你换换其他口味。

其次，邮件更注重视觉效果，而非文本内容。一般的公司发送这类邮件大概都是这样的：

亲爱的乔：

如果你喜欢《滚去睡觉》这本书，你可能也会喜欢下面这些书：

适合成年子女的有声读物：

《天后外传》，作者蒂娜·菲；

《疯狂老爸箴言录》，作者贾斯汀·哈尔彭；

《我用青春买醉》，作者切尔西·汉德勒。

适合儿童的有声读物：

《波普先生的企鹅》，作者理查德·阿特沃特；

《戴帽子的猫》，作者苏斯博士；

《三只小猪》，作者詹姆斯·马歇尔。

让我开心。

上面那封邮件和Audible的视觉邮件表达意思一样，但形式却不一样：一封内容是纯文字的，另一封以图片为主；它们给读信人的感受截然不同。

还有就是，我喜欢"让我开心"的按钮，它会让人忍不住去点击。Audible公司看出（也可能只是假设出）我的情绪状态，他们很好地利用这一点，与客户进行简单交流（如同确认信一般），但却给维持客户关系带来了持续性影响。

速读宝典

客户达成预期目标或结果，其本身就是值得纪念和庆祝的事。这说明你一直在关注此事，还能一起分享成功的喜悦。与客户沟通

> 交流可以带有个人感情色彩，也可以是机械的自动回复，无论用哪种方式，多与客户沟通，有助于你帮助客户达成其初始目标。如果邮件中推荐的商品正好合乎顾客心意，新客户很可能变成回头客。

让网站充满生机

任何参与网站开发项目（设计编程或联系客户）的人，都知道那是多么痛苦的过程：项目进展很容易偏离预想，成本也会超出预算，一不留神忘了截止日期等。网站的"成功创建并投入运营"可以说是小小的奇迹，让参与人员松了一口气，谁都不想再次经历这样痛苦的过程。

但是，对于弗吉尼亚州麦克莱恩市的约科咨询公司而言，客户的感受截然不同。作为一家网站开发公司，约科的客户多为一些不仅仅只在乎利益的公司，约科的职责就是帮助他们提升公司的网络形象。在项目启动会上，约科咨询公司团队强调要明确客户目标，并明确指出，网站创建成功与否是由"客户说了算"。正是信奉这一理念，其创始人克里斯·约科才能把这个仅有 12 个员工的公司发展成年收入 150 多万美元的公司。

在项目启动会上做完介绍后，约科咨询公司会引导客户给网站确立一个条理清晰的目标，并实时记录达成目标过程中的努力情况，还要列出短期和长期阶段目标。他们所设立的大大小小的目标，在网站创建过程中都要逐一完成。约科咨询公司不仅帮助客户推广建立网站，还在公司自家的社交媒体上发布新闻稿，祝贺客户新网站的建成。

在那之后，约科咨询公司会进行分别面向内部和外部的两项调查。许多公司都会接受他们的客户体验调查，并反馈给约科咨询公司。然后约科咨询公司会以反馈为标准，客观评估项目，同时收集对内部运营和客户沟通有价值的信息。

客户体验提升啦

内部调查要求所有参与该项目的工作人员对自己、同事以及客户的工作表现做出评估，通常从以下4个基本问题入手。

- 这项调查针对的是什么项目？
- 按照1星到5星的等级打分，5星代表最好。你如何评价此次与客户的合作？
- 你还会与该客户合作吗？
- 你的姓名和职位是什么？

调查结果可以用来衡量当前员工对项目的满意度，同时有助于公司提前了解未来的项目任务。根据员工为客户评价的星级，调查问卷会设置更多的具体问题。例如，员工给客户评价5星时，公司首先会祝贺员工完成了这一重大项目，然后让他们为客户写一封推荐信。员工给客户评价1星时，公司会给员工提供情感发泄的空间，幽默地询问接下来要做什么（例如范围从"让我们把这事抛到脑后吧"到"我恨不得踢你一脚"）。

通过收集员工的真实反馈，约科咨询公司能更好地选择未来的客户，而且能在总结大会上与客户分享这些反馈信息（通常只分享好评）。

可以抱抱吗

外部调查邀请客户方的项目参与人员分享反馈。问卷上有3个基本问题：

- 按照1星到5颗星的等级打分，5星代表最好。你如何评价此次与我们的合作？
- 你会向同事推荐我们公司吗？
- 你的姓名和职位是什么？

第十三章　第六阶段：达成初始目标

约科咨询公司客户达成度调查问卷

请注意，一旦你开始填写此份问卷，所有填写内容将自动保存。

按照 1 星到 5 星等级打分，5 星代表最好。你如何评价此次与我们的合作？

★ ☆ ☆ ☆ ☆

才 1 星？我们有这么差劲吗？为了避免我们再犯类似错误，请指出我们的不足之处，以便我们找出原因。

我们能承受得住（请忽略我们的抽泣声，这与你的意见一点关系都没有，只是……嗯……有点敏感，是的，就是敏感，我们都有点敏感，你懂的。）

[   ]

你会向同事推荐我们公司吗？

○ 会
○ 不会

你的姓名和职位是什么？
例如，亚当·巴塞洛缪，高级研发人员

[   ]

正如英国诗人威廉·布莱克在《毒树》一诗中所写道：
　　我与友人结怨，
　　我倾诉宣泄，
　　怨怒便告止息。
　　我与敌人结怨，
　　我沉默不语，
　　怨怒便暗暗生长。

即使这次没能使你满意，我们还能做朋友。请在下面空白部分写出对我们的不满，给我们一个弥补的机会。

[   ]

非常感谢你的反馈。我们知道你不太开心，如果我们抱一下，你会好点吗？

○ 好的，让我们把这事抛到脑后吧，迎接新的开始！
○ 当然，为什么不呢？
○ 我宁可马上走开。
○ 我恨不得踢你一脚。

[提交]

约科咨询公司客户达成度调查问卷

请注意，一旦你开始填写此份问卷，所有填写内容将自动保存。

按照 1 星到 5 星等级打分，5 星代表最好。你如何评价此次与我们的合作？

★ ★ ★ ★ ★

3 星，不算太坏，但我们还能做得更好。请在下面空白部分分享你的满意之处，告诉我们哪些事情是差强人意的，以便我们换一种做法，让你的体验截然不同。

我会将你的意见反馈给项目小组。（各位，我们做得还不错，但不要过于兴奋，我们原本可以做得更好。）

你会向同事推荐我们公司吗？

○ 会

○ 不会

你的姓名和职位是什么？
例如，亚当·巴塞洛缪，高级研发人员

如果你能为我们写一封推荐信，我们将感激不尽。

推荐信示例：约科咨询公司是值得信赖的合作伙伴。他们提供了动态和交互式网络解决方案，推动巩固了我们的数字通信工作。他们的工作人员耐心了解我们的业务需求，制定出新颖又专业的解决方案，从而帮助我们达到甚至超额完成原先的营销目标。约科咨询公司咨询部门与我们沟通及时且雷厉风行，完成甚至超额完成了我们的目标，如此高质高效的工作，让我们收获了意外之喜。

如果今后我们需要一个推荐人，你愿意当我们公司的推荐人吗？

○ 当然愿意

○ 绝不愿意

非常感谢！我们可以拥抱一下吗？

○ 好的，很高兴抱一下！

○ 呃，我觉得……

○ 我宁愿你没有……哦，你一定要非抱不可吗？！

提交

第十三章 第六阶段：达成初始目标

约科咨询公司客户达成度调查问卷

请注意，一旦你开始填写此份问卷，所有填写内容将自动保存。

按照 1 星到 5 星等级打分，5 星代表最好。你如何评价此次与我们的合作？

★ ★ ★ ★ ★

太棒了！很高兴我们彼此享受与对方的合作！请在下面空白部分填写你对我们工作的满意之处！

哇哦！他们真的很喜欢我们呢！开香槟！放烟花！真是喜从天降啊！不需要蒙着麦克斯的眼睛去打他一下，这真的不是梦……哦！

[   ]

你会向你的同事推荐我们公司吗？

○ 会
○ 不会

你的姓名和职位是什么？
例如，亚当·巴塞洛缪，高级研发人员

[   ]

如果你能为我们写一封推荐信，我们将感激不尽。

推荐信示例：约科咨询公司是值得信赖的合作伙伴。他们提供了动态和交互式网络解决方案，推动巩固了我们的数字通信工作。他们的工作人员耐心了解了我们的业务需求，制定出新颖又专业的解决方案，从而帮助我们达到甚至超额完成了原先的营销目标。约科咨询公司咨询部门与我们沟通及时且雷厉风行，完成甚至超额完成了我们的目标，如此高质高效的工作，让我们收获了意外之喜。

[   ]

如果今后我们需要一个推荐人，你愿意当我们公司的推荐人吗？

○ 当然愿意
○ 绝不愿意

感谢你回答本问卷。我们能给你一个拥抱吗？

○ 好的，很高兴拥抱一下！
○ 呃，我觉得……
○ 我宁愿你没有……哦，你一定非抱不可吗？！

[提交]

根据客户评定星级情况，问卷上设置了更多细节问题。例如，当客户给出 5 星好评时，问卷会询问客户具体的满意之处，并邀请调查对象为约科咨询公司写封推荐信。当客户给出 1 星差评，表示他们对双方不满意时，公司会给员工提供情感发泄的空间，幽默地询问客户是否愿意"一笑泯恩仇"。

在掌声中落下帷幕

收集整理好调查问卷上的反馈意见之后，约科咨询公司会举行总结大会，用以呼应合作之初的项目启动会。会议第一项议程是回顾公司各项目标以及短期和长期成功的衡量指标。公司团队将用之前确立的指标如实评估各项目标的达成情况。客户也将就衡量指标提供反馈意见，这既有助于弥补明显不足，也让每个人都清楚看到各项目标是否已经达成。约科说："我们认为，只有在我们确定目标已经达成，且客户也认为他们达成了自己的目标时，项目才算真正完成了。"

会议也将提供机会，让大家一起回顾项目实施期间客户遇到的各种问题，分享约科咨询公司团队人员给客户的评分情况，通过在线评论网站和社交媒体公开公司员工对客户的认可和推荐。此外，只有在他们为客户付出如此多的努力之后，他们才会请求客户给予赞扬或批评。

会议最后，约科咨询公司会提出一个为期 3 个月的网站监控方案（其费用已经包括在初始项目费之内）。在此期间，约科咨询公司将保证网站继续正常运营，并确保客户满意。约科说："方案的目的在于减轻'网站开发者懊悔感'，让客户尽快进入适应和拥护阶段。"这实际上就是本章前面所述"冲过终点线"理念的实际范例。

自从公司采用客户引导策略以来，不仅各项目得以按计划、按预算完成，而且客户和员工的满意度也在飙升。约科指出："我知道这些策略能使客户更加满意，也能提升他们的参与度，但让我惊喜的是，这些策略同时影响了我们员工的工作体验。我能看到公司正在加强与客户的合作，大幅提升客户参与感。给客户赠送贴心小礼物也使他们欣喜万分。我们不仅帮客户达成了他们的目标，我们自己也达成了创造趣味企业文化这一目标，让我们的员工更积极投入有意义的工作。"

> **速读宝典**
>
> 企业认为自己携手客户一起越过了终点线，却在回首间发现客户远在数步之外。这种事情时有发生。关系伊始，花时间与客户一起合作，确定成功的衡量指标，这让公司更容易判断客户是否达成了目标。项目结束时，通过（内部和外部两种）调查问卷，收集客户和员工双方对彼此的评价，使参与项目的人员清楚地了解对错，以便在未来合作中给客户提供更卓越的服务。

感谢莅临巴罗餐厅

拉丁美洲巴罗餐厅开在多伦多娱乐区中心地带一幢四层高、占地1486平方米的豪华大厦里。餐厅生意十分火爆，但其最吸引顾客的地方并不是地理位置，而是在你第二次就餐时，感觉宾至如归。为了让新顾客拥有宾至如归的就餐体验，巴罗餐厅安排员工（从传菜员、调酒师、服务员到合伙人）在餐厅订餐软件上记录下顾客的偏好。在顾客前来就餐时，服务员不会问"你以前来过我们餐厅吗"这样司空见惯的问题，而是问："约翰逊先生，你的尊尼获加除了加威士忌之外，要加冰吗？"在开业第一年里，巴罗餐厅收入高达1000多万加元，这对一家新开业餐厅来说非常了不起。

巴罗餐厅之所以能提供无微不至的服务，全靠女服务员和其他员工的细心记录与相互交流。前来就餐的顾客坐下后，服务员会递上蓝色或绿色菜单：顾客如果不是第一次来，餐厅已记录他们的用餐习惯，会递上蓝色菜单；如果是第一次来，餐厅还未记录他们的用餐习惯，会递上绿色菜单。

在巴罗餐厅，不仅有员工记录下顾客的口味偏好、食物和饮料偏好，还有负责协调客户体验的工作人员每天查看这些信息。每天晚上，餐厅营业之前，客户体验协调员会告知每位服务员她们负责区域内顾客的具体信息。巴罗餐厅合伙人米歇尔·福尔肯说："我们的目标一直是为顾客提供无微不至的服务。体贴入微的服务让顾客在未来几年里也难以忘怀。"创造这些互动的预算特意保持精简，**整个餐厅每月控制在 250 加元**，以"保持团队创造力"。

在顾客就餐后的某天，巴罗餐厅会与顾客取得联系。顾客会接到餐厅的"答谢"电话，还会收到餐厅关于客户体验的电子调查问卷。跟踪回访数据显示，巴罗餐厅的净推荐指数达到了 80 分以上。要知道，餐饮行业中，一般餐厅的平均推荐指数是 0（没错，就是 0），所以巴罗餐厅的推荐指数相当高。有意思的是，在接到"答谢电话"的顾客中，10%－15% 的顾客会在"答谢电话"中顺便再次预订巴罗餐厅。巴罗餐厅不会主动问顾客是否再次预订，反而是顾客自己主动预订。

体验协调员每个月会随机挑选 10 位顾客，为他们送上餐厅特制的答谢礼物。餐厅合伙人为幸运顾客拍摄了专属视频（参考餐厅记录的顾客信息），然后将视频发送给对此毫不知情的顾客。毋庸置疑，顾客们自是惊喜万分。米歇尔脸上洋溢着自豪的微笑，他说："你想象不到，顾客收到这些专属视频时有多么欣喜！试问一下：这些老顾客究竟为我们带来多少新的口碑评价和在线评论？究竟帮我们新增了多少业务量？对此，我们很难精确计算出具体数字，但我们知道那肯定是个庞大的数字！"

速读宝典

给客户创造卓越体验，让他们成为回头客，即使是在客户流动迅速的行业里，这也是有可能的。有了员工观察记录下的情报信息，公司可以对顾客信息进行分类，用以营造亲密感。在成功（或不成功）交互之后，公司继续保持与客户之间的联系，不仅有助于改进工作流程，而且会让公司成为客户首选，从而开展更多业务。

邀请客户办理更多业务是可以的

确定客户达成初始目标后，你就可以邀请客户与你开展更多业务。这一想法可以通过多种形式实现。例如，实施追加销售策略、延伸现有服务合同、提供新的或者修改过的产品供应清单。这样的做法不仅能使客户保持高涨的情绪状态，而且大大提高了交易成功的可能性。

成功追加销售往往与客户在达成阶段高涨的积极情绪相伴而行。以下情形都是良好的例证：摇滚演唱会之后，观众们排着长队争相购买周边"商品"；会议结束之后，与会人员争先恐后地购买会议录像；从过山车上下来后，游客们慷慨掏钱购买自己在坐过山车时大声尖叫瞬间被抓拍的照片；在拉斯维加斯中了头彩的游客极有可能再次光临高级酒店。总而言之，当客户获得了他们原本想要的东西时，他们再次消费的可能性就大大提高了。

但在寻求新的合作机会之前，你和客户都应该确定你们之前的合作是成功的。最好的做法是，在双方合作初期，公司就应该确定好客户的目标（做到这点最理想的是在评估阶段，最晚不能超过激活阶段），然后在整个关系存续期间跟踪客户目标的达成情况。

在客户关系的此阶段，给客户发送追加销售的相关信息并不需要像早期问答那样考虑诸多技巧，但并不意味着你可以丝毫不加考虑地随意发送。既然合作已经完成，公司应该认真考虑客户此时真正的期望和需求是什么，而不仅仅是努力向他们推销你能提供的商品。

第六阶段小结：在达成阶段创造卓越的客户体验

当客户得到他们决定与你合作时所追寻的初始目标时，客户生命周期进入达成阶段。这也许是他们使用你的产品获得预期效果的时候，也许是你的服务给他们传递了当初决定与你合作时所抱希望的时候。

在此阶段，客户最初的期望得到了满足，他们也获得了当初考虑你的产品或服务时所追寻的结果。遗憾的是，并非每个客户都能达成预期目标，因而并非每个客户都能来到达成阶段。明确客户的初始目标，并在达成阶段交付预期结果，你就能履行客户关系初始阶段所分享的品牌承诺。

客户生命周期的达成阶段让你有机会确定这一里程碑的重要意义，让你能够祝贺客户取得的成就，并在此过程中提醒客户：这就是他们一直以来所追寻的结果。即使客户没有忘记他们的初始目标，他们也可能会不记得庆祝，也就谈不上在此庆祝过程中感谢你在他们成功路上所付出的努力。当然，如果有人提醒的话，就另当别论了。

从明天开始：达成阶段要做的 6 件事

你不必在每个阶段都使用所有交流工具，但至少应将每种交流工具视为一种诀窍，用来创造令人难忘的客户体验。

面对面交谈

花时间庆祝客户达成了初始目标，不仅赋予该里程碑荣誉，而且强调了目标达成的重大意义。为整个团队主持庆功会，或者仅仅与委托方共同举杯，都会使这一时刻成为令人难忘的大事，其实也是在提醒客户，他们的美梦成真也有你们公司产品／服务的一份功劳。

章节案例： 约科咨询公司在双方合作结束时会举办总结大会。这一会议可以作为当前工作进展的里程碑，也表示客户已经达成了合作初期所寻求的目标。

@ 发送电子邮件

公司向客户发送祝贺邮件，说明公司认可客户所取得的成就。邮件中，公司将着重叙述客户达成目标的过程，进一步强调客户达成目标的重大意义。对于某些特定的产品或服务，公司会用徽章、横幅和证书证明客户实现了目标，这也方便客户自豪地展示自己所取得的成就。

章节案例：在客户实现目标后，Audible音频网和巴罗餐厅会举办庆祝活动，然后向客户推荐其他产品或服务。在线培训师学院给客户颁发证书，让他们到社交媒体平台上进行展示，使"部落"成员有机会公开分享自己与企业的关系。约科咨询公司利用调查问卷收集内部员工和合作客户的反馈意见，有助于精确评估初始目标是否达成。

✉ 邮寄信函

用手写信函记录客户目标的达成，更有纪念意义和保存价值。公司给客户邮寄贺卡，表示衷心的祝贺，也表明公司充分了解客户的希冀，以及客户目标已实现的事实。

章节案例：在线培训师学院向客户邮寄精美礼物，对于在线培训行业来说，这是一种前所未有的客户交流方式。OGO团队则通过为客户定制专属礼物与客户交流，并共同分享成功实现目标的喜悦。

📞 打电话

公司给客户打来"祝贺"电话，表明公司充分了解客户的希冀，以及客户目标已达成的事实。在双方通话中，他们对彼此的付出表达谢意，也为双方未来的合作奠定了基础。

章节案例：巴罗餐厅会给顾客打来回访电话，询问他们是否享受这次就餐体验。这一交流方式不仅展示了餐厅"顾客至上"的服务态度，也为顾客提供了投诉及建议的渠道。因此在某些情况下，我们建议你在实施追加销售计划之前先采用其他销售策略与客户做生意。

▷ 定制视频

公司向客户发送定制视频，向客户表达祝贺的同时，也标志着客户达成了自己的目标。视频中体现出的品牌精神进一步巩固双方的关系，也清楚地表明了客户的成功与公司对产品和服务的预期影响直接相关。

章节案例：巴罗餐厅每月都会挑选10位幸运顾客，并给他们发送专属的定制视频信息。这一交流方式不仅提升顾客在餐厅的就餐体验，而且向顾客传达了餐厅真挚的祝福，同时加深了餐厅与顾客之间的关系，因为通过专属定制视频信息，顾客能感受到餐厅"顾客至上"的服务态度。

🎁 馈赠礼物

买礼物庆祝生活中获得的成就是常见做法，将这种做法推广到商界也相当简单。饱含祝福的礼物更能强调客户实现目标的重要意义。公司给客户送去饱含心意的食物和饮品，可以提升工作成就感，让双方关系更紧密。

章节案例：OGO公司、在线培训师学院团队以及约科咨询公司，会在客户达成目标后给他们送去有趣的礼物，给严肃的工作带来一种轻松有趣的氛围，体现了目标达成后的庆祝意味。

你的任务：将想法付诸实践

既然你对达成阶段已经有了清楚了解，请回答下列问题。这些问题会帮助你思考：在双方交流过程中如何使用各种交流方式来提升客户体验？

（写下你买这本书时想达到的目标，花些时间回答以下问题，有助于你将学到的知识付诸实践。）

第十三章　第六阶段：达成初始目标

评估现状

请回答下列问题，并用两三句话进行解释。若想获得加分奖励，请写出最佳答案。

客户正在努力达成的目标是什么？（提示：如果公司提供不同类型产品或服务，那么客户也会有不同类型或不同层级的目标。但是，每个客户都会有一个最重要的主目标。如果你不知道客户的主目标是什么，你如何才能知道客户什么时候达成主目标，或者有没有达成主目标呢？）

请详细描述客户追求的目标。你和客户的描述方式是一样的吗？对客户而言，达成目标是怎样的感觉？客户怎么判断自己是否达成目标，而你又是如何判断客户是否达成目标的？

你认为在购买公司产品或服务的客户中能够达成其目标的人占多少百分比？你能确定他们一定会达成自己目标的客户又占多少百分比？

在当前企业中，你是否为达成初始目标的客户创造了卓越体验？

如果是，你做了什么？

按照从1分到10分等级打分，1分代表"非常糟糕"，10分代表"非常棒"，你会给达成阶段的客户体验打多少分？

运用工具提升客户体验

针对如何使用具体工具提升客户体验，在每个问题后面写出两三个想法。我在前面已经说过，但还必须重申，千万不要担心费用成本、谁去做或如何实现等问题。只要大胆想象，提出你的创意就行。

在达成阶段，如何通过面对面的交流来祝贺客户达成其目标？

如何通过电子邮件来祝贺客户达成其目标？

如何通过量身定制的邮件来祝贺客户达成其目标？

如何通过答谢电话向客户表达真挚祝贺？

客户达成目标时，如何通过定制视频来传达你的喜悦与祝贺？

你为客户准备了什么祝贺礼物，来让他们获得极大的成就感？

现在就选一个

如果你已经回答了上述问题（我希望你不只是简单浏览，请放慢节奏，先停下来回答问题吧），你对适应阶段的客户体验就有了清晰认识，对于如何创造更好的客户体验也有了很多想法。现在，请结合你的理解和想法，认真思考以下问题。

要想使达成阶段的客户体验更上一层楼，哪件事情是你明天就可以做的？

要想做好这件事，你需要跟谁说？

如何确定自己是否成功提升了客户体验？

如何量化客户体验的整体提升程度？

你打算如何与组织中其他人分享这次活动的影响？

从达成目标到接纳产品或服务

既然在达成阶段，你已经帮助客户达成他们的初始目标。接下来我们就要认真思考，如何才能将他们转变成我们的终身客户。

第十四章

第七阶段：接纳产品或服务

♡ 接纳阶段速览

在接纳阶段，客户正式使用企业的产品或服务，骄傲地宣布自己对品牌的支持，并展示与品牌之间的亲密关系。达成最初目标之后，客户现在已决定加强与企业的联系，并与之建立长期合作关系。这时，即便没有马上出现购买行为，客户在精神和情感上也愿意继续维护这段商业关系。只有当客户接纳企业的运营模式，并在关系中占有一定主动权时，他们才算是"忠实"的客户。

专宠礼遇，只为爱美的你

丝芙兰总部位于法国巴黎，但其零售公司遍布全球。公司经营化妆品、美发产品和其他美容产品。接纳阶段伊始，丝芙兰隆重邀请最忠诚的客户参加公司强大的"忠诚度计划"，这让客户们感到极其特别。作为丝芙兰

图 14-1　丝芙兰 VIB 粉红派邀请函

客户跟踪项目一部分，忠诚度计划先确认哪些客户最忠诚，然后邀请他们参加"丝芙兰粉红闺蜜"（即 VIB 粉红派）计划。

我是从妻子那了解到丝芙兰粉红闺蜜项目的。有一天，妻子回家后递给我一个黑色塑料信封，上面是闪闪发光的大红色烫银印刷体字母。我打开一看，里面有一个光滑的纸盒子，上面印着几个凸起的红色字母：SEPHORA VIB ROUGE（意为"丝芙兰 VIB 粉红派"）。我滑开盒套，里面是一张卡片，卡片上用压花油墨印制的还是"SEPHORA VIB ROUGE"几个单词，在这两行字的下面是诚邀信息：

恭喜成为丝芙兰顶级客户，我们将为渴望美丽的你奉上专属定制的 VIB 粉红派。

下面还有一张金属卡片，也印着"VIB Rouge"字样，还附带有一支口红。

这张金属会员卡光可鉴人，我甚至可以从上面照到自己的脸；而口红色号也仅供 VIB 粉红派客户。这盒 VIB 粉红套装是为回馈过去一年来在丝芙兰消费超过 1000 美元的客户，刚好我妻子在丝芙兰花费了这么多，

第十四章 第七阶段：接纳产品或服务

图 14-2 丝芙兰专属口红

因为她给我们整个大家庭的所有女性都购买了礼品套装（不得不说，我有 7 个兄弟姐妹，所以每年圣诞树下都有很多很多礼物）。

通过面向高端客户的忠诚度计划，提供专属口红、新品特别通道、折扣日累计和忠诚度积分等种种渠道，丝芙兰再次加强了与最忠诚客户和活跃客户的互动，也提升了与他们的关系。

从很多方面来看，丝芙兰是将客户体验的接纳阶段当成全新的客户关系进行维护的。通过重点关注购买力强的客户，丝芙兰加强了最优客户对品牌的忠诚度，还让他们购买了自己更多的产品和服务。如此一来，丝芙兰不仅留住现有客户，而且促使他们转变成新型客户：忠诚而坚定的品牌拥护者。

> **速读宝典**
>
> 为客户打造专属体验，让他们赚取独特奖励，将优质客户提升到更高等级，为顶级客户设置专属会员级别，建立与客户之间的亲密关系，让客户有理由继续购买产品或服务（这也是航空公司多年来针对飞行常客开展的活动）。

客户掌握主动权

维持关系的重任从企业转移到客户身上时，客户体验就进入了客户对产品或服务的接纳阶段。这时候，客户达成了初始目标，并获得预期结果，所以他们"接纳"了品牌并宣告对其忠诚。

这个宣告也许是公开陈述的正式宣言，或下意识的决定，还可能是在参加活动时间接表达了对产品服务的支持。最重要的是，客户开始用新的情感来看待你的公司。不管怎么说，这个宣告都表示客户开始对产品所在公司有了新的感情。

"接纳"意味着客户在双方关系中承担更多责任。大人在收养小孩时其实就相当于举手表示："我会对这个孩子负责，确保她能获得细心呵护，可以衣食无忧地长大成人。"

在客户旅程的此阶段，客户会告诉自己："我会在这段关系中承担更多责任，在与公司沟通中发挥主导作用，以保证关系坚实稳固；在可预见的未来，我将继续忠于这家公司。"

这时候，客户已经适应了这家公司，大体明白了他们处理业务的方式，成了企业品牌和文化的一部分。作为公司大部落的成员，他们能够预测下一步将会发生的事情，甚至不需要你去主动推销。

接纳阶段的客户体验非常美妙。客户会很高兴提出他们的真知灼见，主动反馈哪些方面效果良好，而哪些是没有效果的，甚至还会事先打电话与你讨论工作情况。

非常遗憾的是，大多数公司从未抵达这一阶段。在前往达成阶段的路上，甚至更可能还在适应阶段时，公司处理客户关系的方式没能让客户感觉自己受到重视，于是，客户便转身离开了。

如果公司不能满足客户期望，也达不到维持关系的最低门槛，客户就到不了接纳阶段。

如果想引导客户成功度过接纳阶段，需要注意两个关键点：首先，让客户更容易表达对品牌的忠诚；其次，一旦有客户分享了他的忠诚，优秀企业马上就会对这样的忠诚给予持续性奖励。

隔空说出你的想法

在企业界，"果粉"或"迷妹"等词汇一般都与苹果产品有关。尽管有人认为苹果公司在市场上的地位也有高潮和低谷，但只要苹果公司发布新产品，甚至在"官方"发布之前，粉丝就会在专卖店排队数小时甚至数天等待购买。许多苹果用户也承认，他们根本不在乎新产品或新服务究竟是什么，只要是苹果公司推出的，他们就会义无反顾地买买买。苹果公司创始人兼首席执行官史蒂夫·乔布斯认为："很多时候，客户并不清楚自己想要什么，只有当你把东西拿给他们之后，他们才明确意识到那是自己想要的。"不过，客户对与企业的关系、产品和服务如此喜爱并衷心拥护的情况在业界并不多见。

在苹果公司首次推出白色耳塞时，那是耳机/耳塞设计史上的变革性时刻。要描述在此之前的耳机世界，我们最好借用亨利·福特在谈到T型车时说的那句名言："顾客可以选择任何他们中意的汽车颜色，只要是黑色的。"

2001年，苹果公司推出白色耳塞（同时发布了第一代iPod），从竞争中脱颖而出，并让人一眼就能看到客户接纳了产品。不论在地铁、公交车或步行街上，只要看到有人带着白色耳塞，你就知道那人口袋里有苹果公司的产品。

白色耳塞传递的信息透露出客户对品牌的接纳、承诺和狂热程度。如果你戴着白色耳塞，你就是苹果产品的用户；如果你是苹果用户，几乎可以肯定你也是个果粉。

这一接纳标志在美国越来越普遍，以至于影响到公共交通中的个人财产安全。连小偷都知道，如果有人戴着白色耳塞，他们口袋里就很可能有价值 300 多美元的苹果产品。抢劫案数量增加了，全美各地的警察开始警告消费者他们对品牌忠诚可能带来的后果。

2016 年，苹果公司发布无线耳塞（AirPods），电话通话的方式再次发生变革。现在，到处可见最忠实的果粉们漫步街头，耳朵里露出一小截白色尾巴。

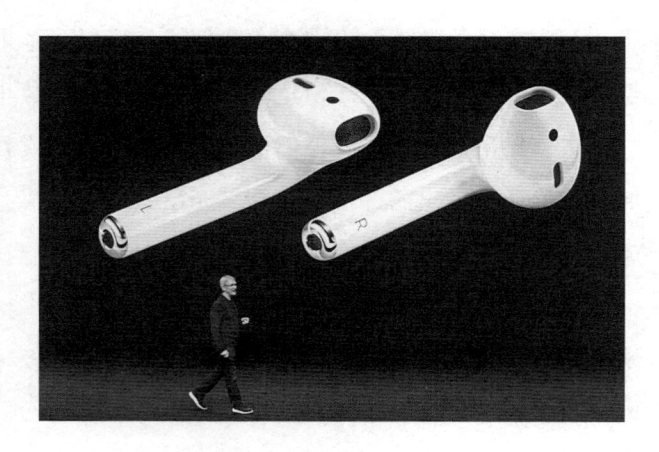

图 14-3　AirPods

当地时间 2016 年 9 月 7 日，加利福尼亚州旧金山，苹果首席执行官蒂姆·库克在苹果媒体见面会闭幕致辞中展示了便携式多功能数字多媒体播放器（AirPods）。来源于路透社／贝克·迪芬巴赫

像大多数人一样，我已经习惯了周围人戴着耳机，但仍希望看到电子设备与其使用者之间那根耳机线。第一次在"现实"中看到无线耳塞时，我恍然大悟。苹果耳塞的全新设计既夺人眼球，又引领潮流，所以，无线耳塞随处可见是时间早晚的问题。

速读宝典

让顶级客户更容易表达其忠诚。如果你们之间的关系让客户引以为傲，他们就会很乐意让别人知道自己与品牌的亲密关系。所以，创造条件，让客户轻松愉快地表示自己的支持吧。

让顾客把企业 logo 当文身

谈到摩托车时，大多数骑手会很乐意肯定哈雷-戴维森牌摩托车是业内佼佼者。全世界骑手和粉丝们对哈雷摩托车的迷恋和忠诚已经达到不可估量的高度，甚至很多哈雷摩托车车主会在自己身上文哈雷品牌的 logo。从很多方面来看，这种行为其实已将"品牌化"推向了极致。

对于世界上所有企业来说，让顾客把企业 logo 文在身上的可能性是极为罕见的。然而，哈雷-戴维森的粉丝和顾客却一次又一次地用哈雷文身来给自己打上品牌的烙印，以此表明他们对哈雷企业的接纳和拥护。

世界上有什么东西能让人把公司 logo 文在自己身上呢？

是信仰，是认为这个 logo 代表了他们与某个群体之间亲密关系的信仰。

哈雷摩托最忠实的粉丝真的献出了他们的血肉之躯（至少有一点点）来展示他们对这个品牌的亲和力。对于这些人来说，他们的支持与 logo 本身几乎没有关系，一切只与这个 logo 所代表的生活方式有关。这一切可归结到人们看到哈雷 logo 时的想法。

哈雷摩托车为会计、牙医、医生、律师和其他专业人士提供了一种方式，让他们在几分钟或几小时时间内体验一番迥异的生活，用以放松心情。哈雷精神、风气和品牌故事都清晰可辨，所以，当顾客加入哈雷大家庭之后，他们就开始对品牌的忠诚度视为对生活中常见选择的注脚。

哈雷-戴维森为客户提供了一种新方式来超越他们的"平常"身份，成为另外一个人。与哈雷品牌的联系（特别是通过文身）让他们得以将这种关系带入每一次互动。文身还创造了一种社群感，因为顾客可以很容易在房间里发现彼此（假如文身外露的话）。

哈雷车主很为自己的声誉感到骄傲，这份荣誉源自 1969 年上映的《逍遥骑士》，并随之火遍全球。这部电影由彼得·方达和丹尼斯·霍珀主演，讲述两个骑车人在美国西南部和南部旅行的故事。这部电影被认为是"一代人的试金石"，探讨了 20 世纪 60 年代美国的社会风貌、社会问题和紧张局势。电影将自我探索与开放的道路相结，能引起许多具有类似经历的哈雷-戴维森车主共鸣。与哈雷-戴维森所代表的生活方式联系在一起后，这些出生在 20 世纪 60 年代、现在五六十岁的哈雷车手会回想起当初沿着公路自我探索的经历。令他们引以为傲的是，骑着哈雷、穿着皮衣的骑手也可以是会计、医生或者律师。即便哈雷骑手的日常生活非常传统，只要骑上哈雷，他们也能粗犷地放纵一番。正如哈雷-戴维森欧洲区前总经理约翰·罗素所说的那样："穿上皮衣、骑着哈雷-戴维森穿越小镇，哪怕是 43 岁的会计也能让人心生畏惧。"

任何支持其产品和客户的企业都拥有围绕其产品创建社群的构建基块。尊重忠诚的客户并帮助他们识别那些像自己一样忠诚的其他客户，企业就能在客户群中建立起紧密的联系。当客户彼此之间的关系到达一定程度时，他们对企业品牌的忠诚度也将获得极大提高，从而自然而然地寻求机会对外展示自己所拥护的品牌。

> **速读宝典**
>
> 如果你有客户认可的幕后故事和企业精神，他们就会把自己对你的忠诚看作对他们生活选择的注脚。
>
> 让客户有机会成为更大社群的一部分，他们就会回来寻求更多。当客户与品牌联系在一起（不论客户是否将 logo 作为文身），他们就会将所在社群带入日常生活中的每一分钟。这样做还能创造一种归属感，因为客户可以很容易在房间里发现另一个"部落成员"。

小怪兽们，举起你们的爪爪

看到上面这个标题时，为数不多但却异常狂热的粉丝立马会在空中挥舞手臂。不同于普通读者，这些人非常熟悉这句话，因为他们狂热地忠诚于国际流行乐坛天后 Lady Gaga（已售出 2400 万张专辑，而且该数据还在增长中）。

在《怪兽的忠诚：Lady Gaga 如何将追随者变成狂热粉丝》一书中，客户忠诚度专家和畅销书作者杰基·休芭付出了艰辛努力，揭开了粉丝们对 Lady Gaga 如此忠诚的神秘面纱。在这本书中，休芭披露了从 Lady Gaga 身上汲取的一系列经验教训，为提升客户忠诚度提供了指南。其中一些成果包括：

专注 1% 的粉丝

Gaga 把大部分精力都花在了占比仅 1% 的观众身上，这些观众都是高度敬业的超级粉丝。她有一系列广为人知的做法，例如在舞台上给粉丝打电话、邀请他们到后台喝酒、制作个性化视频，并将其发送给最忠实的歌迷。她与粉丝分享后台、一起观看仅限内部人士的巡演视频和音乐视频、感谢他们一如既往的支持，这让"小怪兽们"感到自己的追求深邃而有意义。通过与支持她的人建立如此牢固的联系，Gaga 确保了歌迷一如既往的忠诚与追随。

创建粉丝社群

Gaga 创建了粉丝社群，既将她最忠实的粉丝们联系在一起，也加强了粉丝与她之间的联系。通过为歌迷们创造相互交流的空间，Gaga 灌输了共享共有的理念，并为粉丝创造了归属感，这与她用音乐传递的信息和整体品牌形象产生的效果相得益彰。

给粉丝命名

Gaga 用"小怪兽"称呼她的粉丝，粉丝们可以由此确认自己是 Gaga 粉丝大部落的成员。

Lady Gaga 不仅有着朗朗上口、铿锵有力且令人着迷的音乐，还有方法建立有意义的关系，这值得任何寻求忠诚客户的组织学习。一旦客户表达了忠诚，企业就必须尽其所能给予奖励，并在这一过程中加以强化。像苹果和哈雷-戴维森一样，Lady Gaga 创建了系统，对接纳自己的粉丝表达了一贯的感谢并给予奖励。

> **速读宝典**
>
> 独特的话语和措辞能让客户产生群体归属感。特别关注最忠诚的粉丝和拥护者，你就可以使他们更加忠诚地拥护你，同时提升口碑并扩大推广范围。给粉丝特别的名字并鼓励他们多花时间相聚在一起，这将有助于感谢他们对企业品牌的支持和拥护。

看来，你是忠实客户

在世界各地，有200多万独立分销商和销售人员在客厅里向客户或家人介绍精油的奇妙作用和诸多好处。多级营销一直以"硬销售"闻名，但很少有企业因其客户保持举措而闻名。目前，多特瑞精油正在尽其最大努力改善行业声誉，他们的做法就是在产品成交后对其销售人员和客户进行评估。

2008年，戴维·斯特林在犹他州普莱森特格罗夫市创建了多特瑞，而人称"健康倡导者"的销售员便属于该家多级营销组织。健康倡导者向客户直销精油。在这个过程中，公司希望健康倡导者们能招募更多的销售人员成为各自的"下线"，从而提高个体销售员、招聘人以及公司的总体收入。顺便披露一下，自从联系到我法学院舍友的妻子（她是一名成功的健康倡导者）之后，我妻子也成了多特瑞的客户，继而变成了健康倡导者，而我们家也正式成为多特瑞精油公司的诸多阵地之一。

为了答谢客户，多特瑞制定了详细的积分奖励制度，凡是月消费超过125美元的客户均可免费获赠一款新品。比如，只要买满125美元就能免费获得一瓶茶树精油或美乐家精油滚珠，满200美元能获得一套价值约94美元的深蓝精油滚珠和乳液套装。事实上，多特瑞为刺激更高消费而逐级提高奖励的做法，有利于降低客户订单中产品的平均价格，在奖励客户的同时也表达了对其再次购买的期望。

每个月，这些免费福利，配上每次销售后免费送给客户的实用礼物，既向客户介绍了更多的产品，又鼓励他们再次购买。得到上面详细列出的满赠礼品后，我妻子决定还要达到同样的订单金额，以便有资格获赠另一样促销礼品。致力于为客户提供如此持续性的卓越体验，为多特瑞带来了令人印象深刻的客户保留率，几乎达到行业平均客户保留率的 7 倍。

> **速读宝典**
>
> 奖励长期合作的客户。如果客户钟爱你的某款产品，在馈赠时请根据客户已有产品选择与其匹配的另一样产品，客户也会因你的馈赠而感到兴奋（大家都喜欢免费的高质量产品）。此外，如果客户喜欢你给他们的产品，他们一定会回来购买更多产品的。

想见比伯吗？来喜达屋吧

喜达屋酒店是如何吸引包括我在内不计其数的忠实的"喜达屋优先客户"呢？

作为平均每月三分之二时间在出差的人，还在职业生涯早期时，我就曾努力思考过入住酒店时究竟应该考虑什么样的优惠项目。

我选择了喜达屋酒店，并不是因为贪图"常客计划"的那些小福利（免费供水、免费 WiFi 和更大空间等，尽管这些福利都非常棒），而是因为他们的惊喜时刻项目总能把事情往前推进一步。

根据惊喜时刻项目，客户只要花 1000 喜达积分，就能获得特殊渠道去现场观看全球各地的音乐盛会、体育比赛和文化盛事。"喜达屋优先客户"可以投标诸多专属体验，比如参加科切拉音乐节私人野餐露营（想象一下野外露营的情景吧,但场面要奢华得多)、现场观看一级方程赛、观看百老汇演出并与演职人员见面等。这些活动对于个人来说都是很难接触到的,无论你愿意花多少钱都不行。

我并非没有注意到喜达屋酒店这一模式的讽刺之处。顾客很可能会支付额外的服务费,以便参加他们原本通过直接付钱就能参加的赛事或活动。尽管这样,"喜达屋优先客户"项目在全世界的会员多达2100万,这些会员为了入住喜达屋酒店是愿意费一番工夫的。

喜达屋酒店为最忠诚的接纳者创造了获取特殊体验的渠道,从而让顶级客户引以为荣。此外,喜达屋还经常将这些活动录制下来分享给大家。只要入住喜达屋酒店,走进客房,打开电视,转到室内娱乐频道,你就能看到这些活动的录制片(以及其他顾客对体验的评价)。这种巧妙而持续的营销手段进一步强化了忠于喜达屋品牌的种种好处。

速读宝典

> 提供大额优惠,让常客建立对产品服务的亲和力,并对你的产品大加赞赏。优惠特权越大,客户就越忠诚。回馈高端客户,通过相互交流达到让双方都满意的效果,这为提升顾客回头率和提高业绩提供了实证。

裁判大喊:"开球"

芝加哥小熊队是美国运动史上最具传奇色彩的棒球队之一。1908年卫冕世界冠军后,球队开始为下一季夺冠做准备。1945年,美国职棒世界系列赛(总决赛)进行第四场比赛时,威廉·塞尼斯带着他的宠物山羊墨菲一起观看比赛。据说,当他被要求离开球场时,塞尼斯宣称:"小熊队,他们不会再赢球了。"自此以后,小熊队就像山羊魔咒附体一样,战绩一

第十四章　第七阶段：接纳产品或服务　　187

落千丈。

随后几十年里，小熊队一直战绩平平，甚至以输球为主。尽管如此，小熊球迷们依然不离不弃，始终追随。球队老板和经理都在想，小熊队如何才能续写传奇呢？

2015 年，与一名"战略欣赏"艺术专家的一通电话启动了这场美梦成真的步伐。鲁林集团创始人约翰·鲁林是小熊队的球迷，已经追随球队 7 年之久。约翰专门为公司高端客户制作独特的签名礼品。同样来自美国中西部的约翰希望能与小熊队合作，共同开发一个项目。

在与球队代表通话时，约翰得知，小熊队的瑞格利球场更衣室将在休赛期间重新装修，所有老旧的木制长椅和衣柜全部拆除，搬走。作为善于抓住机会的人，约翰脱口而出："不如我们用这些木板制造扬声器吧！"小熊队的人对此深感好奇。

在约翰向扬声器生产商们解释这一项目时，小熊队的声望并没有令他们信服。"这是我听过最糟糕的想法！"一家扬声器公司首席执行官说，"这些胶合板已经老旧变形了。谁都没法用老旧变形的胶合板做出高端音响设

图 14-4　瑞格利扬声器

备。"最终，约翰在自己的家乡圣路易斯找到几名当地人，他们并不是扬声器制造商，而是"狂热的科学家"。受这个挑战所吸引，他们把这些木材重新层压，保留上面那些构成木材特质的凹痕和擦痕。同时，他们与另一家勇于冒险的实业企业合作，用世界一流的LSTN音频部件来组装扬声器。经过不断的反复摸索，他们最终用"瑞格利球场的木材"成功制造出蓝牙扬声器400个，而且这些扬声器的效果好极了！

小熊队将这些限量版扬声器（标号1–400）送给400名最重要的客人：他们是购买优等座位的球迷、私人套房的客户和每年捐资10万美元以上的高级捐赠人等。对于小熊队最忠实的球迷而言，这个"有意义的手工艺品"是带有送礼人目的、实用的礼物。2015年2月，正是棒球队休赛的时候，这些扬声器通过邮差之手送到小熊队顶级客人的身边，他们谁也没想到小熊队会给自己送礼物。

收到礼物之后，客户反响很大。他们发出请求，希望通过其他渠道获得更多的扬声器。小熊队老板、亿万富翁里基茨觉得扬声器是他有生以来见到的最帅最酷的礼物。尽管球迷们做出了巨大的积极反响，但球队谨慎地决定不再生产扬声器了。"我们原本可以为他们生产更多扬声器，小熊队也可以借此大赚一笔。"约翰指出，"但他们希望这个扬声器成为绝版，是有钱也买不到的东西。如果想要获得这种资格，你必须让小熊队成为日常生活的一部分。"

约翰的生活哲学就是本书的理念。"人们一般认为新客户越多越好。其实他们不懂，努力经营现有关系才是魔力所在。与其到处努力去吸引零散的新客户，我宁愿给最忠诚的拥护者添一把大火，维持他们的热情。"

2016年，小熊队结束108年的漫长沉寂，终于再次获得世界系列赛冠军。是约翰团队生产的扬声器打破了山羊魔咒吗？我们无从得知，但无疑的是，从球队队员签名的限量版扬声器中传出的胜利欢呼声，将在小熊队最忠实球迷的心中久久回荡。

速读宝典

最忠诚的客户值得最特别的对待。为这些忠诚客户创造某些具有独特价值的东西，不仅让他们感觉自己受到他人的欣赏，而且让他们将自己看作"某个群体的一部分"。如果有机会给客户加上有冲击力的情感，更能提升他们的客户体验。专属是一种强烈的感情。所以，放心大胆地为自己最忠诚的支持者打造限量版产品或设计特殊体验吧。

尽享泰勒时光

拥有 8580 万推特粉丝、1.04 亿 Instagram 粉丝和 7300 万脸书粉丝的泰勒·斯威夫特，对使用社交媒体有着不少心得体会。多年来，通过巧妙运用这些平台，她积攒了深厚的粉丝基础，销售了数百万张唱片，更以令人惊讶的个人方式与支持者互动。

2014 年年末，刚刚完成一次成功的个人巡演后，又在为下一场巡演做准备的前夕，斯威夫特在社交媒体上开始了一项纯个人性计划。在这个后来被称作"Tay-lurking"的潜伏计划中，她研究了自己一群粉丝生活中的方方面面，比如说，她们"喜欢"什么，有哪些朋友，在哪里工作，最近过得怎么样等；但粉丝们却对此一无所知。然后有一天，她突然在粉丝的社交媒体上贴出了一个圣诞老人的表情符号。

最初，粉丝们并不知道这个表情符号是什么意思。然后，礼物盒纷至沓来。毫无准备的粉丝纷纷收到联邦快递寄来的纸箱（泰特称之为泰勒快递箱），里面是泰勒根据粉丝的喜好亲手挑选并亲笔写满祝福的礼物。"Swiftmas"一经推出，便大受欢迎。

Youtube 上有个视频记录着 2014 年泰勒·斯威夫特首次给粉丝派发

Swiftmas 的盛况，从中可以看到斯威夫特亲自打包了一大堆圣诞礼物和哈努卡犹太人节日礼物。该视频的点击观看量已经超过 1800 万次。视频中也剪辑了粉丝在意外收到这份礼物时尖叫、欢呼的兴奋神情。收到礼物时的情绪爆发和衷心感谢共同铸就了这个粉丝最爱的视频。视频中，斯威夫特还特别提到粉丝们经历的一些事情和粉丝爱人的名字，由此可见泰勒准备礼物时真的是用心之至。

自从这次有针对性地给粉丝赠送礼物以来，斯威夫特已经成为娱乐圈回馈忠诚粉丝的典范。有个粉丝收到斯威夫特帮助她支付大学学费的支票。2014 年夏天，收到准新娘妹妹的手写来信后，斯威夫特冲到该粉丝的婚礼上为她送上祝福。斯威夫特甚至远行到密苏里州去看望"年纪最大的粉丝"——96 岁高龄的"二战"老兵。当然，他们还拍了自拍照。

或许有人觉得，对于国际名人而言，像情况调查和礼品挑选与包装这样的工作自然会有一大群助手帮忙去做。但实际上，斯威夫特坚持自己亲自来做，她说："我没有亲自把东西送到联邦快递去，但是包装和打胶带的事都是我亲手做的。我家有那么多的包装纸呢！"这样的亲力亲为给全世界的企业和高管树立了标杆。无论你有多了不起，你都必须用有意义的方式与最忠诚的客户建立联系。

"我觉得这样（寄送礼物）很有意思。"她解释道，"我可以根据个人情况对他们加以了解。在挑选送礼对象时，我先去浏览他们的社交媒体网站。看看他们喜欢什么或者他们生活中正在发生什么。他们喜欢摄影吗？那就挑一个 20 世纪 80 年代的宝丽来相机。喜欢古董吗？那就去古董店买 1920 年款耳饰。他们经常健身吗？那就送他们健身器材。当你真正了解每个人的情况时，你就会发现自己所做的一切是多么特别、多么神圣，而且是多么重要。"

最忠诚的客户完全值得你特别对待。企业往往担心自己的做法会"千篇一律"，可斯威夫特的做法证明这不应该成为一个借口。斯威夫特比你多出几百万的忠诚粉丝，但她每年仍会抽出时间来随机挑选几十个人，给

第十四章 第七阶段：接纳产品或服务

他们送上特别的礼物。斯威夫特给粉丝馈赠礼物的事情一传十，十传百，所有粉丝，不管有没有收到礼物，都感觉自己与她更亲近了。

> **速读宝典**
>
> 花时间从个人层面深入了解最忠实的客户。无论是通过个性化互动还是借助社交媒体上的个人资料，你都能轻松获得大量数据点，用来创建奇妙的互动交流。要想真正建立以客户为中心的组织，就要确保公司每位员工都参与进来，开展客户调查并与客户建立联系。然后，运用调查所得，与客户尽情地交流！无论是谁，在完全出乎意料的情况下收到如此个性化礼物，都不可能仅仅停留在粉丝层面上。你们之间的关系将从单向交易型转变成双向互动型。

第七阶段小结：在接纳阶段创造卓越的客户体验

尽管大部分企业的客户没能到达这一阶段，但是当客户完全接受公司产品或服务，并在使用后得到满意效果时，客户体验便进入接纳阶段。除此之外，客户也可能会在业务上或生活中某些领域体验到企业最初所承诺产品或服务的升级版。

客户生命周期的接纳阶段是一次好机会，可用来建立比一次性买卖更深入的长期合作关系，如此一来，客户将视你为重要或不可或缺的伙伴。

从明天开始：接纳阶段要做的 6 件事

到目前为止，很显然，你并不需要在每一阶段都用到所有交流工具。但如果说有一个时期会用到更多工具，那就是客户已经完全接纳企业品牌的时候。就让我们创造性地使用这些工具来回馈客户的忠诚吧。

面对面交谈

客户到达接纳阶段时，他们应该至少体验过品牌代表所提供的某次个性化交流活动。如果还没有，在此阶段努力与之建立个性化联系将增强客户与整个品牌的关系。专门培训课程和与工作无关的郊游都能够深化这些互动。

章节案例：无论是得意地戴着苹果白色耳塞还是文着哈雷-戴维森的 logo 文身，让客户有机会公开表示对品牌的喜爱就能快速确认客户对品牌的接纳。邀请品牌接纳人参加特殊体验活动和平常人难以进入的聚会，喜达屋连锁酒店进一步确认了他们的 VIP 客户身份。

发送电子邮件

更深入的"成功调查"应考虑收集那些能用于未来个性化交流的个人客户数据。此外，来自这些调查的较大数据集将识别客户群中的流行趋势，从而改变针对未来潜在客户的早期销售信息、系统和交易过程。

邮寄信函

"专家用户"指南和老客户的小窍门有助于经验丰富的客户进一步接纳企业提供的产品或服务。现在，既然客户购买了使用产品或服务的个人所有权，他们就为最先进的交互活动做好了准备。他们已经准备用出人意料的方式去使用产品或服务以获得最大程度的成功。因此，用设计精美的信函向客户的忠诚表示认可和奖励，既增加有形互动的持久性，还进一步加强了与客户之间的关系。

章节案例：丝芙兰用设计精美的专属福利向最忠诚、最坚定的客户表示感谢，感谢他们长久以来对品牌的支持和信赖。芝加哥小熊队和泰勒·斯威夫特向铁杆粉丝赠送令他们意想不到的礼品，以此创建个人联系和情感联系，也让客户在意外收到包裹时感受到惊喜和欢欣。

打电话

企业高管亲自打电话确认这一里程碑，既加强品牌对个人客户获得成功的关注，也为企业深入了解客户行为和习惯提供了洞见，从而更好地开展与客户之间的下一步交流。

章节案例：Lady Gaga 在最出乎意料的时候给最忠诚的客户打电话，邀请他们参加专属的独特活动或体验项目，最大限度提升了客户忠诚度，也提升了口碑营销的效果。

定制视频

在关键里程碑或周年庆典活动时录制庆祝视频，记录下整个团队为祝贺客户举行的某某节日派对，不仅展现公司的品牌精神，也让大家了解到，正是一直以来做出了改变，所以才有今天的重要里程碑式成就。

章节案例：Lady Gaga 为高级客户和铁杆粉丝录制专属个性化视频，这有助于建立与粉丝的个人联系，进而强化客户对品牌的整体忠诚度。

馈赠礼物

在纪念里程碑的日子发放专门定制的纪念品或者手工制品对客户来讲是意想不到的惊喜。我们把整个品牌的成功归功于客户对产品的巨大贡献，不仅欢迎客户升级为最高级别贵宾，还让客户在主顾关系／产品参与中占据一定位置。

章节案例：芝加哥小熊队令人意料不到的高端礼品、丝芙兰的专属产品、多特瑞赠送给客户的实用样品、泰勒·斯威夫特准备的极具个性的礼物，以及喜达屋酒店邀请客户参加的特别活动等，诸如此类的礼物都在告诉忠诚客户：你欣赏他们的支持，想以非常有意义的方式表达自己的感谢。

你的任务：将想法付诸实践

既然你已经清楚地了解接纳阶段的情况，请回答下面的问题。这些问题旨在让你思考在双方交流过程中如何使用各种交流工具来提升客户体验。（在到达接纳阶段过程中你付出了很多努力，千万不要想着现在可以走捷径了！你得坚持，那样才会有越来越多的客户成为你的终身客户。）

评估现状

写出下面每个问题的答案，并用两三句话进行解释。若想获得加分，请写出其他"更好的"答案。

你需要做什么来让客户接纳你？

请详细描述你所认为的接纳是什么样的。多久能让新客户接纳你？被新客户接纳的"感觉"如何？如果有的话，你用什么指标确认并认可客户对你的接纳？

就当前企业而言，在接纳阶段，你们是否为客户创造了卓越体验？如果有，是什么？

按照从1分到10分等级打分，如果1分表示"非常糟糕"，10分表示"非常棒"，你会给接纳阶段的客户体验打多少分？（并不是每个人都能到达此阶段，但你至少应该有几个这样的客户吧。）

运用工具提升客户体验

针对如何使用具体工具提升客户体验，在每个问题后面写出两三个想法。如果有那么一个时间可以不必担心费用成本、团队支持或项目实现等问题，那就是现在。能到此阶段的客户都是忠诚的，他们的忠诚应得到认可和相应奖励。

第十四章 第七阶段：接纳产品或服务

在此阶段，如何运用面对面交流向客户展示你们的关系是多么特别？

既然客户已成为品牌大家庭中重要一员，如何让电子邮件更个性化，也更为人熟知？

如何运用定制信函感谢客户的忠诚度，并向他们介绍新的和特别的优惠福利。

如何运用公司领导的电话互动向忠诚客户传递信号？

如何利用视频显示客户与其团队重要成员之间的个人联系和情感联系？

你会给客户馈赠什么礼物来标识他们对你的忠诚？

现在就选择一个

如果你已经回答上面的问题（你当然已作答，因为你现在已经很专业了），你对接纳阶段的客户体验就有了清晰认识，而且对于如何创造更好的客户体验也有了很多想法。现在，请结合你的理解和想法，认真思考以下问题。

要想使接纳阶段的客户体验更上一层楼，哪件事是你明天就可以做的？

要想做好这件事，你需要跟谁说？

如何知道自己成功提升了客户体验？

如何量化客户体验的整体提升程度呢？

你打算如何与组织中其他人分享这件事情的影响？

从接纳到拥护

在接纳阶段，既然客户已经表达了个人对品牌的支持，并将在可预见的未来继续与你合作,就让我们一起来思考,如何才能将坚定的支持者变成铁杆粉丝吧。

第十五章

第八阶段：拥护企业品牌

> 📢 **拥护阶段速览**
>
> 在拥护阶段，客户既是铁杆粉丝（不要将之与一般粉丝混淆），又是推荐达人。从行为来看，他们就像企业的营销代表一样，在可能受惠的潜在客户面前大力称赞你的产品或服务。

等下，我们要存起来

几年前，我在产房陪妻子一起迎接我们的第一个孩子，那对我俩来说都是极其重要的时刻（事后回想，我当时脑子一片混乱）。在儿子出生刚刚几分钟后，我从妻儿身边走开，到产房外面去找护士，问她是否可以帮我一个忙。

"请帮忙确定能不能保存脐带血和脐带组织，好吗？"我问道。不过，事情并不是你想象的那样。我们并没有打算把它带回家，去做你可能听过或做过的事情。相反，我们是希望将脐带血和脐带组织保存起来，以备将来使用。新生儿脐带内的血液含有新鲜的干细胞，可以帮助治愈身体，这在移植和再生医学领域的应用已近 30 年。

在这之前，我们研究了几家存储脐带血和脐带组织的机构，最后决定与波士顿脐带血银行 ViaCord 合作。ViaCord 允许新生儿父母保存孩子出生时的脐带血，将其冷冻，以备将来之需。

谢天谢地，ViaCord 不需要大量的时间或精力来协调。你只要一次性支付脐带血采集费，然后每年支付一笔存储费和血库管理费就行了。

ViaCord 还有一个成熟的推荐计划。很早以前，ViaCord 就认识到，对脐带血库存技术感兴趣的新生儿父母最有可能交流的群体是具有相似兴趣的其他准父母。每向 ViaCord 成功推荐一名新客户，其介绍人便可获免脐带血存储费一年。推荐的人越多，获得免费储存的年限也就越长。

ViaCord 的推荐计划之所以成功，原因很多。首先，客户只有在成功体验 ViaCord 提供的服务，感到满意后才会向其他人推荐。在我们的案例中，一位专员来到医院取走了脐带血。第二天，我接到电话，确认样本接收成功。一周后，我收到脐带血存储记录的所有文件，知道我们达成存储干细胞的目标后，我心里终于平静了。

对当前客户来说，向其他准父母推荐是非常容易的。客户只要与待产的朋友或同事聊聊天，解释脐带血库存的诸多好处，或者向客户代表发送介绍性电子邮件，或者用电子邮件给准父母发送链接，方便他们注册存储服务。一旦新客户在机构进行注册，老客户就会收到电子邮件，告知其已推荐成功，老客户的账户也会收到一笔费用，其金额相当于一年的脐带血存储费。这种方法快速、简单、高效，而且有价值。这也是为客户建立推荐计划时要努力达到的黄金标准。

感谢老客户推荐新客户的最常见方法之一就是财务激励。推荐费、优惠券和佣金都可以是激励推荐人的有效工具，但仅限于费用多得足以刺激老客户采取行动或与推荐金额相称的情况。如果我推荐某人从经销商处购买豪华 SUV，对方却只给我一张价值 5 美元的礼品卡，我下次绝对不会再推荐了。但如果经销商能让我免费加油一年，我必然会有浓厚的兴趣，而且每次开车来加油时，我都可能会开心地想起那次推荐的情形。

> **速读宝典**
>
> 最好的推荐人来自开心的现有客户。让你的推荐计划易于理解，甚至更易于参与，并值得现有客户花费时间和精力去进行推荐。最好的客户最有可能花时间联系你最理想的潜在客户。为你的客户创造机会，让他们去与自己的朋友和同事聊聊天，谈谈你们的产品或服务，这样一来，当你提供必要信息以便他们推荐新客户时，一切都是那么顺其自然。

如果想让人推荐新客户，方法要正确

当客户到达拥护阶段时，他们已经开心地体验到公司与个人之间的广泛联系。交互和数据给了客户希望，让他们满怀信心地将自己的名字与品牌联系在一起，并将之推荐给别人。

这就是拥护，它是企业的圣杯。为什么这么说呢？因为拥护创造了口口相传的新人推荐，而这是现有最好的营销方式。

然而，大多数企业永远不会有客户进入拥护阶段。虽然他们勇敢地试图将客户转变为自己的拥护者，但往往都以失败告终，因为他们过早地要求客户推荐新人，从而破坏了获得新客户的机会。即使客户在早期关系中有信心将自己的名字与品牌联系在一起，但只有在完整地体验过整个关系过程之后，才能为推荐做好准备。

这里有个用错误方式要求客户推荐新人的典型例子。如果过去 5 年你一直在网上购物，你很可能在购买后的某个时候看到手机自动弹出信息，上面写着："请将我们推荐给两三个朋友，或许他们也想了解我们的软件、产品或服务。"

我看过这种消息不下百次，但我从未将其推荐给任何人。最主要的原因是，它提的要求太多，而且提得太早。要客户在购买产品或服务后立即进行推荐是一种过分的期望和要求。事实上，要先体验到所购商品或服务的好处之后，客户才有可能向公司推荐新客户，或者将某人推荐给某公司或某产品。新客户必须先知道产品或服务真的像企业说的那样好，然后才会将产品或服务分享给自己的朋友和同事。

此外，要求新客户把同事的个人联系信息提供给名字不详且未见过的公司也是非常不恰当的做法，因为这种做法所假定的熟悉度在关系的此阶段还不存在。

在将关注重点立即转向下一位客户时，公司其实是在毫不掩饰地告诉大家，他一点都不在乎当前的老客户，他所关心的只是如何增加客户群。在这种情况下，新客户只是资产负债表上的一个数字。但事实上，真正的拥护者不仅仅是一个数字，他们都是"部落"中的一部分。

到达拥护阶段

带领客户抵达拥护阶段是客户生命周期的终极目标，而能够到达该阶段的客户都是价值千金的珍贵资源。

拥护者不仅忠于品牌，而且年复一年地购买产品或服务，还加大购买力，提供产品反馈和建议，并愿意为公司产品花更多钱。

拥护者不只是多买产品多花钱，而且已成为公司营销和销售的免费劳动力。

有了铁杆粉丝或拥护者，你就能减少市场营销和销售方面的开支。你不必花钱去获取新客户，因为忠诚的拥护者正在世界各地鼓励别人试用你的样品。你不必费力邀请，客户们会自动登门来找你。

这些新客户来到时，他们已经对公司有所了解。他们知道你的企业如何运行，知道产品的价值主张，也知道与你合作的费用成本。在完美的拥护模式中，几乎没有人会讨价还价。推荐人已经完美地预售了产品或服务，所以新客户最关心的是获取收益，他们几乎不会关心或考虑整体成本。

关注拥护者，公司可以降低业务成本、缩减开支，从而提高利润，并最终提高整体的客户保留率。

狗／爱人的忠诚

与我合作过的客户中，4Knines 有限公司是最出色的客户之一。公司两位合伙创始人吉姆和麦琪·乌姆劳夫为机动车制作高端座椅套，防止狗狗刮擦内饰、在后座上脱落毛、弄脏座椅等。对不养狗的人来说，这没什么用处，但对养狗的人而言，4Knines 的产品真是太棒了。

4Knines 真正的亮点在于其拥护阶段获取客户评价的能力。在亚马逊网站上，这是 4Knines 最大的销售渠道之一，客户评价星级（1—5 星）和数量（越多越好）对于产品整体成功与否发挥了举足轻重的作用。尽管亚马逊的具体排名和网络搜索算法从不公开，但是卖家都知道评价很重要，几乎是最重要的。你想要的评论数多多益善，而且你希望大部分人给的都是四星或五星。

4Knines 一开始就知道，要想顾客做出评价，必须先让他们达成购买目标：载着狗狗开车时，让它坐在安装正确的座椅套里，丝毫不用担心爱犬会弄脏或弄乱后排座位。座椅套成交约 30 天后，4Knines 非常肯定这一目标已经达成，这时候，自动生成（自动回复）的邮件会发送到客户的电子邮箱。

每个月，打开这封邮件的客户中平均有 24% 的人会写评价。这已经很了不起了，远高于 8% 的行业平均客户评价率。4Knines 的评论请求为何如此有效，又会有如此高的回复率呢？原因有以下几个：

首先，4Knines 是在客户达成最初目标之后才发出评价请求的。

其次，收到这封邮件之前，客户已经多次收到 4Knines 的邮件（分别对应客户体验各个阶段的情感需求）。到此阶段，客户觉得已经非常了解 4Knines 团队了（当然，在这之后会更加了解）。

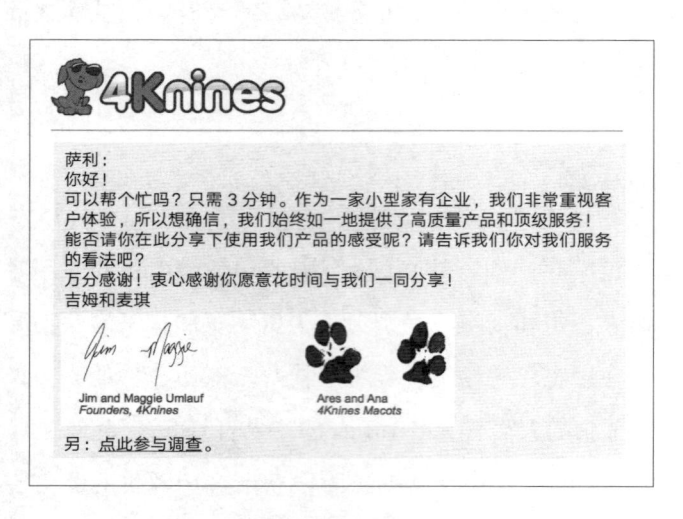

> **4Knines**
>
> 萨利：
> 你好！
> 可以帮个忙吗？只需 3 分钟。作为一家小型家有企业，我们非常重视客户体验，所以想确信，我们始终如一地提供了高质量产品和顶级服务！能否请你在此分享下使用我们产品的感受呢？请告诉我们你对我们服务的看法吧？
> 万分感谢！衷心感谢你愿意花时间与我们一同分享！
> 吉姆和麦琪
>
> Jim and Maggie Umlauf
> Founders, 4Knines
>
> Ares and Ana
> 4Knines Macots
>
> 另：点此参与调查。

图 15-1 反馈邮件

再次，4Knines 邮件的语言是为了引出评论专门设计的。邮件伊始抛出一个请求："可以帮个忙吗？"面对这么友好的请求，几乎没有客户会拒绝继续读下去。然后，快速提示这个过程只需 3 分钟。这表明请客户帮忙要做的事情不大，也不难。接下来，邮件重申了品牌故事、精神和伦理道德（比如，小型家有企业高度关注客户体验，为他们提供高质量产品和顶级服务）。

最后，4Knines 在发出"请求"的同时提供了链接，客户点开链接之后就可以轻松上传自己的客户评价。

就这么简单。整个请求提得既快速又直接，而且态度诚恳。邮件并没有说"请给我们 5 星好评""请说说你爱我们的理由"或任何其他可能被视为影响评论的话语。这个基本要求再清楚不过了，就是希望得到客户的真实反馈。这种方法很有效，正如我之前提到的，他们的评价率高达 24%！电子邮件的评价率似乎已经达到顶峰了。吉姆和麦琪·乌姆劳夫分别签上自己的名字，他们的两只宠物狗阿瑞斯和安娜（4Knines 吉祥物），也在上面印上它们的爪印。狗狗爱好者们疯狂迷恋这对爪印签名。

乌姆劳夫夫妇知道请客户撰写评论效果很好，但直到 2016 年把公司卖给私募股权基金之后，他们才了解到公司这一评论体系究竟有多重要。不知出于何种原因，新的管理团队决定关闭邮件的所有自动回复功能，包括要求客户进行产品评价的自动回复。如此一来，情况急转直下。在那之前，4Knines 的销售额每月超过 26 万美元，而在卖给新团队不到一年后，销售额下降了 73%，月销售额仅为 7.4 万美元。由此一来，私募股权基金意识到公司即将破产，于是邀请（我认为应该是"请求"，但这只是我的想法）吉姆和麦琪继续掌管 4Knines。他俩接受了邀请，吉姆上任后做的第一件事就是重新启动邮件自动回复功能。产品评论随即蜂拥而来，销售额再次攀升。两个月内，销售额每月回升超过 12 万美元并稳步攀升。不到 6 个月，其月销售额就超过了 17.5 万美元，公司业务重回正轨。

"我们之前有段时间曾坚信邮件自动回复的效果很好，只是没有证据，但现在，我们有了。"吉姆说，"亚马逊排名就是来自社会的力证，而产品评论是销售业绩的动力。我们知道产品评论能帮助我们提高销售额，巩固客户忠诚度，但我们原来并不知道，顾客的评论居然有这么大的威力。"

在评论关闭期间，公司的众多业务遭受重创。在此之前，4Knines 的评论数量比排名第二的竞争对手多出 1000 条。而现在，公司在评论数量上的领先优势已经减少到只有 100 条。随着销售额的下降，公司产品在亚马逊的排名（消费者搜索"汽车座椅套"时，公司产品出现在产品列表中的位置）也下降了。多年来一直保持着优异名次，而现在的排名下降就意味着潜在客户看到产品的概率越来越小，因而销量继续下跌。值得庆幸的是，4Knines 重新走上轨道，并且及时与客户沟通，再次为客户提供卓越的服务。

令人着迷的是，在亚马逊购买汽车狗垫的评论里都特别提到了公司执行总裁吉姆的名字。例如：

> ★★★★★ 最好的服务，亚马逊出品
>
> 匿名 2014 年 7 月 17 日
>
> 尺寸：常规　颜色：黑色　状态：已购买
>
> 首先，我想说，这真的是设计非常精美的豪华型狗狗座椅套！我花了整整一周在网上搜索所有不同生产厂家和相关评论的打分情况，最后确定确定就是这家（A+++）。
>
> 我订购了这款后坐垫套，收到后发现做工有点小小的瑕疵，虽然没关系，要知道人生不如意事常有八九，但我还是决定联系客服。没想到的是，才 3 分钟后我就收到了回复！！
>
> 我把出问题的地方拍照上传给"吉姆"（我相信跟我联系的就是他）。哇，他居然二话不说就给我重新发了一个。我是在半夜 0 点左右给他发的照片，"叮"，10 分钟后他就打包了一个新的！！
>
> 这是我最满意的一次购物。我想说我要做你们的终身客户，但这个"保护套"实在是太好了，恐怕我一辈子也用坏不了几个！但我肯定会告诉身边有狗的朋友都去买这个坐垫套！！别犹豫了！第一次就买对的！！
>
> ★★★★★ 非常棒的座椅套
>
> 亚马逊客户 2015 年 2 月 17 日
>
> 尺寸：常规　颜色：黑色　状态：已购买
>
> 收到这个座椅套后，我们马上就安装了。操作很简单，效果非常棒。这是给我们家小狗狗买的，它的背有点问题。有了这个座椅套后，它就不会在后排座位上滚来滚去了。不过，在调试座椅套时，我们注意到，用来扣到副驾驶安全带的一个塑料搭扣坏掉了。我们只用过一次。搭扣好像还能用，但是，万一另一个也坏掉，怎么办？我把坏掉的搭扣拍了张照片给客服。座椅套的质量非常棒，但廉价的塑料搭扣似乎很容易坏掉。
>
> 追加评论：我刚刚收到 4Knines 公司吉姆的信息。他已经考虑了我所说的塑料搭扣问题，新的搭扣正在来的路上！这真是奇妙的客户服务，正因如此，我把原来的 4 星改成现在的 5 星。没有比这更令人开心的啦！强烈推荐 4Knines 公司的这款狗狗座椅套。

图 15-2　顾客评论

我经常鼓励企业打造**卓越**的客户体验，也就是"不同寻常或特殊的体验，让客户感到惊喜的体验，也是值得一提的体验。"许多客户对 4Knines 产品大加赞扬并特别提到吉姆，这说明他们企业正在打造卓越体验，并在此过程中极大地提高了客户的忠诚度。

速读宝典

邀请客户老带新需要用心把握时机，还要态度诚恳。评价目标应该是请客户对企业表现做出最真实评估。由此得到的反馈数据不

> 仅可用于加强企业运营，还可以成为吸引潜在客户的营销工具。如果使用得当，客户评价还会以有意义和可测量的方式推动销售业绩增长。

获好评，得推荐

公司可以通过多种方式请求客户为其品牌做广告。最常见的请求是请客户写推荐信。4Knines 的案例充分说明，成功的诀窍是让客户尽可能拥护品牌。

邀请客户写推荐信时，公司应该给客户一些具体的指导，告诉对方自己想要什么，而不仅是给最好的客户发邮件说："我们有新网站发布了。你愿意写一封推荐信吗？"

这可不是对待拥护者的正确方式，而是给他们增加做这项工作的责任。更好的方法是去找客户说："我们合作很久了。与我们合作的直接影响是，你们已经取得巨大的成功，也看到了一些变化。你愿意分享与我们合作带来的影响吗？"

一旦客户分享合作关系带来的成功、影响和意义，你就获得了一份书面证明，里面包含着与你合作带来的具体有形的收获。为了让推荐更容易，你也可以对客户说："瞧，我知道你现在很忙，有很多事要做。如果可以，我想起草一份推荐书，你可以根据需要自由编辑或修改。"

大多数客户都会对这项提议感到兴奋，因为他们很乐意为你提供支持，为你的公司提供一份推荐信，但盯着除了闪烁的光标之外一片空白的屏幕，给人感觉就像面对无从下手的艰巨任务。让客户在他们忙得不可开交的日程表上增加推荐信写作，说实话，无论客户多么喜欢你，他们也不太可能优先考虑这项任务。

在准备推荐信时，重点应该是清楚地概述客户从你们的合作中获得哪些好处。很多时候，企业却是在本应关注产出和结果的时候展示自己的特色。如果有方法可以在推荐信中添加一点"爆料"（如果能与你的品牌和客户的声音相一致），你就可以写出一份非常好的评论，吸引理想客户的眼球。我从一位观众那里得到的最好推荐信如下："乔伊·科尔曼演讲时充满了激情和活力，就像给激浪汽水做商业广告！"虽然这份推荐书没有分享我的演讲内容，但它清楚地概述了我对观众的影响，这对聘请演讲者的活动策划人来说非常重要。

在你为客户提供工具，为你写有效的推荐信（无论是谈话要点和关键观察点，还是背诵用的实际文本）时，你要让客户的生活更轻松（这应该是你在整个关系中的目标），并确保客户在推荐信中描述与你合作的真实体验感受。

让人越容易了解你的企业，客户就越乐意拥护你、宣传你。当你给客户一本小册子或一个视频链接，用以凸显在你们品牌的体验和与你们合作所获得的好处时，你就是给他们提供了一个简单的方法来赞美你们公司。

通过预先编写推荐信，你就可以对评价结果加以控制。你可以创建一定程度的自定义和个性化，这或许是客户自己做不到的。这样的推荐信就成了你工具箱里的有用工具，能让长期以来支持你、喜爱你的客户成为拥护者，即使他们不在现场也没关系。

用行动支持

如果做得好，忠诚拥护是极好的，还可以对你的企业产生不可思议的影响。

在作为服务业的软件世界中，在线存储公司DropBox在其业务运营的早期实施了一种拥护制度，极大促进了业务增长。Dropbox首次推出在线存储服务时，客户可以免费注册，然后每个账户可以获得2GB存储空间。

由于Dropbox是在硅谷推出的，最初注册的大多数人都是精通技术的计算机用户。他们很快用完了免费获得的在线存储空间。

当客户的免费在线存储空间达到上限时，Dropbox 会给他们发送电子邮件，里面有个链接，点开链接就可以看到公司网站页面，上面提供了购买更多空间的各种选项。（见图 15-3）

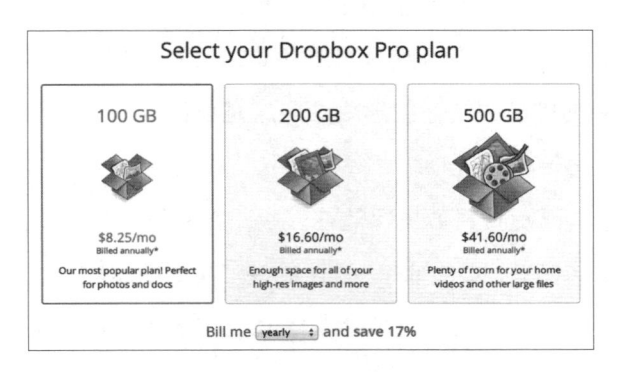

图 15-3 购买服务链接

该页底部有个特别活动。通过此活动，客户无须花钱就能得到更多存储空间，每推荐一个人注册并安装 Dropbox，就能获得 0.5GB 的"奖励空间"。只要将 Dropbox 推荐给朋友，客户就可以免费获得更多存储空间。具体情况见图 15-4：

图 15-4 奖励活动

参加这个活动的人数之多出人意料，甚至连 Dropbox 最疯狂的梦想者也没有想到。公司第一年的客户数量以指数级增长。在宣布该服务的 24 小时内，有 7.5 万人注册了 Dropbox。在该服务公开发布仅 7 个月后，公司放缓了测试版的邀请，同时用户达到了 100 万。大约一年后，Dropbox

的注册用户超过 1000 万。这样的成就令人难以置信。

我知道，你可能会想："乔伊，你说过我们不应过早地要求客户向别人进行推荐的！"

其实也不是那么快。让我们看看客户在注册服务时和收到推荐邀请时的期望值，再看看公司是如何构建其"请求"的。

Dropbox 早期接纳者已经是在线存储的爱好者和实践者。多年来，许多人已经拼凑出自己的云存储形式，而这是他们第一次以商业化、消费者友好的模式获得云存储。

他们希望能够免费将数据存储在云中。在使用 2GB 之后，客户知道使用该服务是多么简单。Dropbox 已有足够时间证明这项服务是有效的，而且效果非常好。创始人德鲁·休斯敦曾在一次演讲中展示了客户旅程的发展情况。

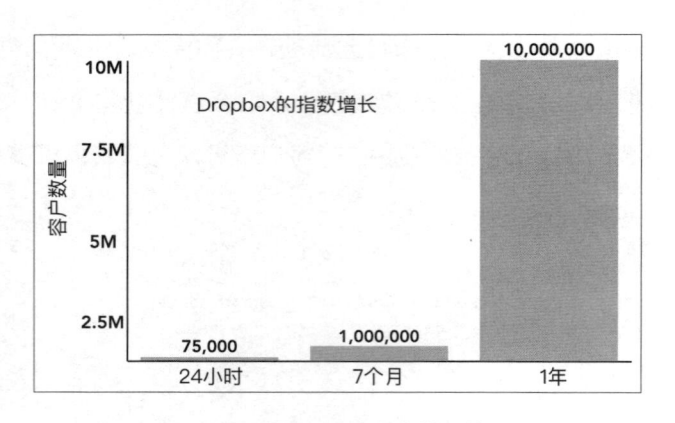

图 15-5　Dropbox 用户增长情况

一旦确定服务是有效的，客户就希望花钱购买，所以 Dropbox 发送了这样的电子邮件：这是支付条款。但是等等，你可以免费得到更大的存储空间！只要把我们的服务推荐给一个朋友，你们都能从中受益。

看到他们怎么做了吧？只要你用词得当，**并且针对恰当的目标人群，推荐新人就会双赢**。在 Dropbox 的案例中，获得推荐的潜在客户会因为了解到新软件服务而兴奋不已，老客户则能因此获得更大的在线存储空间。

第十五章 第八阶段：拥护企业品牌

Dropbox 的客户只要提供电子邮件地址或仅仅通过共享链接就能进行推荐，其目标是让推荐过程简单、高效而有效。借助推荐计划，Dropbox 的客户注册总数增加了 60%，这一事实证明推荐流程达成了目标。

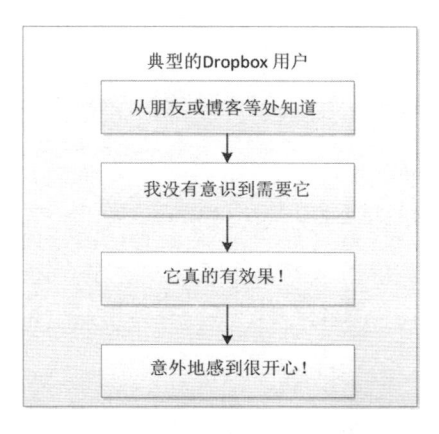

```
┌─────────────────────────┐
│    典型的Dropbox用户      │
│  ┌───────────────────┐  │
│  │ 从朋友或博客等处知道 │  │
│  └───────────────────┘  │
│           ↓             │
│  ┌───────────────────┐  │
│  │  我没有意识到需要它 │  │
│  └───────────────────┘  │
│           ↓             │
│  ┌───────────────────┐  │
│  │    它真的有效果！   │  │
│  └───────────────────┘  │
│           ↓             │
│  ┌───────────────────┐  │
│  │  意外地感到很开心！ │  │
│  └───────────────────┘  │
└─────────────────────────┘
```

图 15-6　Dropbox 用户来源

很快，Dropbox 把推荐活动的奖励条件变得更加诱人。公司给推荐人账户和他所推荐的朋友账户分别添加了奖励性存储空间。所以，你的推荐同时也是对你朋友的奖励！如果 Dropbox 决定用现金奖励而不是额外的存储空间来奖励推荐人，这个活动几乎肯定不会成功。为了使现金激励有意义，Dropbox 需要花费足够的资金，而他们可能需要大量时间才有可能通过新客户的付款来收回这笔激励资金。相反，Dropbox 让其"超级用户"更多地接触存储服务（即更大的存储空间），使他们更加依赖这项服务，从而成为更忠实粉丝，并把这项服务推荐给更多的人。如此一来，他们就创造、培育和鼓励了一个几乎无限、永恒的推荐链条。

速读宝典

奖励客户的积极行为，让新客户参与进来。给客户更多他们已经得到的东西，更多他们无论如何都需要购买的东西，他们会永远和你在一起。

将拥护计划整合到运营结构中，企业可以从一开始就建立和培养一个注重推荐的环境。

一切关乎身份

为了创造有效的推荐奖励制度，公司必须建立计划，提供目标推荐人认为最有价值的礼物或奖金。

作为美国运通公司和达美航空公司的客户，我深感骄傲，因为我发现美国运通信用卡与达美信用卡的合作机会实在是太好了，简直让人无法放弃。十多年前，我申请了这个项目，很快就体验到同时支持这两大品牌的好处。

我每次用美国运通信用卡购物都能赚取达美航空公司的里程数，每次乘坐达美航空公司航班时，都能因为持有美国运通卡而免费托运行李。在我开始享受身兼达美／运通联合品牌客户的好处时，一件事情使我们之间的关系更加有趣了。在我注册后大约一年时，达美航空公司给我发了一条营销信息，请我推荐其他人使用达美／运通信用卡。

虽然我心有疑虑，但如果达美航空在其跟踪算法中确定我是他们希望推荐新人的那类客户，我不会感到惊讶。我就是这样的人，所有商务和个人费用基本都使用达美／运通信用卡来支付。这两张卡我经常用，当然，还款更频繁了。

确认我符合他们的要求后，达美／运通给我推送了一个特别优惠的活动：如果我能成功推荐新客户使用他们的信用卡，我将获得里程奖励。作为推荐新客户的奖励，达美航空公司进一步给我提供了获得资格里程的机会。

对于那些可能不熟悉航空公司常客里程操作的人来说，你可能不知道，只要参加常客计划，你就可以累积里程，累积的里程可以用来兑换升舱、免费机票和其他额外福利。老实说，常客计划已经变成了一个游戏，人们通过各种行为赚取里程。租车？累积几公里。住酒店？累积几公里。在合

第十五章 第八阶段：拥护企业品牌

作餐厅吃饭？累积几公里。在网上零售商店购物？累积几公里。对里程的追求足以灌输个人忠诚度，并使客户选择一家特定航空公司作为载体。这样一来，航空公司就获得了令大多数公司羡慕的客户忠诚度，在这种忠诚度中，奉献精神远胜过理性决策。通常来讲，我在达美航空公司（而不是其他航空公司）支付的费用最多，因为我知道我能累积里程数。

然而，仅仅有里程是不够的。要保持你在航空公司的身份，你需要累积一种特定的里程，即资格里程。达美航空的钻石级会员（精英身份），目前需要 20 万公里的资格里程，相当于乘坐航班在纽约和悉尼之间往返 6 次的里程。如果你在航空公司乘机飞了这么多里程，你或许得不到一颗"钻石"，但获得钻石级会员身份是可以的。

通常，获得资格里程的唯一方法是累积在航空公司的实际飞行里程。这可能会导致疯狂的行为，其中之一就是臭名昭著的"里程跑"。在这种情况下，一个拼命寻求资格里程数的客户会登上飞机，飞很远的距离（通常是绕地球半圈），然后飞回来（甚至是马不停蹄地连夜返回），只是为了累积里程并获得相应的"身份"。

达美／运通慷慨的优惠活动帮助我避免了里程跑。在我推荐朋友注册了一张达美／运通信用卡时，作为里程奖励的一部分，我有机会获得符合资格的里程数。我被打动了。接到邀请 48 小时内，我就向一位企业家同事推荐了达美／运通信用卡。这可是我第一次进行推荐。令我高兴的是，几周后，因为朋友办理了商务卡和个人卡，作为奖励的资格里程就进入了我的账户。

通过提供资格里程——达美和运通都知道我会觉得特别有吸引力的东西，他们确信我会做出正确的推荐，并迅速做出推荐。

速读宝典

为最好的客户提供对他们个人有意义的东西。倘若你知道客户

> 缺少某样他们需要的东西，或者他们急需某样你刚好能提供的东西，那么，如果能及时把这样东西给他们，就可以为公司赢得热心的拥护者。与"级别"相关联的是理想的社会声望。通过帮助最好的客户达到公司的最高"级别"，可以帮助他们达到客户细分的更高级别；也可以通过让客户"赢得"游戏来刺激多巴胺的持续激增。收集积分和达到新水平可以使忠诚度计划游戏化，并与最佳客户建立牢固的联系。

和布兰森爵士一起闲逛

前面提到，企业家组织 Maverick1000 曾举办过一次推荐活动，邀请其顶级会员参加一次完全免费的旅行，前往内克尔岛与理查德·布兰森爵士一起共度美好时光。

不管用什么标准来衡量，布兰森都是世界上最著名的三大成功企业家之一。吸引一大群 Maverick1000 的企业家，让他们有机会在加勒比海私人岛屿上与布兰森爵士共度时光，这可是推荐活动领域里一次难得的高水平盛会。到目前为止，这是 Maverick1000 组织过的最成功的推荐活动。

现在，你可能会说："乔伊，我并不认识理查德·布兰森！"

很正常，但这不是重点。创造伟大的推荐活动，让客户积极推荐新客户的秘诀是用他们想要的东西来作为激励。他们想要的和他们自己很难获得的，这两样东西均会让客户积极推荐。所以，知道客户"想要"什么，就是找出会令他们感到兴奋的事情。这取决于你对客户喜好、厌恶、兴趣爱好究竟有多了解（在下一章讨论如何确定这些）。确定什么是他们自己很难获得的东西时，需要查看自己的社交网络和资源，以确定如何运用你的关系网，为客户创造一个神奇时刻。

例如，如果你有一套豪华高层住房，想让你的租户推荐别人来承租其他空置房间，你可以考虑在推荐的新租户入住之前，为成功的"推荐人"

第十五章 第八阶段：拥护企业品牌

提供机会在顶楼举办一个派对，所有费用全部由你来出。如果知道你的客户是某位著名作家、影星或名人粉丝，你可以通过慈善拍卖网站为他们购买独特的体验。我有个好朋友曾积极关注该网站的动态，适时地购买一些体验，作为礼物馈赠客人。

用于推荐的奖励不需要很昂贵，只要能让人记住就好。我曾收到同事的推荐费。虽然这是确认客户推荐的更常见方法，但我还是深感意外。更不可思议的是，他居然将推荐费放在金属手提箱里，让快递员送过来。由此一来，我的体验就非同寻常了。不仅如此，他还用短信给我发来一组密码，告诉我说："当你发现自己需要一组密码时，你会知道怎么处理的。"当我打开密码锁，我惊讶地发现手提箱里装满钱。总金额约占我所推荐项目金额的10%。这基本上符合推荐佣金标准，但这笔钱的出场方式却是激动人心的。更何况，他把这笔钱全部换成1美元纸币，使现金数量更为壮观。看到箱子里一沓沓钞票，我忍不住哈哈大笑起来，在随后几天里，这样的笑容一直挂在我脸上，擦都擦不掉。不用说，我肯定情不自禁地把这件事告诉了别人，然后立刻开始思考还有谁可以向他推荐。

速读宝典

最好的客户奖励是提供专属机会和罕见机会，有时是专属的罕见机会！找一些你能提供给客户的东西。相较客户对这些东西的珍视程度而言，你为之付出的成本是很低的。针对你最好的推荐人，你要主动寻找他们自己不容易安排的特殊经历。

金票、名人盛会和俯卧撑比赛

虽然许多公司实行网上推荐，但大多数企业都是靠口碑营销进行推荐。口碑指的是满意（或不满意）的客户对潜在客户说某样产品或服务如何如何。

MastermindTalks 是加拿大企业家杰森·格加尼德创办的年度活动，是世界各地企业家的亲密聚会。在为期三天的活动中，约 150 名与会者在专属度假村相聚一堂，进行高端学习和社交活动。自成立以来的短短几年里，MasterMindTalk 已成为业内最热门的标签性活动之一。

在首次举办活动后的某个时候，Mastermindtalks 候选名单上有 4200 多人（自活动开始以来，已有 1.6 万人申请参加）等着参加这项需要花费 3000 多美元的活动。在我写作此书的时候，这项仅限邀请者参加活动的门票定价为 1 万美元。尽管如此，仍有一大批人在想办法参加。从候选名单中查看申请数量，也是一项艰巨的任务，所以杰森实施了新的推荐计划。该计划采用金票制度，告知与会者，他们只能推荐一个人参加第二年的活动。不过，他们的推荐人可以跳到候选名单的最前面。受推荐的候选人仍需通过申请流程。这是所有参与者必须通过的程序，但金票可以保证其持有人获得优先考虑。

虽然大多数企业都希望获得尽可能多的推荐人，但 MastermindTalks 意识到正确推荐的重要性，知道候选人的"质量"比"数量"更重要。MastermindTalks 将这个机会定位成一张金票，只有最忠诚的铁杆粉丝才能得到，由此创造了一种稀缺感和紧迫感。参加者都希望拿到他们手中那张金票的人能参加下一年的盛会。

在第二次年度活动中，房间里挤满了头一年的与会者和通过金票推荐计划进来的少数新人。在此之前，MastermindTalks 从未表示要向推荐人颁发奖励。在推荐人看来，能邀请更多人参加这一影响深远的盛会是如此激动人心，因而能向他人发出邀请函这个机会本身就足以作为奖励。

然而，杰森深知出人意料又经验老到地奖励拥护者有多么重要。于是，他从推荐新人的与会者名单中抽出一些名字，在与会者面前给他们当场颁发奖品。奖品妙趣横生，魅力无穷，而且数量可观。他送出了标价数百美元的产品，送出了公开市场上花费数千美元才能购买或定制的服务，送出了千金难买的独特体验机会，例如，与联合创始人兼首席产品官乔杰·比亚一起参观 Airbnb，与露露乐蒙创始人奇普·威尔逊一起徒步旅行等。在一个充满国际企业家的空间里送出这样的体验机会，让"赢得"机会的人激动不已。当杰森送出一次为期八天的非洲免费旅行时，更有趣的场景出现了。杰森抽出了两位推荐人的名字，然后让他们在台上做俯卧撑比赛，看谁能赢得这次非洲旅行（我发誓，这可不是我编出来的）！不用说，欢呼的人群只会让这种体验的氛围更加刺激，让每个人都暗暗发誓要为明年的活动加强锻炼、保持体形，以便赢得这样的体能挑战！

在整个客户群面前感谢推荐人，这种做法使得第二年的推荐请求更加容易。于是，MastermindTalks 不再采用客户申请方式，而改用会员提名方式：如果没有老客户提名，就无法参与。在那之后，378 名与会者提出了自己的推荐对象，争抢 75 个名额。在客户不断推荐新人时，不仅营销费用会降到零，新客户的质量也会显著提高。如此一来，不仅被提名者的转化率猛涨（81% 的受邀新会员购买了高价票），而且参加该年活动的会员中已有 74% 的人试图购买下一次活动的门票。要知道，入场票开售时离下一次活动还有将近一年时间，甚至连具体的日期和地点都没有公布！

通常情况下，很多企业建立的推荐计划中提供给推荐客户的奖励都是毫无意义的。因此，你应该制订一个计划，用来鼓励最忠诚的客户宣传你的产品和服务。这样将有助于创造终身拥护者。

速读宝典

介绍恰当的人比谁都介绍重要得多。把客户当作邻居或家人，有助于更好地保护他们。作为回报，他们会把最恰当的目标客户带到你面前。把客户当作营销人员，有助于增长业务，也最有可能获得高质量、合格的新客户。如果想要客户推荐新人，就用出人意料的奖品感谢他们的推荐，他们会给你带来源源不断的新客户。

第八阶段小结：在拥护阶段创造卓越的客户体验

客户生命周期的拥护阶段让你有机会利用案例研究和推荐信来巩固与老客户之间的联系，同时与客户一起确认新的目标客户。

在与客户交互的此阶段，鉴于客户拥有广泛而丰富的个人经验，他们撰写推荐信的意义更重大，也更容易量化和细化使用你们产品或服务的效果。此外，客户对你们公司已经确立足够的信任，因而更愿意与你分享他们的人际关系，为你带去潜在的消费者和推荐对象。

从明天开始：拥护阶段要做的 6 件事

尽管你不需要在每一阶段都用到所有交流工具，但你也可以全部使用。发挥创造力，为最好的客户打造令人难忘的体验，这能激发你的奇思妙想，迫不及待地想大展宏图。

面对面交谈

邀请最有价值的客户参加销售会，会见其他客户，并与潜在客户互动，这种做法能让最好的客户成为最好的销售员。当你给出独特的参与理由时，客户会迫切地想要参与进来，并可能将他们的积极情感转化到与他们的谈话和互动中。

章节案例：Maverick1000 和 MastermindTalks 为顶级客户提供令人难以置信、一期一会的奖品，这是一种了不起的做法，给他们带来新业务的同时，赋予这个过程以参与感和兴奋感。

发送电子邮件

适时发送易于行动的电子邮件，能让最好的客户支持企业增长，并为之添砖加瓦。在构思这样的邮件信息时，你要考虑客户收到邮件的时机，确保他们会快速而轻松地完成你的"请求",还要确保你为客户参与活动设置的奖励足够诱人,并且要清楚地告知客户,让客户知道自己能够轻松获得奖励。

　　章节案例:Dropbox 和达美／运通给推荐朋友成为新客户的人提供更多奖励,客户群数量呈指数型增长。ViaCord 确认客户的群体相似性,为所有客户都想要和需要的持续性服务提供相当大的折扣,这有助于企业获得源源不断的推荐客户。4Knines 邀请客户写推荐信,并使事情简单易行,让客户参与进来,从而大幅提升企业的销售业绩。

✉ 邮寄信函

　　给客户邮寄免费礼物时应考虑能够标识客户到达拥护阶段的独特接触点(尤其是你们的关系已经维系这么久了),这也是顶级客户的重要标识。这种交流方式应该高度个性化,手写是最佳选择,让收件人获得一种私人定制的感受。

　　章节案例:给顶级拥护者送去一份激动人心的惊喜,让他们知道你很欣赏他们的帮助,同时创造了非凡的接触点,他们肯定会把这件事告诉自己的朋友和同事。

🔢 打电话

　　企业的执行总裁或董事会主席亲自打电话表示祝贺,可以强调客户身为拥护者的重要性。这种互动可以让公司有机会再次感谢客户一直以来的支持与惠顾。

▶ 定制视频

　　考虑到客户关系至此已走过漫长的道路,请客户用视频分享感言不仅是对他们表示感谢的好办法,而且更有机会收集到证词和评价,因为客户对于品牌都有重要的个人体验。奖励最有创意的视频、展示各种品牌,这些做法都能提高客户参与度。

🎁 馈赠礼物

在客户生命周期的拥护阶段，强有力的推荐活动既是感恩客户，也有重要意义，尤其是对那些到达拥护阶段的客户而言。给最成功的客户提供免费产品或服务，让他们可以用来馈赠朋友和同事。由此一来，客户个人反馈将呈现出完全不同的意义，因为这能让客户帮助自己的朋友"品尝"到品牌的味道。

章节案例： 达美／运通向顶级客户提供他们渴望的东西，增加了推荐奖励的吸引力，从而让他们更积极、更投入地推荐新客户。在 Dropbox 和 Maverick1000，只要推荐新客户就给予老客户相关奖励或好处，该做法有效促进客户推荐，同时提升老客户的忠诚度。MastermindTalks 用超乎想象的奇妙奖品让顶级客户感到震惊，既点燃客户的激情，也保证未来数年都能获得新的推荐客户。

你的任务：将想法付诸实践

既然你已经清楚了解了拥护阶段的情况，请回答下列问题。这些问题旨在让你思考在客户旅程的此阶段，如何使用各种交流工具来提升整体客户体验。（这是最后一组问题。马上就到大结局了，如果现在跳过下面一部分，就太可惜了！）

评估现状

写出下面每个问题的答案，并用两三句话进行解释。若想获得加分，请写出你心目中的"最佳"答案。

第十五章 第八阶段：拥护企业品牌

客户拥护公司或者公司提供的产品或服务最初的标志是什么？（提示：客户或许会主动向你推荐其他理想的潜在客户。）

请详细描述你所认为的拥护是什么样的。客户需要做什么？受新客户拥护的"感觉"如何？你如何感谢客户所做出的贡献？客户推荐对象是否促成了合适的业务？是否成了合适的客户类型？

就当前企业而言，在拥护阶段，你们是否为客户创造了卓越体验？

如果有，请详述？

按照从1分到10分等级打分，如果1分表示"非常糟糕"，10分表示"非常棒"，你会给拥护阶段的客户体验打多少分？（如果你还没有拥护者，就是1分。）

运用工具提升客户体验

针对如何使用具体工具提升客户体验，在每个问题后面写出两三个想法。他们都是你最好的客户，值得你付出一切努力，无论要花多少时间、金钱或者人力。尽情发挥你的创造力吧！

你打算如何运用面对面交谈，让客户感觉到自己是你最重要的客户？

你打算如何让电子邮件更像朋友之间的问候，而不是公事公办的样子？

如何运用定制信函标识收信人已成为你最好客户这一里程碑？

如何在电话会谈中增加一定程度的个性化和亲密感，使之与你最看重的客户这一身份相称？

如何将视频中的营销信息转变成朋友之间的共享交流？

你会给客户馈赠什么礼物，让他们觉得自己真正是你"最看重"的客户？

现在就选择一个

如果你已经回答了上面的问题（我保证这是最后一组问题），你对拥护阶段的客户体验就有了清晰认识，对于如何创造更好的客户体验也有了很多想法。现在，请结合你的理解和想法，认真思考以下问题。

要想使拥护阶段的客户体验更上一层楼，什么事情是你明天就可以做的？

要想做好这件事，你需要与谁交谈？

如何知道自己成功提升了客户体验？

如何衡量客户体验的整体提升程度？

你打算如何与组织中其他人分享这件事情的影响？

旅程结束，付诸实践吧

现在，你已经从潜在客户第一次考虑与你合作出发，走过了客户旅程的全部 8 个阶段，来到了终点站。至此，客户既是你的，也是你们企业的忠实粉丝。

祝贺你！一路走来，如果全部完成每章后面的问题，你现在就有了详细而清晰的认知，了解你们企业的当前运营情况，拥有了一些可以用来增强并提升客户体验的宝贵想法，知道接下来该做什么的具体步骤。现在，让我们一起思考，如何在整个公司中推行这种新的思维方式吧。

第十六章

开始行动：如何立即停止客户流失

我相信，只要了解客户体验的 8 个阶段，就足以打造卓越的客户体验，这也是许多人采取行动、改变经营方式之前唯一要做的事情。

在我把这种想法告诉越来越多听众时，我意识到许多企业家需要的不仅仅是告诉他们需要做什么，更需要指导他们怎么做。他们会告诉我，他们认同这些理念，但不知道如何将这 8 个阶段应用到他们的业务或客户体验中。他们想要并且需要一步步的指导。

为了让我的方法实施起来尽可能容易，我在本章列出了循序渐进的实施方案，其目的在于更多地了解客户信息，确定他们当前的体验情况，并增强操作，从而始终如一地提供卓越体验。

我构建了一个四步法，帮助大家理解自己的客户，确认企业自身的定位，并推出一个贯穿 8 个阶段的增强版客户旅程。这 4 个步骤就是：

第一步，调查；

第二步，观察；

第三步，个性化；

第四步，制造惊喜。

调查：尽量了解服务对象的一切信息

戴尔·卡内基有句名言："你在两个月内通过对其他人感兴趣交到的朋友，比你在两年内让其他人对你感兴趣所交到的朋友更多。"企业与客户互动的典型做法是上蹿下跳，大喊："看着我！看着我！看看我有什么！"企业往往倾向于关注其自身，而不是去向客户提问，了解他们的需求。

我们对客户了解越多，就越容易在互动中获得他们的赞赏。虽然许多不同类型的数据是有用的，但提供个人联系和情感联系的信息是最有价值的。相对一般大众数据而言，个人数据点是属于个人的特定信息，例如，他们在哪里上的大学。情感数据点是他们有强烈情感共鸣的事物，例如，他们在大学的体验是怎样的。因此，对于一些人来说，关于母校的讨论不仅可以是个人联系，也可以是情感联系。

如果是针对当前客户展开的调查，你首先应该关注的是他们的名字，因为名字很重要。卡内基提出，他发现普通人对自己名字的兴趣比对世界上其他名字加起来的兴趣还要浓厚。卡内基深信每个人的名字里都蕴藏着巨大的力量，可称之为魔法。他说：

> 我们都应该意识到名字所蕴含的魔力，并且意识到这个魔力是完全彻底地属于我们与之打交道的人，而不是其他人。名字把个体加以区分，使他与众不同。当我们用他的名字来处理这种情况时，我们传递的信息或者我们发出的请求就显得特别重要。无论对方是服务员，还是企业高级行政人员，名字都会在我们与他的相处过程中发挥神奇的作用。
>
> 请记住，对于任何人来说，直呼其名的声音是所有语言中最甜美、最重要的声音。

研究表明，听到有人说出自己名字的时候，大脑的独特区域就会被点

第十六章　开始行动：如何立即停止客户流失　　223

亮。然而，大多数企业却没有使用这种非常简单的技术来与客户联系。事实上，许多企业的首要任务之一就是为新的客户关系分配一串"客户编号"。难怪许多客户觉得自己被当作一串编号，而不是有血有肉的人来对待。他们的确成了一串串编号！

一旦确定好客户姓名，就有很多方法供你展开调查研究。不过，我们还是要先确定，你所学的东西是否熟稔于心。

好记性不如烂笔头

谈及客户调查时，首先要弄清楚两个问题：一是将你所收集到的数据存储到哪里；二是由谁来负责维护和管理这些数据。客户关系管理的相关软件程序有很多，我能给出的最佳建议是选择你真正会用的那款软件，因为让员工将客户关系管理工具作为日常习惯中不可或缺的一部分，是一场艰苦卓绝的斗争，而与之相比，客户关系管理软件程序的特征和功能则显得苍白无力。

一旦确定好软件工具，你就得决定要从客户那里获取哪些类型的数据和信息，并在与客户互动时加以运用。为了在这个过程中提供帮助，我在附录中提供了**客户信息类别列表**，详细列出了可能需要记录的数据类型。你可以用"总是、有时、很少、从不"来标记自己收集某类特定信息的情况，用以快速评估自己在客户跟踪工作方面的努力程度。

你可以用这个列表选择自己在客户关系管理项目中希望包含的数据字段。为了清晰起见，不建议你跟踪**客户信息类别列表**中给出的所有项目。我们的建议是，根据所跟踪的特定类别确定每个客户的相关数据字段。

在评估要跟踪的数据对象时，你可能需要考虑到如何去使用它。例如，跟踪客户最喜欢的运动队时，你可以计划在他们最喜欢的球队获胜时发送短信或电子邮件表示祝贺。这很容易做到：只要创建一个"最喜欢球队列表"，然后用谷歌提醒之类的工具就可以跟踪球队的获胜情况。在一年中的某些关键时刻（例如客户生日、特殊假期、体育赛季结束等），你可以给客户送一些带有他们最喜欢运动队队徽的小礼物。此外，你也可以考虑那些既能创造个人联系，也能创造情感联系的数据点。

刚开始时，请务必选择 5—10 个"现在必须开始跟踪"的字段，然后选择调查工作进入第 6—12 个月时"想要开始跟踪"的 510 个字段。请注意客户关系管理程序的格式，确保在研究成果开始产生后将特定数据填充到相关数据字段中。

确定好想要调查的数据字段并开始调查／跟踪后，就应该开始在客户关系管理软件程序中添加数据，用来创建完整的记录。

调查：一个循序渐进的过程

本节描述的不同工具和技术提供了多种方法，来收集客户意见，了解更多有关客户的信息。如果按照下面的顺序努力调查，你可以在高效能和高效率运营企业的同时，最大化利用调查结果。此外，未经客户回答问题而收集到的信息越多，你提及某些对他们来说很重要的东西时给他们留下的印象就越深刻。

建立个人联系和情感联系

许多人都赞美与客户建立联系所蕴藏的力量。但是，建立联系的效果取决于你拥有哪种类型的数据。从本质上来看，有些数据点是个人的，另一些则是情感上的。如果能找到两者兼具的数据点，你就可以建立更有意义的客户联系。

从历史数据来看，收集客户情报是一项费时费力的任务。然而，我们现在正生活在信息公开的时代，人们会在社交媒体上公开分享关于他们个人生活、兴趣、爱好、期望以及社交活动的大量信息。这些信息中即使不是大多数，也有很多是公开的。了解更多有关客户的信息通常很简单，你

第十六章　开始行动：如何立即停止客户流失　　225

只要花10分钟查看他们在社交媒体上的简介就可以了。通过查看状态更新、照片和评论，你可以更好、深入地了解到客户生活中的个人和情感因素。

知道却未被记录的东西

想到客户的时候，常常有很多东西是你知道但却没有登记在客户关系管理记录中的。现在，首先要做的是检查客户关系管理记录，看看每个客户都缺失了哪些数据字段，然后把你所了解到的相关信息全部填进去。如果不能百分之百确定，先填写，然后通过以下数据源中调查到的信息加以确认。

领英

根据客户在职业社交网站领英上的个人简介，你能了解到客户在当前岗位上的工作情况和他的全部工作经历。领英上最可靠的个人介绍甚至还分享了个人信息，例如，他们在哪里读的本科或研究生，他们说哪种语言，他们推崇哪些领导人和团体，有时候还会提供他们的生日。你可以查看相关页面，然后根据上面的信息填补客户关系管理记录中缺失的任何数据字段，还要记得查看相关活动、特长／宣传、收到的建议等。最后，请务必复制领英人物简介页面的URL链接，将其粘贴到客户关系管理记录中，以便将来研究时更快更容易。

脸书

脸书也是数据和信息的宝库。许多人将之看作他们网络形象更私人化的一面，因而你不仅有机会看到他们所写出来的爱好和生平经历，而且可以看到某个特定客户的照片（你可以从中了解到他们喜欢怎样度过自己的闲暇时光）。你可以通过简介上的照片很好地了解客户。这张照片是传统的大头照吗？是美颜吗？是专业摄影师拍摄的吗？是非正式的吗？照片中有什么道具或线索能让你得知客户的兴趣爱好或旅行情况吗？照片是最近拍的还是上一年拍的？"一图胜过千言"这句老话在评论客户简介的头部照片时是再正确不过的了。最后，请务必复制脸书上人物简介页面的URL链接，将其粘贴到客户关系管理记录中，以便将来研究时可以更快更容易。

公司网站

除了研究社交媒体上的人物简介之外，还可以关注公司网站。公司官网上通常有个部分叫"关于我们"，其中会有团队成员的简介。客户离"C位"（即企业最高层管理人员职位）越近，你在公司网站上找到有关他们信息的可能性就越大。别忘了查看公司有关团队成员简介的时事。最后，请务必复制公司网站的 URL 链接，将其记录在客户关系管理记录中。

搜索引擎搜索

查找所有显而易见的信息来源之后，在谷歌或其他搜索引擎上进行简单搜索或许可以找到传统媒体、博客和其他网站上有关目标客户的消息报道。在网络上花 5—10 分钟可以了解到的东西之多往往令我惊讶不已。查找某个客户信息时，可以通过在客户名字两边添加双引号来进行搜索。根据名字的熟悉度或公共性，你可能需要在搜索中添加额外的术语，例如他们雇主的名字和他们居住的城镇等。点击链接确认相关信息与你所查找客户有关，然后就可以根据这里的信息，补充完整客户关系管理记录中缺失的数据字段。

客户调查

如果发现客户关系管理记录中缺少某项特定信息，那么客户调查可能是收集该类信息的有效方法。在进行客户调查时，记得要简短（只问几个问题）、相关（问客户认为你需要知道的问题）和有效（使用在线调查工具），以增加完成调查的可能性，减少骚扰客户的可能性。如果你觉得填补信息缺口时有必要进行客户调查，请在整个组织中协调这项工作，以免反复要求客户共享信息，并能确保客户对调查做出响应。

直接询问

当其他一切方法都行不通时，可以问客户一些具体的问题，完成其客户档案的填写工作，可以考虑用"我说，你说"的方式来做这件事。例如，在试图了解客户最喜欢哪支球队时，可以先分享自己为之欢呼的球队，然后询问客户是否有他们支持的特定球队。首先分享你的个人和情感联系有助于客户放松心情，并大大增加他们提供个人和情感信息的自愿性。

专注倾听

如果能集中精力专注倾听对方说话，就可以迅速收集有关客户的信息。要想获取有价值的信息，就应该注意别人的侧面评价和细微的参考资料。例如，假设你正与客户打电话，而对方的狗刚好在旁边叫，你可能会听到他说："罗弗，安静点！"如果你接着问他："罗弗是什么狗呀？"根据对方提供的信息，你就可以在客户关系管理记录中输入3个有用的数据信息：（1）客户有一只狗；（2）狗的名字叫罗弗；（3）狗的种类是德国牧羊犬。这项研究将持续进行，表示你会继续了解有关客户的更多信息。

大步迈进

有的读者可能会说："嗯，等我看完了这本书后，我也试试这种做法。"与之相比，如果你完成客户调查过程中上述任务的话，那么，恭喜你，你可以准备开展整个过程中的下一步了。那就是观察。

观察：如果愿意观察和倾听，可以了解到任何你想知道的客户信息

提升客户体验的下一步是观察客户在自然环境下的情况。通过观察与客户之间的交互情况，我们可以创造独特的机会来建立联系，继而创建友好的客户关系。下面，请允许我分享一个成功的案例。在这个案例中，我是被观察对象，对方在观察我的基础上为我打造了卓越的客户体验。

他怎么知道的

几年前，我去多伦多做了一个主题演讲。经过一天漫长的旅行后，当出租车停靠在爱德华国王酒店门前等着结账时，我已经比预定时间晚了好

几小时。如果你从未去过加拿大，你可能不会知道，如果你用信用卡付款，作为持卡人的你就得亲自处理信用卡的签账过程。然而，对于美国人来说，亲自操作信用卡是件完全陌生的事。司机递给我便携刷卡机，我插入信用卡，慢慢浏览显示屏上的操作提示。更复杂的是，刷卡机提供了英语和法语两种选择。很不巧，我无意中选择了法语。我有没有说过我不会讲法语？

这简直是一场灾难。

这时候，我眼角余光扫到门童从酒店里出来，沿着酒店门口的台阶朝我的出租车走来。于是，我开始感到焦虑，因为我知道加拿大人是多么热情好客。我想象他要打开出租车车门，我却在努力进行信用卡支付操作，而在我摸索完成信用卡刷卡操作时，他却要站在旁边等我。

然而，我再次瞥向窗外，让我吃惊的是，门童回到了酒店门口。只不过他这次拿着我的手提箱。原来他已经从出租车后备厢里取出行李，并把它送到酒店门口。

然后，他再次朝出租车走来。来到车边时，他只是站在出租车旁边，把手放到门把手上。在我刷完信用卡，把刷卡机还给出租车司机后，门童打开车门，用欢迎的语调说："晚上好，科尔曼先生，欢迎来到爱德华国王酒店！"

我大吃一惊。他怎么知道我名字的？

要知道，因为航班延误了几小时，酒店有关我的航班和到达时间的信息全部中断了。当然，我也不可能声名远扬到让他一见面就认出来的地步。最后没办法，我只好直接问他是怎么知道的。他说他知道我的名字是因为看了行李箱上的行李标签。

这简直不可思议！门童居然会特意去看我行李箱上的名字，为的是能用名字来跟我打招呼！当我问他为什么这样做时，他解释说："老实说，这真的很简单。因为我发现大家真的很喜欢我叫他们的名字。"

在首次交互中，这种个性化程度（叫我名字）是我意想不到的。通过观察我写在行李标签上的姓名，门童的行为提升了我在酒店的体验。不用说，多伦多爱德华国王酒店的工作人员在我心中留下了非常美好的印象。

疲惫旅途中的噩梦

我曾举行过一次为期数周的巡回演讲，最后一场是在拉斯维加斯，可我却在演讲开始前 30 分钟才到达活动举办地文华东方酒店。文华东方酒店是福布斯五星级豪华酒店。与拉斯维加斯的其他场所不同，这里没有老虎机，也没有游戏桌。事实上，酒店坐落在拉斯维加斯主街上。住在这里的人可以尽享拉斯维加斯主街的美丽风光，却可以免受这座城市中纸醉金迷的诱惑。

办理好入住手续后，我赶快到房间，迅速放下行李，打开手提箱，取出洗漱袋。打开洗漱袋的瞬间，我看到了旅行者在外最害怕的一幕……

我的止咳糖浆打翻在了洗漱袋里。

我出门在外数周了，且在旅行期间不幸感冒。离开上一个演讲地时，我在跳上飞机之前匆忙抓了一瓶止咳糖浆，咕咚喝了一大口。现在，我痛苦地意识到，我没有拧紧瓶盖，就把瓶子放在袋子里，结果，樱桃色的止咳糖浆弄得洗漱袋里到处都是。

所有东西都被弄脏了。牙刷黏糊糊的、除臭剂黏糊糊的、剃须膏和剃须刀黏糊糊的。洗漱袋里所有东西都被涂上一层黏糊糊的粉红色。

清理这个烂摊子无异于清理"埃克森·瓦尔德兹"号油轮石油泄漏。

可现在我没有那么多时间清洗，所以我把袋子往宾馆浴室里一丢，就跑下楼参加欢迎会，打算回来后再去处理这些乱七八糟的东西。

两个半小时后，我回到房间，难以置信地发现一个巨大的惊喜。真是太意外了，客服部工作人员居然把牙刷、除臭剂、剃须刀片和剃须膏全都清洗干净了，摆在干净的白色毛巾上晾着。

此前不亚于一场灾难的止咳糖浆，现在却闪闪发光，同样焕然一新的还有附赠的剂量帽。

但我印象最深的是干净的止咳糖浆瓶旁边的便笺。

如果说我对这种温馨体贴的做法感到既震惊又感动，那太过于轻描淡写了。

你是否认为拉斯维加斯华文东方酒店管理层会为客房服务人员培训，并在培训中详细介绍一整套流程和策略，告诉员工如何处理意外事件呢？例如，一瓶没有盖好的止咳糖浆洒得客户行李里到处都是，怎么办？当然不是这样。

相反，文华东方酒店在培训员工时强调的是尽可能让客户的感受非同寻常。完成这一任务的关键是**观察**客户的言行和需求。在我的案例中，客服人员凯利在观察到止咳糖浆造成的灾难之后，做了超越本职工作之外的事情。对我而言这不只是安慰，因为这是一项艰巨的任务，我不愿意拿这样的事情麻烦她。她不仅清洗了我所有物品，还给我留下一张便条，细心的留言让我感受到前所未有的关爱，而且这种关爱是我在酒店里从未感受到的，此后不曾再次感受过。通过观察我的行为，然后根据这些信息采取行动，凯利为我创造了一个有意义的时刻。对此，时至今日，我仍心存感激。

图 16-1　干净的止咳糖浆瓶和便笺

观察：一个循序渐进的过程

做好客户调查能打下一个良好的基础，但通常情况是，公司往往做到这里就戛然而止了，从而错失抓住客户行为细微差别的机会。将观察纳入客户情报收集过程，可以增添你对客户及其与公司产品和服务交互方式的见解，反过来这有助于你提出一些想法，了解如何进一步提升客户的整体体验。

在"自然状态"观察

仅仅站在远处观看客户是不够的，你必须站起来、走过去，近距离仔细观察他们的动作、言论和行为。你最后一次看到客户使用公司产品或服务是什么时候？如果是一个多月前，这个时间间隔太长了。仔细观察客户的日常生活，看看公司产品如何影响他们与周围人之间的互动。

想客户所想

在文学名著《杀死一只知更鸟》中，主人公阿提克斯·芬奇给他的小女儿提建议时引用了一句名言："你永远无法真正理解一个人，除非你能从他的角度考虑问题……除非你能钻进他的身体里，并在里面四处游走。"试试用这样的方法与你的产品或服务互动吧，你要假装自己不知道如何使用它，或者不知道它是如何发挥作用的。这样的体验不费吹灰之力，是吗？你知道这个过程中的每一步该怎么做吗？你越经常性地用客户眼光看待自己的业务，你就越能欣赏他们的体验感受，就越能做得更好。

从小处着眼

注意客户与你和你的产品或服务之间的细微交互。想想那些看似与你无关但细想之下却又有关的小事情。通常来讲，正是最微小的观察有着最大的影响。

先记录，再回顾

我们往往很难一次性完成全部观察、思考、分析，并在此基础上做出改进。你得允许自己先记录下观察结果，然后确定在不久后的某个时间（如一两天之内）回顾你的发现。留出时间让潜意识去处理它所目睹的事物，你会惊讶于这样做究竟能增添多大的洞察力。

倾听、细看、等天上掉下金子

无论是小时候还是长大成为执业律师后，我都曾多次在法庭律师席坐在父亲身旁。父亲是位著名的刑事辩护律师，事业非常成功。他经常鼓励我"仔细倾听，等天上掉下金子"。他相信，每一次审判中，总会有那么两三个瞬间，证人、辩方律师或法官会说一些可以改变审判进程的话，但只有非常密切地关注和倾听，你才能抓住它。我也将这一理念融入客户观察。我不能告诉你客户具体会说什么，但我可以保证，如果你仔细听，你会了解到哪些东西能改变客户体验的旅程。

请允许我做一次观察

你现在是专业人士了，始终在不停地观察。我们在前面推荐了观察过程中的具体做法。假如你完成其中一部分，但没有全部完成，也没关系。你可以准备进入这个过程的下一步了。那就是个性化。

个性化：让你与客户的每次互动都有意义

提升客户体验的第三步是与客户建立个性化交互。有了前面两个步骤中所做的调查和观察，你现在可以更好地定制与客户之间的交流计划。

你所了解到的有关客户的任何信息都为定制个性化交互提供了可能。

举个例子，如果你得知某个客户与你就读的是同一所大学，你现在就有机会创建一个连接，使之瞬间成为你们之间强有力的纽带。

再举个例子，如果你得知某个客户与你来自同一个小镇，那么，谈论出生和长大的地方就为两个陌生人提供了直接联系。

了解客户的爱好，你就有机会发现自己是否与之有相似的爱好；了解

第十六章 开始行动：如何立即停止客户流失

客户的爱好至少可以让你更有效地选择礼物和制定互动目标。

一旦你与客户有同样的兴趣爱好，一定要诚实以待，与客户进行分享是非常好的方法。如果没有，千万不要勉强。如果勉强，在最初寒暄之后，随着谈话的深入，你很快就会无话可说，客户也马上会有所察觉。如果你们的谈话真的涉及双方实际的兴趣爱好，情况毫无疑问就会变成这样。由此一来，你既没有诚信，又虚伪地试图在没有任何共同基础情况下建立和谐关系，你们的关系将会被打回原点，甚至完全走向终点。什么都不要说，或者承认你没有同样的兴趣，也好过假装有共同的兴趣，或者更糟糕的撒谎行为。你对客户诚实，你们之间的关系将以前所未有的方式进入新状态，创建起强有力的纽带和清晰的连接。

最近，我发现一位客户是摄影迷。于是，我来到当地一家美术馆，这里正在展出某位世界知名摄影师作品，其专长是拍摄非洲动物的黑白照片。我知道那位客户刚好对这些感兴趣，于是决定把精装版目录作为礼物寄给他。我认为这是让他知道我在意他的最佳方式。我不仅亲自做了这件事来使交互个性化，而且特意请摄影师在目录上签名，从而让他把这本目录变成了个性化东西。

收到包裹几分钟后，客户给我发了一条短信，感谢我的精美礼物，告诉我他对野生动物摄影的可能性有了新的认识。

任何对客户真正重要的东西都能为你与他们即时建立友好关系提供机会。无论他们的爱好是烹饪艺术、音乐剧、形意舞、大学橄榄球、职业曲棍球、天文学，还是收集《星球大战》纪念品或者重金属乐队唱片，更多地了解客户将有助于你与他们之间的沟通充满个性化色彩。

考虑到许多客户可能会面临类似于人口统计这样的问卷调查，你可以批量处理能够同时用于多名客户的个性化时刻，并创建与他们之间的连接。影响连接机会的条件只有一个，那就是你是否愿意调查和观察对客户来说最重要的事情。

个性化：一个循序渐进的过程

运用"调查"和"观察"步骤详细介绍的技巧，补充完整客户关系管理系统中缺失的有关客户的数据字段，让你的系统尽早提供新客户关系中所需要的完整数据，就可以使用这些信息来创造个性化接触点，从而加强与客户之间的关系。

打动个人

创建卓越客户体验最简单的方法是在与单个客户沟通时使用个人和情感连接。这种做法可以很简单也可能很复杂。简单的做法就是直接询问客户："你女儿劳伦最近在艾奥瓦州立大学过得怎么样？"（这是基于客户关系管理中记录了客户孩子的名字和就读学校。）复杂的做法是：为了庆祝客户退休，你想办法给他送去《冒险漫画》第48期，也就是时侠第一次出场的那期。（这是基于你发现客户喜欢这位超级英雄，而其漫画书收藏中刚好缺少这关键的一期。）

打动群体

多名客户有相似兴趣时，你可以对通信进行设计，使之允许你用相同的数据和想法，同时创建与多名客户的个人和情感连接。举个例子，如果几位客户都是某个音乐家或乐队（例如魔力红）的粉丝，那么，当该乐队发行新专辑时，你就可以给他们每人送一张新专辑。切记，礼物不需要很贵，只需是个性化且考虑周到的。

答谢客户活动

当你注意到客户群有一部分人同时喜欢某样东西或某项活动时，你就可以围绕他们的共同兴趣着手规划答谢客户的活动。假如客户中有40%的人喜欢打高尔夫球，如果可以到平时难以进入的高尔夫球场组织一场群体高尔夫球运动，那可能是与这个特殊客户群建立和谐融洽关系的好方法。

这个是给你的

现在,既然你已经考虑好如何在与客户交互中融入更多个性化,你就可以准备开启最后一步了,那就是制造惊喜!

制造惊喜:不遗余力,让客户微笑

个性化过程的最后一步是制造惊喜。企业制造惊喜的惯常做法是送给客户一份年度性假日礼物,通常是一个水果篮或者其他没有意义、千篇一律的东西,这样的东西无法与客户建立联系。近年来,果篮的做法已经不再流行,取而代之的是在连锁零售店使用的礼品卡。这一做法在客户群里大受欢迎。

你上一次收到让你感到一段关系有意义或者是特殊卡片是什么时候?

想象一下,如果父母给你一张全国连锁餐厅的礼物卡为你过生日,那会怎么样?

我猜这不会是你收到的最好礼物。

当我们以这种商品化方式对待客户时,我们传达的信息是:他们作为个人并不重要。我们还传达了这样的信息,即给每个客户赠送同一份礼物的便利性比赠送个性化或特殊礼物所花费的时间更具价值。

谈到挑选和馈赠礼物时,我的好朋友鲁林集团的约翰·鲁林是世界顶尖专家之一。记住,正是他利用更衣室旧衣柜帮芝加哥小熊队生产出了木制扬声器。约翰演讲的主题是"战略鉴赏"——一种定期赠送客户礼物的做法和政策,以彰显对客户的欣赏,为未来的商业和个人互动奠定基础。约翰出版了一本书,书名叫《礼品学:使用礼物的艺术与科学》。该书能快速指导你在业务中融入战略鉴赏。

我与约翰的第一次相遇是在参加某次研讨会。我们当时闲聊了一会儿,然后决定互换名片,并约定保持联系,因为约翰有关客户关怀的方法与我有关创造卓越客户体验的理念不谋而合。这次会议过去几天之后，我回到家里，非常意外地收到一个包裹，上面标有约翰的回执地址。打开包裹后，我看到里面有一把漂亮的菜刀，上面刻着一行字：专为乔伊·科尔曼和贝丽特·科尔曼一家手工打造。刀上没有任何地方提及约翰·鲁林的名字，也没有任何地方出现有关约翰所在企业的信息。约翰的礼物是一份真正的礼物，更重要的是，它是专门送给我家的私人礼物。

约翰这份礼物最有趣的地方是，它每天晚上都受到我们家的两次"礼遇"。我家的情况通常是这样的：我妻子做饭，我洗碗。于是，她每天都用"约翰·鲁林菜刀"准备晚餐，而我则每天晚餐后用手把它清洗干净，再放回同样是约翰送的木制刀架上。

约翰送给我们的礼物上**并没有任何地方提到过他或他公司的名字**。尽管如此，家人每天至少会两次想起他。这很好地证明了他的理念：用工艺品和签名物件表明你与客户的关系，或者你想要与客户建立的关系。

这份礼物的另一个有趣之处在于上面的刻字，说明这份礼物是送给我们全家的，上面有我和妻子的名字，还有一个"家"字，把孩子们也包括其中。

给客户馈赠礼物时，应该确保不只是你所联系的某个主要人物会觉得"惊喜"，而应该让接触到礼物的所有人都感受到这份惊喜。认识到这一点很重要。约翰经常说我们应该利用这个机会给客户的配偶或家人馈赠礼物。这样做可以给客户关系和接收礼物的人带来更大的影响。作为懂得欣赏礼物的人，我其实更感激送给妻子或两个儿子的礼物。因为这些礼物，我有机会看到他们打开礼物和使用礼物时的满脸喜悦，从而与礼物馈赠者保持更持久联系。这对我们来说是有意义的，因为这是我们可以分享的共同体验，而不仅是给我一个人的东西。

另外，也要考虑礼物的质量。在另一个例子中，约翰还送给我一套卡特科牌剪刀，这是我有生以来拥有过也是使用过的最好剪刀。剪刀的手柄是红色的（这可是我的标志色），上面同样刻了一些字。家人经常用到这套剪刀。事实上，这些剪刀就插在约翰送的刀架上，旁边是约翰这几年送给我的各种菜刀。没错，这些年来，他一直在送给这个系列的菜刀。约翰的做法一直在提升我的体验。

制造惊喜：一个循序渐进的过程

现在，你已经全面了解自己的客户，并与他们建立个性化互动和交流，是时候给他们制造惊喜了。大多数组织想到为客户送上惊喜和礼物时为时已晚，然后匆匆忙忙地为**每个客户做点什么**，在最后时刻，为**每个客户做同样的事情**。为了避免将赠送礼物变成浪费金钱，或者在某些情况下造成事实上的感情伤害，请考虑一下哪些事情该做，哪些事情不能做。对此，约翰·鲁林在《礼品学》一书中进行了更深入的阐述。

为客户配偶和家人制造惊喜

很多时候，企业忽视了那些对客户决策和行为产生最大影响的人。如果你给客户配偶和孩子一些特别礼物，让他们感到惊喜，你几乎可以保证这个家庭会在你的目标客户面前赞美你。来自客户亲人的鼓励是用钱可以买到的最好支持和推广。

为客户助手和团队成员制造惊喜

为客户助手和团队成员营造惊喜和喜悦时刻，可以赢得一些办公室盟友。赠送让客户看起来像个英雄的礼物，无疑能为你在客户面前加分，同时增加你在组织内的人脉和声誉。即使客户出于某种原因离开了公司，你也已经和那些留下来的人建立了稳固关系。

删除与你相关的徽标、标语或其他信息或图像

开诚布公地说，如果你送给客户的东西上带有公司的徽标或名称，你给的不是礼物，而是你希望客户展示给亲朋好友的营销工具，而且最好是能给你带来更多生意的东西。虽然营销产品或品牌商品并没有什么不好，但就是不适合拿来做礼物。如果某个物品上有任何东西（如徽标 logo、铭文或品牌颜色等）会让人联想到你或你的品牌，你千万不要拿它去送礼。

相反，你应该尽可能送出这样的礼物：它之所以令人感受深刻，完全是出于其自身原因。如此一来，当别人看到这份礼物时就会问你的客户："你这是在哪里买的呀？"

把客户名字写在礼物上

在礼物恰当的地方写上客户或他们家人的名字，这份礼物就会成为个性化东西。正如本章前面所讨论的那样，称呼客户名字是我们与之建立联系，继而发展友好关系的强有力工具之一。送给客户一份高品质的标有客户名字的礼物，不仅保证客户与该礼物之间更深厚的情感联系，而且几乎可以保证客户会在很长一段时间内好好保存这份礼物。

尽你所能购买质量最好的礼物

你必须确定自己送出的任何礼物都是同类产品中质量最好的。没有什么东西比廉价礼物更快地摧毁一段关系，廉价的东西传达出非常清晰的信息，那就是你觉得你们之间的关系不值钱。所以，你不但不能用廉价商品去敷衍客户，而且要将"为客户制造惊喜"列入预算，就像为其他业务做出预算一样。约翰·鲁林建议我们拿出2%—10%的净利润用于馈赠客户。我对此深表赞同。这是一项必要的关系投资，与你用来跟踪客户互动的软件一样重要。如果你愿意花钱请客户去高档餐厅吃饭，或者买票请他们去看体育比赛或者听音乐会，你应该同样舍得花钱为他们买一份称心如意的礼物。

打造卓越的客户体验，但更要帮客户留住美好回忆。

用卓越体验馈赠客户是非常好的，但别忘了用纪念品帮客户留下美好的回忆。美味的晚餐、美妙的音乐会、精彩的高尔夫球赛等诸如此类的活动都可能被迅速遗忘。也不尽然，如果能在晚餐后赠送一本餐馆的烹饪书，在音乐会后附上一张乐队的照片，或者在高尔夫球场门口购买一根高尔夫球杆，事情或许就完全不一样了。这些礼物都属于事情发生很久之后还能触发美好回忆的类型。

注意送礼时机

令人惊讶的是，要想用礼物为客户制造惊喜，只有一个时间是很糟糕的，那就是重大节日前后。这原本就是大家互赠礼物的时间，所以你的礼物很容易被淹没在诸多礼物之中。在别人意想不到的时候赠送礼物，反而不会被人忽视。你制造惊喜的时机越随意，就越能让人印象深刻，从而让人更长久地记住你。

做到别出心裁

一般情况下，普通人会送钱，送代金卡或者送美食，但送这些东西都可能有问题。送钱给人感觉像交易，送代金卡缺乏个性化或者没有温情，送美食则吃完就忘了。相反，挑选"实用奢侈品"之类的东西会让客户在此后几天、几周甚至几个月都开心快乐。你不必花太多钱，但应花很多时间去为客户挑选礼物，并使之完善，尽量做到完美。

别为无法取悦所有人而发愁

你是否收到过一点都不称心如意的礼物？我们都收到过这样的礼物。如果你在客户战略欣赏中设置了更多惊喜，你不可能做到人人满意，但这不要紧。一次惊喜失效，必定会有更多惊喜发挥作用。大部分公司的做法是给所有客户送上同样的礼物——某种无伤大雅或不会太过突兀的东西。就是这些公司在看到客户反应不太积极或几乎没有反应时会感到很惊讶。对此，我们建议不要给每个人送礼物，而是尝试性地给两三位客户送上引人注目的礼物。你一定会为这种投资带来的回报感到震惊。

别忘了给客户写点什么

如果你想做点什么，给人制造惊喜，你就应该花点心思，手写一份赠言附在礼物盒里。如果你不愿这样做，拜托，还是不要费心费力地送礼了。

别为获取而给予

小时候，妈妈总对我说："永远别为了得到感谢卡而送给别人礼物。"多么有智慧的人说出的多么智慧的话啊！馈赠礼物和送出惊喜是因为你想这么做，而不是因为想要别人怎么看你，或者想要给你带来什么样的回报。

没有人会喜欢收到带有附加条件的礼物。相信我，如果你馈赠礼物时不带什么目的，幸运自会来到你身边，而且其速度远比你想象的要快得多。

此处无惊喜，你已完美通关

恭喜你！你已经学完了整个过程中有关战略欣赏和礼物馈赠的所有窍门和技巧！现在，你掌握了在客户体验过程中有效馈赠礼物所需的一切技能。同时，你也掌握了该过程中4个清晰的步骤，可以在公司实施卓越体验的8个阶段，为客户打造难忘的体验之旅了。

如何让员工掌握这个过程

通常情况下，公司执行总裁或高管先了解到这个过程，为其带来的各种可能性而欣喜若狂，却又马上变得迷惑不已，因为这个方案的实施需要靠公司全体员工执行。实践证明，在实施提升客户体验计划时，肯定有很多行之有效的方法能够增加员工的认同感。

让员工一开始就参与

太多时候，我们会看到公司高管先确定哪些客户优先，然后再去寻求顾问的帮助，听取建议，制定发展战略并监督其实施情况。这种做法往往需要修订各种体系和程序、升级技术方案、重组工作职位，并重置薪酬方案。毫无疑问，当这些举措被最终公布出来时，员工们往往没什么反应。他们会将这些活动看作"昙花一现"，相信其很快就会被人抛弃或遗忘。如此一来，他们既不会认同这种改变的原因，也不会采取必要的实施行动，而这对于客户体验计划能否成功是至关重要的。因此，要想打造更好的客户体验，必须在一开始就让员工参与活动计划。

让员工共同创造客户体验

一开始就让员工参与整个客户体验项目的设计和建设，不仅会让他们更有可能拥护这些新活动，而且能提升整个活动成功的可能性。一线员工往往比管理人员想象的更擅长改善客户体验。让员工参与设计客户体验之旅，在其中发出自己的声音，往往能让员工在情感上确认项目的重要性及其价值，并在实施策略和计划过程中发挥主体意识。

让员工自主创造自己的体验

仅仅是因为拥有比别人更好、更大或更多的办公室、汽车或服装，并不意味着管理团队就能够提出良好的创意来打造卓越的客户体验。如果给员工自由空间去开拓创新，打造客户体验，你就能更好地利用其创新能力，同时鼓励他们成为组织中更好的人力资源。

确定客户体验预算

更多时候，打造卓越的客户体验是一种意愿，而不是一种投资。尽管如此，分配一定数额的资金预算用于开展提升客户体验的各项活动，将有助于提高项目成功的可能性。制定客户关系前100天中客户体验的"人均"最低预算，可确保尽早开展客户体验之旅中的各项活动，用以确定客户对企业价值的欣赏程度。

跟踪并庆祝每一个微小胜利

太多时候，我们只注重客户体验中的大型活动，而忽略了那些细小的胜利。如果管理人员能够关注员工在打造客户体验过程中的细微进步，给予重大奖励的话，他们可借此清晰地告诉自己员工这样的信息：一是细节很重要；二是打造客户体验过程中的细微进步经过日积月累之后能够产生巨大影响。公司通过表扬各种程度的进步可以积聚动能并激发员工热情，促使员工积极努力地打造卓越的客户体验。

组建客户体验品牌团队

聚集一批优秀员工来组建公司的"客户体验品牌团队"，授权他们组织和管理提升客户体验的相关活动，这将给他们灌输自豪感和主人翁意识。

确立客户至上的服务理念将进一步强化企业文化。注意，"客户体验品牌团队"指派的人数不应超过总成员数的一半，其余人员的确立应采取自愿原则。此外，应该毫不犹豫地从公司每个部门、每个角色和每个职位寻找参与者。如此一来，你往往可以在最不经意的地方找到热衷于打造和提升客户体验的人。

让员工在客户体验项目的研发、执行和管理过程中发挥重大作用，不仅能够改变整个公司的企业文化，而且能够确保客户体验在未来几年中都处于公司的优先地位。

如何让员工确保客户体验优先

有时候，企业管理太过于关注公司的日常活动，从而忽略了一些大问题。想要让公司高管认识到客户优先的重要性，往往是一项令人生畏的艰巨任务，似乎毫无值得追求的好处。然而，我们一次又一次地看到，负责提升客户体验活动的人往往比他们的同事更快获得升职加薪，这不仅因为他们与公司高管有更多交流，而且因为他们与员工活动之间的直接联系，以及在新增税收、客户保留率和利润方面所做出的贡献。

给每人买一本《客户黏性》

有时候，说服一名高管相信某个理念的最好办法是让他相信这个理念不是出自某个公司员工之口，也不是出自公司的管理系统。在此，我非常高兴地为大家扮演这个角色。只要给你想要说服的人买一本《客户黏性》，然后要他好好读读就行了。经过我的不懈努力，这本书既适用于注重战略层面的人，也适用于注重战术层面的人。因此，我认为无论是注重战略的总裁，还是注重战术的高管都能够从中受益。

给每人一份快速入门指南

我们在网上提供了《客户黏性》快速入门指南的电子版，概述了本书的理念与方法，并附加了一系列练习和建议，帮助读者对客户体验问题

第十六章 开始行动：如何立即停止客户流失

进行新的思考、产生不同的感悟。此外，该"快速入门指南"旨在帮助这些类型的客户体验项目赢得初步胜利并创造动力。你只要点击www.JoeyColeman.com/QuickStart，就可直接下载。

把你手里的这本书借给他们

假如你看到了这句话，你一定是个勤奋的读者，你肯定在阅读本书过程中做了很多笔记，也必定在前面各章的结论部分完成了相应的问答题。因此，如果把你手里的这本书借给公司的某位高管，那至少可以说明三件事情：一是你很重视成长和学习；二是你对客户体验很感兴趣；三是你愿意付出努力去"完成作业"。你对本书所述方法、理念和体系的理解将给他们信心，因为你的努力证明，至少有一名员工已经接受了这种看法，而且正准备采取行动。

用数据说话

通常有两个数据会吸引公司高管团队的注意力：其一，所有行业中，大约20%—70%的新客户会在建立客户关系后100天的时间内离开，并且永远不再与该公司有业务往来。其二，对于即将离开的客户，如果你能留住其中的5%，你的利润就能提高25%—100%。这些数据并不是我统计出来的，而是综合多种学科中的几十个数据来源。总之，客户保留率是问题的关键所在，而且，没有任何办法比留住现有客户更有效地提高利润增长的速度。

直面现实

大部分企业高管已经离开一线岗位多年。他们已经远离了业务往来，处于一种清高的氛围中。他们已经忘记如何在电话中安抚盛怒的客户，他们已经有数天、数周、数月甚至数年都没有与真正的客户说过话了。如果让管理人员直面当前的客户体验现实，你就能吸引他们的注意力，让他们关注到自身品牌相关客户体验所面临的痛苦和困境，并与之建立联系。

主动提升客户体验的质量

过去几十年来，我一直信奉"乞求原谅远胜请求许可"这句话。将这句话用到客户体验工作中就是,从明天开始采取必要步骤,提升客户体验质量。跟踪并记录员工的所有努力,看看其结果如何。我敢肯定,其结果无外乎两种情况。其一,客户体验质量有明显改善,据此,你可以认定客户体验活动是成功的;其二,你的举措没什么可圈可点的效果,针对这一情况,你可以采取进一步修改并优化活动方案,再重新开始。根据我多年来从事客户体验的经验,开展客户体验项目的员工中有90%的人受益匪浅,而另外10%的人仍在这个过程中摸索前进,进行更多有关其自身和客户体验的学习。

调查、观察、个性化和制造惊喜:打造卓越客户体验就是这么简单

调查、观察、个性化和制造惊喜,只要做好以上四步,任何企业都能大大改善客户生命周期所有8个阶段中的客户体验。用好四步法,你也可以设计出自己的项目方案,打造卓越客户体验,并将之传递到客户手中。

第十七章

结语：如果康卡斯特能做到，你也能

由于工作原因，我经常帮助一些公司提升他们的客户体验质量（并在此过程中留住更多客户）。因此，我在全球各地建立了一些工作室，以便开展具体的个人业务。在开设客户体验工作室时，我往往会先提一个问题：

作为消费者，你在与企业打交道时最糟糕的一次体验是什么？

然后，我会给他们两分钟时间，写下该品牌所在公司的名称和具体发生的事情。于是，所有观众都奋笔疾书，两分钟不到，我们就收到各种各样的糟心体验，涉及的品牌也五花八门。

全世界有成千上万的观众参与了这个游戏，他们反复提到的一个名字是康卡斯特。对此答案，我一点也不感到惊讶，因为几年前我也在康卡斯特办过业务。

那次经历实在太糟糕了！

请来我们这里签约网络和有线业务

我的康卡斯特之旅始于我在他们公司开户，预约同时安装网络和有线电视业务。公司业务员帮我进行了登记，并解释说，他们能够安排的时间最快也在一周之后。这真是太令人失望了。业务员问我想预约上午还是下午，我告诉她最好是上午。然后，她说技术人员可能会在早上 8 点到中午 12 点之间到。

"这个时间段似乎太长了。"我说，"能不能给个更具体的时间？"

"不行。"她毫不犹豫地说，丝毫没有意识到这会给我带来多大不便。

因为我急需网络和有线服务，所以同意了她的安排。一周后，我从单位请了一上午假，在家里等康卡斯特技术人员来安装网络和有线电视。

8 点，他没有来。一直到 12 点，他也没有出现。实际上，他那天压根就没来。

12 点 01 分，我怀着沮丧的心情给康卡斯特打电话，解释说他们的技术人员根本没有来。对此，呼叫中心工作人员连一句道歉都没有，只说可以给我重新安排技术人员再次上门安装，时间是一周之后，预约时间段依旧是从早上 8 点到中午 12 点之间。

到那时，距离我最初申请业务的时间过去两周了。对此，我感觉自己没有得到一名新客户应得的尊重。消费者的懊恼心理开始充分发挥作用。接下来的一整周，我大部分时候都在担心自己会不会再次被康卡斯特放鸽子。

一周后，我在家里等着康卡斯特技术人员前来。为此，我不得不请了半天假，而这实际上是在提前消耗我的年假。

约好的时间段再次到来，4 小时悄然而逝，康卡斯特的技术人员依然没有出现。万般无奈之下，我再次致电康卡斯特公司，他们一再保证说技术人员已经在路上，马上就到。一个半小时之后，技术员终于到了。他一进来就开始忙乎，甚至没有提及自己晚到，更别提道歉了。现在，我装上

第十七章　结语：如果康卡斯特能做到，你也能　　247

有线电视，也通上了网络，但是，提起康卡斯特的客户体验之旅，我还是满嘴苦涩。

我在康卡斯特的遭遇绝非个案

客户体验专家布鲁斯特姆金在《客户体验指数》一书中描述的内容就是我在康卡斯特体验的真实写照。该书由福里斯特研究有限公司出版。

福里斯特调查了 4600 多名美国消费者在各种公司的消费体验情况，评估了一些著名品牌的有用性、简便性和娱乐性。基于消费者反映的情况，福里斯特为 14 个不同行业的 133 家公司计算出了这份"客户体验指数"。

根据该项调查，康卡斯特公司位列所有行业企业排行榜最后一名。

对于康卡斯特有线电视服务，48% 的消费者认为自己的体验非常糟糕。

对于康卡斯特网络服务，47% 的消费者认为自己的体验非常糟糕。

在康卡斯特办理业务的消费者中，几乎有一半的人对其体验评级为"非常糟糕"，这是他们所能给予的最低评价。

然后，变化来了

有一次，好朋友杰伊·贝尔（《拥抱你讨厌的人》一书作者）打电话给我说："乔伊，你得看看康卡斯特为了提升客户体验都做了些什么努力。"

你完全可以想象我听到这话时有多么惊讶。我真的是无言以对……

康卡斯特？简直匪夷所思！

杰伊向我介绍了康卡斯特有线电视客户体验部总负责人查理·赫林。然后，我与查理就康卡斯特的客户体验问题进行了多次谈话。我甚至亲自去了费城的康卡斯特总部，以便更多了解他们在提升客户体验时所做出的努力。

结果，我被彻底震惊到了。

修复极其糟糕的客户体验

多年来，康卡斯特在业内以糟糕的客户体验广为人知。要解决这个问题，公司高管认为继续采取打补丁的方式绝非长久之计。

不同以往的做法，康卡斯特决定不再使用客户体验人员，而是启用一名技术人员负责这个新开发的项目。公司认为，客服人员往往采用应急方式看待问题，而技术人员通常在问题出现之前就予以解决。

查理认为"客户服务"就是你遇到企业不好的一面时所发生的事情。他知道，康卡斯特需要采用更积极、预防性的策略去与客户进行沟通，关注整体的客户体验情况。2014年年底，查理升任客户体验部执行副总裁（现在是客户体验总监）。此前数年，他是产品开发部高级副总裁，监管康卡斯特公司西芬斯项目的研发设计，包括概念提出、客户测试和方案部署的整个过程。

在负责产品开发时，查理熟知如何看待客户生命周期中所体验到的一切事物。这是产品开发中常用的处事方法。查理很快认识到，这种整体方法并没有成为整个康卡斯特公司的处事规范。经过考察，他在康卡斯特访谈的大部分人都将与客户的互动视为交易，而不是一种更长久的持续关系。销售部关注的是如何将产品卖出去，至于安装、体验以及客户关系初期的沟通交流等其他事情一律不管，更别说客户与康卡斯特续约之后的持续沟通和互动。

接任现职以来，查理走访了康卡斯特的各个部门，并向员工提问："公司里谁的工作最难做？"员工们几乎众口一词地表示，工作最难做的是与客户打交道的一线员工，尤其是负责客户关系初期服务工作的员工。然而，当查理继续追问缘由时，越来越多的员工开始改变看法。很快，大部分员

第十七章　结语：如果康卡斯特能做到，你也能　　249

工都得出了这样的结论：最辛苦的其实是客户。

对客户不利，对企业不利，对品牌也不利

查理仔细查看了客户体验之旅，与团队成员一起分析客户的付费之旅、维修之旅、感知之旅和客户引导之旅。他们将客户引导定义为：客户需要寻求帮助，知道即将发生的事情，并且理解所购产品或服务的价值。

查理和他的团队意识到导致问题的是康卡斯特的公司结构。企业运营过程中"金钟罩"现象突出，各部门对客户反映的问题相互推诿，没有谁对客户问题承担责任，其结果便是客户问题始终得不到解决。

公司没有正规的系统向新客户讲解他们所购买的产品或服务。消费者只能靠自己去摸索，看着显示器上的安装导航、难以理解的说明文字和几乎不可能找到任何答案的复杂难懂的网址。

除此之外，尽管有了互动式语音反应系统，我们还是不具备充分预测客户需求的能力。日复一日，呼叫中心的电话响个不停，新客户极力解释自己的需求，如果他们够幸运，或许一次就能解决问题。然而，如果客户搬家了，他们就得按要求重新登记新地址并付费，然后再拨打另一个电话号码去预约安装时间。

总之，查理发现康卡斯特的整个客户引导过程就是噩梦，对客户是这样，对工作人员来说同样如此。

查理调查越深入，他得到的数据就越触目惊心。"我们把事情变难了三四倍。"查理说，"较之客户生命周期的其他阶段，在最初的90天里，我们派出（到客户家中或企业）的车数是1.5倍，接到的电话数是2倍。"

不无讽刺的是，查理在康卡斯特的发现与我和其他客户的发现完全一致。

情况怎么会变得这么糟糕呢？

我们该怎么做，才能改变这种情况呢？

如果说查理对自己的调查结果感到沮丧，那还是重话轻说。查理指出："我们在市场上进行了各种投资，在康卡斯特开发了一些非常好的产品。然而，当客户与我们相处不久的时候，我们却让他们失望了。"

客户体验大反转

查理知道，康卡斯特需要公司高管做出巨大努力，进行一些重大变革，而要实现这样的变革，公司全体员工必须齐心协力，众志成城。

查理和公司客服执行副总裁汤姆·卡林沙克都是康卡斯特新项目成员。该项目斥资 10 亿美元，力争在 4 年内大力提升公司的客户体验质量。要实现这个目标，查理知道，他们需要合适的团队，全心全意地开发既帮助员工也帮助客户的新技术，还需要一系列产品升级，从而更好地服务客户，尤其是在客户体验的最初几个月。

正如汤姆所说："我们需要进行一场变革，从过去处理交易式做法转变到现在预警式做法，与客户建立关系，并与他们进行个性化互动。"

提升整体客户体验的举措聚焦诸多核心领域，包括员工培训、业务处理和产品升级等。

员工培训：客户体验，人人有责

在对公司运营情况进行调查时，汤姆发现，整个公司的员工体验缺乏连贯性，其严重程度简直令人难以相信。康卡斯特的普通员工压根不知道客户体验是自身工作职责的一部分。大部分员工一门心思扑在岗位职责的狭小范围之内，丝毫不考虑客户的情感需求和需要。大部分员工想当然地认为公司里的"某些人"正在接待客户，而整体客户体验自然也是其他部门负责的。

汤姆认为公司在处理客户体验之前，必须先处理好内部员工的体验。

于是，他启动了新的培训项目，预计在 15 个月内改变上述情况。为了支持汤姆的目标，康卡斯特开设了 6000 多门同行领导的训练课程，涉及 8 万多名员工，重点关注如何打造更好的客户体验。

为了更加流畅地查看客户生命周期，康卡斯特优化了记录客户信息的内部工具，并将其用来解决服务和运营问题。很快，公司登记客户信息和账户管理流程的工具由原来的 12 个变成了仅仅 4 个。如此一来，公司信息流动的情况大不一样了，因为每位员工都能接触到更多的客户信息，所以减少了人为输入错误的可能性。

最后，为了确保每次内部讨论都能始终将客户放在"中心位置"，公司每次开会都会放一把空椅子，用来代表客户。这种视觉上的提醒确保了公司员工在每次开会时都能"看见"客户的需求，并予以考虑。

业务处理：大部分问题都是我们自己造成的

"我们自己造成了诸多情况（问题），完全是因为我们处理业务的模式造成的。"查理·赫林说，"这与客户一点关系都没有，是因为我们基于自身目的对他们进行分类所造成的。所以，很明显，如果想为客户创造卓越体验，我们必须在企业结构上做出重大变革。"

众所周知，康卡斯特在预约业务的时间安排方面口碑非常糟糕。为了解决这个问题，公司将预约时间窗口由 4 小时缩短为 2 小时，要求员工更加注重预约电话，并确保技术人员能够按时到达（客户地点）。

如果技术人员迟到，哪怕是一分钟，公司会将 20 美元自动转入客户账户（作为信誉保证金）。客户不必申请这一信誉保证金，相反，公司会主动承认是自己没有尊重客户时间而自动将钱转入客户的发票账号。这种做法极大地提高了技术人员的按时到达率。现在，97% 的预约服务都能按时到达。预约服务按时到达率的提高是公司和客户的巨大胜利，而且是可以看得见的胜利。要知道，客户此前一直将技术人员不能按时到达看作大问题。

为了确保接待新客户的员工都有充分准备,查理设置了一些新的客户引导电话呼叫中心,专门用来处理客户生命周期前90天内的客户来电。电话呼叫中心的每个工作人员都能处理客户的任何问题,不再需要将新客户问题转接给其他部门。这个变化是根本性的。现在,新客户可能遇到的所有问题都能通过一个电话得到解决。

这些电话呼叫中心改革不久后取得的结果令人震惊。电话呼叫中心改革后的9个月里,电话呼叫总量骤降了27%。

此外,康卡斯特还推出一句口号:"第一次就全搞定!"如此一来,员工的工作重点就是在第一次接触时解决客户的核心问题。在提出这一口号的第一年里,第一次就解决问题的成功率提高了5个百分点,第一个30天内重复上门率降低了2个百分点。仅从这些数据来看,其效果可能微不足道,但是,结合康卡斯特新客户基数(2016年2月数据为85.8万)来看,其整体影响是非常巨大的,因为它提升了约4.3万客户的体验。

最后,作为改善企业运营工作的一部分,康卡斯特认真探究了造成客户问题的主要原因,也就是计费问题。康卡斯特各项举措实施之前的计费问题实在是太恐怖了。客户难以弄懂的诸多条目和收费项目使得问题更复杂。对于那些复杂的列表,相关客户认为自己支付的费用超过了实际需要,或者觉得自己在为一些没有享受到的服务项目买单。

为此,康卡斯特采取措施来提升客户的整体付费体验,那就是简化定价。公司确保价格与产品或服务严格一致,并提供数字收据,让客户了解自己支付的是什么费用,并明白其中的缘由。尤其引人注意的是,公司将所有产品的安装费合并到一起。

通过康卡斯特为客户制作的个性化解说视频"我的账单",客户可以轻松地理解发票上的各项内容。客户第一次购买康卡斯特产品或服务之后,就会收到公司寄来的个人账单视频,上面明确写有客户姓名,指出客户账单中的各项细则。之后,客户账户每发生一次重大改变(如办理新业务、增加电视频道、购买新设备等），公司都会向客户发送新邮件，附上新视频对客户账单加以解释说明。如此一来，客户很好地理解了公司在简化账单方面所做的努力，相关呼叫电话减少了600万次。这些情况的改善，为康卡斯特客户节省了大约250万小时的电话时间，避免了难以用数字形容的沮丧之情。

产品拓展：产品就是体验

这是提升客户体验的第三项举措，源自查理对公司工程师们反复强调的一句话："你必须尽全力建设好自己的产品，就好像并没有客户呼叫中心一般。"

在实施新举措之前，康卡斯特太过于依赖客户呼叫中心。他们只能在接到电话并了解相关问题之后才能予以解决。在研发公司X1客户服务时，查理注意到，每次电视上显示出错时，都会要求客户"致电康卡斯特"。对此，查理认为事情不应该如此。他说："我们应该在自己这边发现错误，并发信息告知客户，我们正在维修，很快就能解决问题，修好后会再发信息告知客户。"康卡斯特公司利用双向交流优势，更好地与客户建立并发展了互动关系。

康卡斯特还意识到，他们需要开发能够百分之百自己修复的产品，如此一来，客户就能自己解决大部分问题，公司只需要解决那些客户处理不了的问题。"我们区分哪些是我们教给客户的东西（积极主动的发现过程），哪些是客户在我们的产品中学到的东西（被动的发现过程），我们需要将客户体验融入产品，关键是简单好用和自我修复。"

康卡斯特改变了产品发展水平的关注点，其成效是快速的，其意义是深远的。在推出"我的账单"APP后，康卡斯特看到了立竿见影的效果。"系统更新工具"推出后，92%的客户不用再打电话申请，就可以自动更新系统。对于一家每天受理1000多项系统更新服务业务的公司来说，这样的影响无疑是十分重大的。

康卡斯特致力于开发数字工具，并直接授权客户的做法，极大地提升了客户体验，赋予了客户主人翁意识和代理人意识，"我们减少了上百万次客户来电，而他们原本也不想给我们打电话"。数字部高级副总裁兼总经理约翰·威廉姆森说。

致力于产品拓展的做法完全符合查理的信念，即产品就是体验，只要你能合理开发。

康卡斯特能做到，人人都能做到

康卡斯特正在改变客户体验和公司信誉都极其糟糕的局面。从很多方面来看，这个局面的糟糕程度可以说是现代企业中前所未有的。公司千千万万的员工在各地辛勤地工作着，为社会各阶层客户服务，为他们提供复杂的技术产品。

纵然如此，康卡斯特依然愿意勇往直前。

客户体验保障部副总裁达纳·威尔逊解释了公司这一项举措的适用范围和她对公司前景的看法："全公司上下齐心，团结一致，一切为了客户，尽力理解客户体验。我们过去关注的是数字，而现在我们都在积极努力，并尽量避免伤害。我们的一线员工和公司高管都对客户抱有同理心，其程度远高于过去任何时候。我们将把由此获得的能量用于开发其他客户体验活动。"

康卡斯特员工的全新热情和对客户体验的关注，在新产品"实时助手"中体现得尤为明显。"实时助手"是个性化服务信息交流平台，其目的在于节约客户时间、简化客户体验流程。通过SMS编辑发送文本信息，公司向客户实时发送最新信息，让客户始终了解全方位的服务项目。实时助手的首要目标是第一时间向客户提供第一手消息，让客户在第一时间接收到指导性信息和视频，从而获得帮助。

客户体验团队高级副总裁兼 CX 方案组组长皮埃尔·林格指出，在推出实时助手之前，"我们的做法是向客户发送精心策划的电子邮件，提供一系列网址，但是，在客户需要我们的时候，我们却不在客户身边，不能用客户最习惯的方法与他们进行沟通。或许我们会特别兴奋地给客户发去各种东西，可事实上，我们需要做的其实是找出客户体验中真正重要的东西，然后给予重点关注"。

康卡斯特在提升客户体验方面做出大量努力，尤其是在新用户引导流程中，其目的在于将一次性客户转变为永久客户。查理认为"要想留住现有客户，应该从销售开始时就努力。我们需要明确的是，我们一开始就与客户相处融洽，从而可以在未来数年里继续为他们服务"。

你愿意学习康卡斯特公司的做法吗？

不忘初心

我想请你回忆一下自己刚刚进入目前所在企业的情况。无论你是自己创办了公司，还是在企业初创期就业，抑或刚刚加入团队，总有一个理由使你决定在目前所处的公司里努力工作。

我愿意相信你选择当前企业、职业或职务的最主要原因是为了帮助他人。当然，你想赚钱、想要获利，但是，对大部分人来说，你们的动机远不只这些。你们之所以这么做，是因为你们对公司业务感兴趣，欣赏甚至热爱公司的工作，并且关心你的工作所影响到的人。

如果像多数人一样，你也随着时间的推移将工作重心从为客户服务转移到不碰触公司底线。你和公司都已经忘记自己从事这一行业的初衷，那就是满足客户的需要。

在本书中，我自始至终都在鼓励你将工作重心重新放回到客户身上。前面各章简要列出的过程只不过是一个框架，用以帮助你回到最初的认知，目的在于以某种方式让你重新认识曾经高度认可的意义，并且在此过程中产生实质性效果。

关注客户体验过程中的8个阶段，你就能与客户想要的、需要的东西之间建立联系。我希望这里提供的案例能够说明，为什么我们要做的不只是满足客户的客观需求，而且要鼓励你去关注客户的主观情感需要。在客户与你合作之后的前100天内，定期联系客户，引导他们度过客户体验的8个阶段，你的职业道德将获得极大提升。你会对自己的工作有更高评价，对工作的热情和激情一如刚刚入职时那般炽热和高涨。

以客户为中心，满足他们的需求，同时在满足自己的情感需求，以及你们整个团队的情感需求。这种方法最重要，最出乎意料的好处是对员工道德的影响。再也没有什么能够比重建目标并努力实现该目标更能振奋人心和激励团队了。

水涨船高

提升客户现有体验能带来一系列连锁反应，其影响绝不仅限于公司自身的范围。

以客户体验为中心还有另一个好处。当企业奉行客户体验优先时，它会迫使业内所有竞争对手争相效仿。当公司为用户提供卓越客户体验时，它实际上提高了所有人的体验门槛。先是慢慢地，然后会突然加快淘汰速度，整个市场很快会出现客户期望的大转变。

电商时代早期，如果你在网上下单，必须自己支付邮费。然而，亚马逊率先推出不一样的举措，提出只要购物满25美元就可免除2日内的陆地邮费。后来，这一举措有了新的演变，众所周知，只要是亚马逊所购商品，都会在短时间内送货上门，且运费全免。亚马逊的做法相当于将运费免费赠送给了消费者，这使其明显区别于其他电商，要知道那些零售电商可是要向消费者收取高昂费用，才能将商品从仓库发出送到末端用户手中的。

现在，我们网上购物发现卖家收取运费时，会非常自然地感到不舒服。

消费者对卖家收取运费的态度已经发生了彻底改变，而这种改变的完成用了仅仅不到 10 年。在亚马逊这样做之前，我们实在难以想象，居然会有公司将我们网购的商品免费送货上门。而现在，几乎任何一家想要成功的电商都将免费送货上门当成自己运营模式中的标配。

亚马逊做出的免邮决策改变了消费者对网上零售界所有卖家的期望。

不仅如此，所有网上销售的卖家都不得不认真思考，并在部分情况下热烈拥护免运费的销售模式。

但是，改变的进程并未就此止步。一个行业的客户体验提高之后，其他行业的客户体验也将随之提高。客户在某个生活领域中寻求到更好待遇和更卓越体验之后，他们的期望也会延伸开来，拓展到所有交互活动中。

若公司不能"与时俱进"地改变自身行为去满足新兴的客户期望，他就会落后，最终难逃被行业淘汰的命运。

奉行客户至上，将客户体验作为企业运营的基本要素，你不仅可以从众多竞争者中脱颖而出，更有可能引领世界潮流。

卓越的客户体验或可创造更美好的世界

希望我的话听起来并非天真；要知道天真可不是我的本意。我的想法很简单，世界经济就是全球企业向作为消费者的个人销售产品或服务，经营这些企业的都是现实中的人，他们的目的是服务现实中的人的需求。

经济和企业最终都和人有关。无论是经营企业还是购买产品和服务的人，无一例外都是人。

我写这本书的原因只有一个，那就是帮助人服务他人。

当企业以客户体验为中心时，客户就开心。客户开心，企业员工也就开心了。一旦员工的工作和生活都有了意义和目标，他们就能更好地与服务对象展开互动，也能获得更好的自我感觉。当感觉与自己所做工作紧密相连，他们就能提高员工职业道德，全公司的整体参与度也就能大幅提升。

当员工对工作更加投入、更为热爱时，他们的情感状态就会自然而然地投入与客户交往的过程。反过来，客户也会做出积极回应，将这样的情感反馈给工作人员。

在整个接触和互动过程中，卓越的客户体验会层层累积，为客户和员工带来令人难以忘怀的美好回忆。

幸福的生活之轮就此生生不息。

要是客户和员工都开心了，企业获得的利润也就更多了。要是企业获得的利润更多了，企业主也就开心了，企业的业务范围也会更大。更幸福的员工、企业和客户构成了更美好的世界。在这个世界里，客户体验的预期不断变换，人们的工作和生活充满着一次又一次的卓越体验。

所有这些因素共同作用，一起创造更美好的世界。

让我们一起携手向前，共创美好明天吧。

致谢

很荣幸，我能成为这本书的作者。我十分清楚，任何一本书都不可能独立完成。一本书的出版离不开不断积累的洞见、持续进行的观察和与其他人交流沟通中获得的不同看法。为此，我要感谢许多人（个人和集体）在出版此书过程中发挥的巨大作用。我还要向致谢中没提到的人说一声抱歉。请放心，我一定会在下一本书中提到你！

如果没有客户，有关客户体验的书籍就是不完整的。我衷心感激我的客户和朋友，他们慷慨地允许我以案例分析形式讲述他们的故事，这些人包括（欧若拉现代牙科诊所）凯蒂·麦卡恩博士、（财富工厂）加勒特·甘德森、（宇宙来信）迈克·杜利、（安东尼·罗宾公司）安东尼·罗宾、(Zogics)保罗·勒布朗、(Maverick1000)雅尼克·西尔佛和索菲亚·乌曼斯基、（全面债务自由公司）理查德·库珀、（盒中书）塔克·麦克斯和扎克·欧博朗特、(CADRE)德里克和梅勒妮·科伯恩、(Tech 4 Kids)布拉德·佩德森、（基石投资）杰米·埃维拉、(PolicyMedical)绍德·朱曼和约瑟夫·拉吉、（旧金山 CrossFit）朱丽叶·斯塔雷特、(Acceleration Partnership)鲍勃·格雷泽、(Ongoing Operations)柯克·德雷克、（在线培训师学院）

乔恩·古德曼、(约科咨询公司)克里斯·约科、(巴罗餐厅)米歇尔·福尔肯、(多特瑞)贝丽特·科尔曼、(鲁林集团)约翰·鲁林、(4Knines)吉姆和麦琪·乌姆劳夫、(MastermindTalks)杰森·格加尼德、(康卡斯特)查理·赫林,以及汤姆·卡林沙克、约翰·威廉姆森、希瑟·霍利斯、达纳·威尔逊、派蒂·罗亚克、皮埃尔·林格、詹妮弗·萨瓦和理查德·扎宾斯基。还有克莱的母亲芭波·赫伯特,她花了 11 小时帮我审阅手稿,找出书稿中错误和不一致的地方。你就是我的救星!

　　这些经验丰富的专业人士激励我每天创造更卓越的客户服务和客户体验。引用艾萨克·牛顿爵士的话:"如果我看得比别人更远些,那是因为我站在巨人的肩膀上。"为我提供帮助的巨人包括布伦特·亚当森、伊恩·奥特曼、詹姆斯·奥特丘、卡佳·安德森、杰·贝尔、大卫·巴赫、罗希特·巴尔加瓦、珍妮·布利斯、多莉·克拉克、乔尔·克姆、基思·坎宁安、杰里米·爱泼斯坦、尼尔·埃尔、蒂姆·费里斯、丹·金吉斯、赛斯·戈丁、约翰·霍尔、安·汉德利、琦普·希斯、丹·希思、莎莉·霍格斯黑德、瑞安·哈利德、刘易斯·豪斯、杰基胡巴、迈克尔·凯悦、西普·海肯、A.J.雅各布斯、约翰·琼奇、米奇·乔尔、罗恩·考夫曼、布莱恩·克莱默、哈维·麦凯、斯科特·麦卡恩、丹尼·迈耶、迈克·米夏洛维奇、玛丽·昆克·米勒、格里和布莱恩·米勒特、斯科特·蒙蒂、汤姆·皮特斯、丹·平克、弗莱德·赖克尔德、罗伯·里奇曼、安东尼·罗宾、凯文·罗伯茨、大卫·洛克威尔、约翰·鲁林、瑞米·塞斯、科林·肖、马库斯·谢里丹、史蒂夫·西姆斯、布莱恩·索利斯、米尔·所罗门、斯科特·斯特拉滕、凡妮莎·范·爱德华兹、加里·威利查克、约翰·薇洛柔、阿利·维恩茨维克和杰西卡·维斯。

　　感谢那些看过我的在线研讨会、主题演讲和在线课程的观众们,你们为本书论述的概念做出了巨大贡献,这些清晰的思路和信息都来自你们的直接反馈和回应。

　　感谢那些在本书写作过程中给予我帮助的人,他们是纽约州的罗格·文·珀斯特和詹妮弗·萨瓦、艾奥瓦州的乔和沙龙·科尔曼、马萨诸

致谢

塞州的凯文和赖兹利·波罗曼、西弗吉尼亚州的达文和赫迪·西门、华盛顿特区的里克·科拉多和菲斯·格林、伊利诺伊斯州的克里斯托弗和劳伦·科尔曼、亚利桑那州的吉姆和麦琪·乌姆劳夫、明尼苏达州的罗和佩吉·莱皮克，以及达美航空。

感谢拉姆达斯、艾利克斯·伊康和迈克尔·伊康创作的《5分钟期刊》，感谢你们让我每天都信心满满、坚定不移、满怀感恩。

感谢那些帮助我的幕后人士，包括图克尔·马克斯、詹姆斯·唐恩、汤姆·韦伯斯特、卡拉汉·科尔曼和萨拉·斯提贝斯，感谢你们仔细研读本书。

感谢我的家人、朋友、顾问、支持者和密友，感谢你们一路上给我提供的指导、灵感、洞解和帮助。这些人包括斯蒂芬·阿斯托尔、萨沙·奥布里特、奥利维亚·阿塔、马修·阿奎索博士、凯西·阿尔巴拉多、弗兰克·阿尔滨德、沙尔·奥尔德里奇、莎丽·亚历山大、杰森·阿特金斯、萨克·柯斯尔罗德、菲洛泽·奥泽巴贾尼、查思·巴克、兹韦·班德、德福·巴斯、马修·伯特利、拉杰·巴斯卡尔、艾琳·比肖夫、珍妮·布莱克、凯文·邦比诺、亚当·伯恩斯坦、布里亚纳和彼得·博顿、约翰·鲍文、希瑟·布拉德利、克里斯·布罗根、丹妮尔·布鲁克斯、迈克尔·布鲁贝克、大卫·伯克斯、梅德和玛雅·巴特利、霍利斯·卡特、蒂芙尼·特纳·卡夫恩、维克托·陈、杰里米·崔、戴夫·克里斯滕森、蒂姆·克里斯曼、马特·克拉克、詹姆斯·克利尔、杰森·康奈尔、汤姆·库珀、奥诺里·科尔德、马特和莎拉·科斯格罗夫、安德鲁·戴维斯、马修·德·米格里欧、约翰·杜·卡恩、克雷格·杜伊、乔和丘·德·玛吉奥、乔·德·诺特、克因·布罗斯基、史蒂夫·多尔夫曼、佳恩·德齐、科林·艾根、卡罗琳·伊利斯、哈尔·埃尔罗德、布莱恩·法诺、梅根·巴克利·法斯、艾萨·费尔斯通、杰森·法迪恩、乔·福利、科迪·福斯特、肖恩·富勒、凯蒂丝·盖格纳德、迈克·甘尼诺、托尼和吉迪塔·加里、大卫·斯塔特曼·加兰德、迈克尔和杰斯·格巴比、杰和鲁巴·乔治、巴里·格拉斯曼、桑尼·戈尔、丹尼斯·沃德·戈斯内尔、蒂姆·格拉尔、雷切尔·格林、本·格林费尔德、杰·伊格伦斯坦、苏西和菲尔·格里巴斯、马克·古特曼、约翰·霍尔、德里克·哈尔彭、夏安妮·哈马彻、维尔·汉密尔顿、沃尔特·汉普顿，瑞安·汉利、斯蒂芬·汉塞尔曼、里克·汉森、佐敦·哈尔宾杰、马科斯·哈克尼斯、萨曼莎·汉斯勒、瑞恩·霍克、蒂姆·霍金斯、马克·海明威、尼克和莫妮卡·海默特、杰里米和路易丝·亨登、卡梅隆·赫罗尔德、埃德·赫罗德、韦弗·希克森、达里尔·希克斯、凯特·希尔、肯顿和纳迪纳·霍、查理·赫恩、刘易斯·豪斯、蒂姆·休斯、斯科特·霍夫曼、艾利克斯和咪咪·伊康、隆·帕奇、特雷西·福斯特、伊万斯尔文、杰夫和缇娜·雅克布、尼恩·詹姆斯、布拉德·约翰逊、伊萨克·琼斯博士、亚历克斯·凯恩、贾森·卡岑贝克、斯科特·卡瓦纳、马特·卡赞、马特·凯普恩斯、赛斯和克里·基兰德、尼尔·科斯特、克里斯塔·科特拉、德米特里·科兹洛夫、尼古拉斯·库斯密奇、吉姆·奎克、马修·拉查因、谢尔比和克里·拉森、莱恩·莱维斯基、杰夫·利尼汉、伊恩·灵伍德、鲍勃·伦敦、弗洛伊德·马里内斯库、丹·玛特和雷内·沃伦、亚尼夫·马斯杰迪、鲍林·麦凯南、斯图·迈凯伦、乔和埃里卡·梅赫林斯基、布拉德·梅尔泽、兰斯·梅特卡夫、乔舒亚·菲尔德·米尔本、辛西娅·米勒、凯蒂·古铁雷斯·米勒、塔基·摩尔、瑞恩·莫兰、克雷格·莫兰茨、尼克·摩根、妮可·莫蒂默、莎拉·莫斯特、菲比·莫洛泽克、盖比·穆勒·查德·穆雷塔、希夫·纳拉亚南、莱恩·尼科德莫斯、克里斯托弗·诺瓦伊斯、罗恩·诺瓦克、布伦特·诺沃塞尔斯基、罗伯·纳里、杰西卡·奥尔曼、泰勒·奥查德、索尔·奥威尔、劳拉·加斯纳·奥廷、克里希纳·帕特尔、雷·佩雷斯、塔马桑德里亚·佩拉克、马特·菲尔·利普、丹尼尔·皮隆、艾·皮特莱蒂·皮兹托、克里斯·普洛夫、杰克·夸尔斯、多什和特拉·拉马钱德兰、U.J. 拉姆达斯、菲尔·兰达佐、斯里尼瓦斯·拉奥、兰登·雷、蒂凡尼和埃里克·莱因哈特、莉娜·里奎斯特、蒂姆博士和普拉姆·雷诺、托尼·里查迪、约翰·罗姆尼洛和本沙拉·罗伊、弗兰基·索契尔、哈利·施契特、斯蒂芬·夏皮罗、杰夫·肖、杰米·谢尔斯、托德·谢尔巴乔、尼莎·西尔泽、迈克尔·西蒙斯、史蒂夫·西姆斯、保罗·辛克莱、莫莉·辛格、史蒂夫·西斯勒、帕姆·斯利姆、比尔·史密斯、格雷格·史密斯、梅卡·史密斯、斯蒂芬·斯宾塞、梅兰妮·斯普林、赛勒斯·斯塔尔伯格、唐·斯坦利、H.大卫·斯塔尔、迈克尔·斯蒂尔茨纳、马克·史蒂文森、简·霍夫曼和吉尔·斯特拉坎、亚当·萨默斯、乔和杰米卡·泰耶伦、布伦特和萨拉·萨克、劳伦斯·谭、乔治·托马斯、内特和希瑟·汤普森、斯科特·汤普、鲍勃·索达森、格雷格和克里斯蒂娜·廷德尔、罗恩·蒂特、乔伊·汤姆·伊诺维奇、瑞恩·特威特、萨蒂亚·特威纳、托德、曾、皮特、瓦加斯三世、贝拉·瓦斯塔、玛吉·华莱士、安德鲁·华纳、罗伯特·华生、布伦特·威尔、史蒂夫和凯特莎·韦弗、达西·韦伯、塔姆森·韦伯斯特、弗兰克·威曼、杰里米·韦斯、贾森·魏森塔尔、肯·威廉姆斯、布莱克·威尔斯、K.C.巴尼和艾比·伍德考克、科林·赖特和史蒂夫·杨。

感谢为我提供支持和鼓励的朋友和同事们，他们是拥有 Maverick1000 会员身份标新立异的一族、来自 CADRE 的摇滚明星，以及 MastermindTalks 的思想家和实干家。你们一同激励我成为最好的自己，并鼓励我永远不要满足于我所能给予的最好东西。

感谢讲台上的各位导师、顾问和教练，早在看到《前100天》书面文字之前，他们就帮助我塑造了演讲技巧，他们是圣埃德蒙兹高中演讲和辩论教练迈克·麦芬、圣母院大学已故的吉恩·范宁、乔治华盛顿大学法学院院长阿尔弗雷德·罗宾逊、极富才华的艾米和迈克尔·波特，以及 Speak & Spill 的所有同事。

感谢我最亲密的顾问、朋友和知己，他们是克莱·赫伯特、菲利普·麦肯南、吉姆·希尔斯、詹姆·斯托恩、吉姆·乌姆劳夫和詹姆斯·华莱士。正因为有了你们的智慧、支持和见解，我才能避开陷阱，一路向前。

感谢谢丽尔·内茨基，感谢你的善良无私和掌控时间的技巧，感谢你为达成这项工作所付出的精力、给予我的鼓励和指导，以及所有令人难以置信的一切。

感谢那些从始至终支持本书的人。你们知道我在说谁，我希望本书能配得上你们从一开始就对我拥有的信心。

感谢我的兄弟姐妹们：卡拉汉、K.C.、克丽丝、汤米、达尼、洛丽和（情同手足的）玛丽以及他们的配偶，同时也是非常重要的人安娜莉丝、艾米、劳伦、布里奇特和查得，你们每个人都用自己独特的方式支持我、鼓励我，对此我深表感激。

感谢我的父母莎伦和乔·科尔曼，感谢你们把我带到这个世界上，然后支持我、鼓励我，激励我成为最好的自己。你们是最先相信我的人，我永远感激不尽。

感谢设计和图形大师肖恩·迈施，你总能将我的愿景变成现实。你永远不知道我多么感谢你熬夜调整像素时所付出的努力。

感谢克丽丝·吉耶博，他甚至比我更早相信了这本书，总是很快推动我继续前进。

感谢杰伊·贝尔，谢谢你在舞台上激励我，在直播中鼓励我，甚至打开个人名片盒，把我介绍给如此优秀的代理人。

感谢伊丽莎白·马歇尔，在太阳落山时骑马救援，并帮忙使得这本书更易懂，更有条理，更成功，也更有趣。对于你的忠告、指导、帮助、热情和直觉，我永远感激不尽。与你一起工作是一种绝对的享受，你总能让人立即融入团队，就好像你一直在这里一样。很幸运，我能有你这样的朋友。

感谢克莱·赫伯特，我亲爱的朋友、思想伙伴和智慧之源。你对此项工作的贡献，特别是在营销和推广领域，对图书发行的成功，并使本书成为畅销书起到了重要作用。

感谢我的好朋友雅尼·希尔弗和杰森·格加尼德，谢谢两位向我开放了各自的舞台，从而让我有机会第一次公开分享《前100天》的消息。你们给了我机会，我将永远铭记在心，将之作为这部作品故事起源的第一天。这本书直接源自你们对我和这个信息的重要性／及时性的信任。

感谢马克·查特，你是了不起的大纲编写员和编辑。你帮助我将我的想法从讲台付印纸上，并整理了一个提案，从而将这些概念从口头演讲变

致谢

成了白纸黑字的书籍。

感谢塔克·麦克斯,在打造你时,他们肯定打破了模具,让你变得如此与众不同,(谢天谢地)让我有机会从你的见解、鼓励和支持中获益。是你帮助我完善了最后的手稿,你付出了一个真正的导师和朋友所能付出的全部努力。

感谢 Portfolio 出版团队,包括阿德里安·扎克海姆、威尔·魏瑟尔、艾莉·库利奇、泰勒·爱德华、丹尼尔·拉金和亨利·詹姆斯·努恩,感谢你们帮助来自艾奥瓦农村的孩子在纽约市的出版世界里畅游,感谢你们的耐心和支持,感谢你们对我本人和本书及其努力想要向世界传递的想法所做的推广宣传。

感谢 Portfolio 助理编辑海伦·希利,感谢你孜孜不倦的工作,力求修正书中所有图像和烦琐而精密的细节,从而让最后的版本熠熠生辉。我知道,与我合作有时是一个挑战,但你们的耐心让我深受感动,其程度比你们想象的要高得多。

感谢我的编辑利亚·特劳沃斯特,你是世界顶级人才,是我所知的最好编辑。有人说,编辑可以成就一本书,也可以毁灭一本书。毫无疑问,利亚,是你成就了这本书。和你一起工作绝对是一种喜悦,我感到非常幸运。还记得我在纽约巡回演讲期间遇到了其他出版商,当我走出第一次见面会的会场后,我曾告诉吉姆说,我不知道我们最终会和哪个出版商合作,但我最想合作的人是你。当这本书还只是我眼中泛起的光芒时,你就已经理解了;在本书写作过程中,你一直优雅而满怀信任地握紧我的手!谢谢你!谢谢你!这本书的任何成功同样是你的成功。

感谢我的经纪人吉姆·列文,你是个了不起的人!你代表着未来的 NFL 名人堂成员、行业领先公司执行总裁,以及商业和金融史上最成功的企业家,我何其有幸能够请到你成为我的经纪人。对我而言,这纯属运气。从第 1 天开始,你就理解这本书的意义。有了你灵巧的双手和温和的指导,我们创作本书和寻找出版商的过程成了真正的享受。你在第一次电话时提的第一个问题就折服了我，于是我期待与你建立长期而富有成效的关系，能够在未来的许多年里持续下去。

感谢我的anteambulo（古老的罗马术语，意思是为道路清除障碍的人）萨拉·斯蒂比茨，是你确保我按时登上火车，帮我整理日程安排，是你随时为我提供建议、指导、观点和灵感，你是我在本书创作过程中真正的伙伴。毫无疑问，如果没有你的研究、写作、协调、编辑和修改，没有你在我情绪低落时给予的抚慰和在获得成功时共同的分享，也就不可能有这本书的面世。

感谢我的儿子洛克伦和凯伦，谢谢你们一直忍受着"最后截稿日期之前的爸爸"，包括那些漫长的等待时间、分散的注意力以及不断减少的陪伴。你们激发了我，促使我要以身作则；你们给我提供了试金石，让我成为一个能令儿子们为之骄傲的男人；所有这些都让我能够在深夜和清晨继续前进。我希望，你们最终会为这本书感到骄傲，能像我为你们感到骄傲那样。

最后但并非不重要的是，感谢让我的日子变得美妙无比的那个人，我的妻子贝丽特。你比其他人都更早地相信这本书，你比其他人都更加深切地相信我。你对我所有的努力给予了不可言喻的支持，这一直让我感到惊讶不已，而且我希望你知道，过去10年来我生命中最大的成功以及未来岁月中潜在成功都直接源自你坚定不移的鼓励、睿智的忠告和谨慎的建议。一个人要足够幸运，才能在生命中拥有最好的朋友、经验丰富的商业导师、可信赖的红颜知己和全力相助的贤内助。而我何其幸运，所有这四个角色都合成了一个令人难以置信的人，那就是你！

附录

客户信息类别表

谈到跟踪客户个人信息时，很重要的一点是准备好清晰的策略，用来解释你为什么要跟踪这些信息。此外，你必须在不久的将来尽量使用该信息，创建与客户之间的个人联系和情感联系，否则，还是不要费力去做这件麻烦的事情。为了帮你确定究竟需要记录哪种类型的客户信息，下面的列表[1]应该会有所帮助。要清楚的是，你不需要跟踪列表中所有信息，也不应该这样做。该列表只是用来激发你的好奇心，让你思考自己应该跟踪每位客户的哪些信息，让你知道客户可能会与你分享哪些类型的信息，其方式可能是直接的，也可能是间接的。

基本信息	
初始填表日期（用以确定信息的"新鲜度"和准确度）	姓
上次填表日期（用以将数据跟踪习惯化和常态化）	名
	昵称

---

[1] 要想评估当前的客户情报信息，并为未来的改善工作做出计划，请自行下载客户信息类别表，网址是 www.JoeyColeman.com/AudienceInfoTracking。

职业信息	
公司名称	其他重要的职业信息
公司地址	职业敏感信息
办公电话	职业社交媒体上的 URL 链接
办公电子信箱	最引以为傲的职业成就
办公移动电话	长期职业目标
职务／职位	短期职业目标
专业／行业协会会员	

工作经历	
以前工作单位＃1	以前工作单位＃2
地址	地址
职务／职位	职务／职位
就职起止时间	就职起止时间
主要业绩	主要业绩
对职务／公司的态度	对职务／公司的态度

个人信息	
家庭地址	其他重要信息
家庭电话	个人敏感信息
家用电子信箱	个人社交媒体上的 URL 链接
家用移动电话	喝酒／饮品：是／否
参与社群活动	如果是，最爱哪种酒／饮品
参加俱乐部	抽烟：是／否

个人信息	
兴趣／爱好	身高（大约）
最喜欢的运动／球队（观众）	体重（大约）
最喜欢的运动／球队（队员）	服装尺寸（T恤衫、衬衫、夹克衫等）
最喜欢的度假方式／地点	选择的技术
政治面貌	选择的汽车
*对政治派系的态度	最引以为傲的个人成就
宗教信仰	长期个人目标
*对宗教信仰的态度	短期个人目标

个人偏爱	
最喜欢的名字	首选的联系时间
首选的邮件地址（企业的、家庭的和其他的）	首选的联系方式（信函、电子邮件、电话、面谈等）
首选的电子信箱（企业的、家庭的和其他的）	首选的联系频率（每天／每周／每个月／每季度一次等）
首选的联系电话（企业的、家庭的和其他的）	

背景信息	
出生日期	大学校名
出生地	大学地址
籍贯／家乡所在地	毕业时间（*如果有）
兄弟姐妹	*对于大学没有毕业的看法
其他重要的背景信息	参加的活动／俱乐部
敏感的背景信息	获得荣誉
中学校名	大学生联谊会／女大学生联谊会
中学地址	*对于没有上大学的看法
毕业时间（*如果有）	
*对于中学没有毕业的看法	
参加的活动／俱乐部	
获得荣誉	

家庭信息	
配偶／伴侣／其他重要成员（有／无）	
姓名	受教育程度
出生日期	兴趣爱好
职业	周年纪念日
以前的配偶／伴侣／其他重要成员（有／无）	
姓名	受教育程度
出生日期	兴趣爱好
职业	对以前配偶／伴侣／其他重要成员的态度／看法
第一个孩子	
姓名	受教育程度
出生日期	兴趣（爱好、参加活动等）
年龄（日期）	

第二个孩子	
姓名	受教育程度
出生日期	兴趣（爱好、参加活动等）
年龄（日期）	
第三个孩子	
姓名	受教育程度
出生日期	兴趣（爱好、参加活动等）
年龄（日期）	
宠物	
宠物名字	宠物血统／种类

服兵役	
所服兵种	服役时的职务／地点
退役时的军衔	对服役的态度

客户活动	
客户编号	所购产品或服务
最亲近的客服人员	声明的购买理由
所谓客户群体	实际购买理由
首次购买日期	取得的结果
所购产品或服务	整体配制
声明的购买理由	下次购买日期
实际购买理由	所购产品或服务
取得的结果	声明的购买理由
整体配制	取得结果的实际购买理由
下次购买日期	整体配制

其他重要事项／信息

登录 www.JoeyColeman.com/AudienceInforTrack，可下载该表格的 PDF 版本，关于这些数据为什么有用／如何有用的文字说明，以及有助于激发你们团队来收集这些数据的练习题。

数字奖励

你成功地来到本书最后！恭喜你！你获得了一些奖励！（对此，你有没有期待点别的什么东西呀？）登录 www.JoeyColeman.com/BookBonuses，就可以下载以下奖励，限于篇幅，我们没办法把他们全部收录在本书中。

尾注

作为一名"追偿"律师，我尽量在全书中标出了所有引用资料的出处。有什么好消息？当然，书中附上尾注。有什么坏消息？抱歉，我们没有足够的篇幅收录所有尾注。如果要标注所有尾注，本书最少达到 7323 页！好吧，这很夸张，但实际上确实有很多！在此，我很高兴与大家分享我在本书写作过程中所引用的全部参考书、来源，以及其他背景资料。

特别奖励

在本书写作过程中，我想到了一些特别有趣的东西，原本想放在书里，但是，老天，篇幅实在不允许！那是什么呀？巨大的惊喜，等着你自己去发现！很幸运，所有这些你都可以免费获取，只需登录www.JoeyColeman.com/BookBonuses 就可以！

在线课程

我有一门在线课程，给本书所描述的所有策略和技巧都"赋予了生命"。此外，你是否在阅读某本著作过程中想过，不知道作者在现实生活中讲话是什么样的？现在，你不用有疑问了！你可以从本课程中**免费**获得一课时，更深入地了解本课程所讲述的方法和技巧，只需登录www.JoeyColeman.com/BookBonuses 就可以！

感 谢

你能花时间认真阅读本书，我对你的感激之情真的是多得难以言表。我不能轻易接受这份礼物，我希望给你的回报是值得的，无论是从短期来看，还是从未来几年来看。谢谢你一路走来，也希望我能为你提供帮助或回答你的任何问题。如果你考虑联系我，就这么办吧！我保证会给你回复的，你只需登录www.JoeyColeman.com/BookBonuses，就一定可以联系到我。

参考文献与推荐读物

Anderson, Stephen P. *Seductive Interaction Design: Creating Playful, Fun, and Effective User Experiences.* Berkeley, CA: New Riders, 2011.

Baer, Jay. *Hug Your Haters: How to Embrace Complaints and Keep Your Customers.* New York: Portfolio/Penguin, 2016.

Barlow, Janelle, and Paul Stewart. *Branded Customer Service: The New Competitive Edge.* San Francisco: Berrett-Koehler, 2006.

Bell, Chip R. *Sprinkles: Creating Awesome Experiences Through Innovative Service.* Austin, TX: Greenleaf Book Group, 2015.

Bhargava, Rohit. *Non Obvious: How to Think Different, Curate Ideas & Predict the Future.* Oakton, VA: IdeaPress, 2015.

Bliss, Jeanne. *Chief Customer Officer: Getting Past Lip Service to Passionate Action.* San Francisco: Jossey-Bass, 2006.

Buley, Leah. *The User Experience Team of One: A Research and Design Survival Guide.* New York: Rosenfeld Media, 2013.

Cagan, Marty. *Inspired: How to Create Products Customers Love.* Sunnyvale, CA: SVPG, 2008.

Calloway, Joe. *Indispensable: How to Become the Company That Your Customers Can't Live Without.* Hoboken, NJ: John Wiley & Sons, 2005.

Cutting, Donna. *The Celebrity Experience: Insider Secrets to Delivering Red Carpet Customer Service.* Chichester, UK: John Wiley & Sons, 2010.

DiJulius, John R., III. *Secret Service: Hidden Systems That Deliver Unforgettable Customer Service*. New York: AMACOM, 2003.

Diller, Stephen, Nathan Shedroff, and Darrel Rhea. *Making Meaning: How Successful Businesses Deliver Meaningful Customer Experiences*. Berkeley, CA: New Riders, 2008.

Drake, Kirk. *CU 2.0: A Guide for Credit Unions Competing in the Digital Age*. Austin, TX: Lioncrest Publishing, 2017.

Dunn, Elizabeth, and Michael Norton. *Happy Money: The Science of Happier Spending*. New York: Simon & Schuster, 2013.

Eyal, Nir, and Ryan Hoover. *Hooked: How to Build Habit-Forming Products*. London: Portfolio/Penguin, 2014.

Gingiss, Dan. *Winning at Social Customer Care: How Top Brands Create Engaging Experiences on Social Media*. North Charleston, SC: CreateSpace Independent Publishing, 2017.

Giovanni, Katharine C. *Going Above and Beyond: Reach the Pinnacle of Customer Service by Learning How to Think and Act Like a Concierge*. Wake Forest, NC: NewRoad, 2009.

Godin, Seth. *Purple Cow: Transform Your Business by Being Remarkable*. New York: Portfolio, 2009.

Griffin, Jill. *Customer Loyalty: How to Earn It, How to Keep It*. Chichester, UK: John Wiley & Sons, 1995.

Gross, T. Scott, Andrew Szabo, and Michael Hoffman. *Positively Outrageous Service: How to Delight and Astound Your Customers and Win Them for Life*. New York: Allworth, 2016.

Hall, Stacey, and Jan Bragniez. *Attracting Perfect Customers: The Power of Strategic Synchronicity*. N.p.: Readhowyouwant.com, 2011.

Harvard Business Review. *Increasing Customer Loyalty*. Boston: Harvard Business Review, 2011.

Heath, Chip, and Dan Heath. *The Power of Moments: Why Certain Moments Have Extraordinary Impact*. New York: Simon & Schuster, 2017.

Huba, Jackie. *Monster Loyalty: How Lady Gaga Turns Followers into Fanatics*. New York: Portfolio/Penguin, 2013.

Hyken, Shep. *Amaze Every Customer Every Time: 52 Tools for Delivering the Most Amazing Customer Service on the Planet*. Austin, TX: Greenleaf Book Group, 2013.

———. *The Amazement Revolution: Seven Customer Service Strategies to Create an Amazing Customer (and Employee) Experience*. Austin, TX: Greenleaf Book Group, 2012.

———. *Moments of Magic: Be a Star with Your Customers & Keep Them Forever.* Lawrence, KS: The Alan Press, 2012.

Inghilleri, Leonardo, and Micah Solomon. *Exceptional Service, Exceptional Profit: The Secrets of Building a Five-Star Customer Service Organization.* New York: AMACOM, 2010.

Jantsch, John. *Duct Tape Selling: Think Like a Marketer, Sell Like a Superstar.* New York: Portfolio/Penguin, 2014.

———. *The Referral Engine: Teaching Your Business How to Market Itself.* London: Portfolio, 2013.

Kalbach, James. *Mapping Experiences: A Guide to Creating Value Through Journeys, Blueprints, and Diagrams.* Beijing: O'Reilly, 2016.

Kaufman, Ron. *Uplifting Service: The Proven Path to Delighting Your Customers, Colleagues, and Everyone Else You Meet.* New York: Evolve, 2012.

Kinni, Theodore B. *Be Our Guest: Perfecting the Art of Customer Service.* New York: Disney Editions, 2011.

Kolko, Jon. *Well-Designed: How to Use Empathy to Create Products People Love.* Boston: Harvard Business Review, 2014.

Levesque, Ryan. *Ask: The Counterintuitive Online Formula to Discover Exactly What Your Customers Want to Buy . . . Create a Mass of Raving Fans . . . and Take Any Business to the Next Level.* Nashville, TN: Dunham, 2015.

Lichaw, Donna. *The User's Journey: Storymapping Products That People Love.* Brooklyn, NY: Rosenfeld Media, 2016.

Mack, Benjamin. *Think Two Products Ahead: Secrets the Big Advertising Agencies Don't Want You to Know and How to Use Them for Bigger Profits.* Hoboken, NJ: John Wiley & Sons, 2007.

Mackay, Harvey. *Beware the Naked Man Who Offers You His Shirt: Do What You Love, Love What You Do and Deliver More than You Promise.* New York: Fawcett Columbine, 1990.

———. *Dig Your Well Before You're Thirsty: The Only Networking Book You'll Ever Need.* New York: Random House, 1999.

———. *Pushing the Envelope: All the Way to the Top.* London: Vermilion, 2000.

———. *Use Your Head to Get Your Foot in the Door: Job Search Secrets No One Else Will Tell You.* London: Piatkus, 2011.

McKain, Scott. *ALL Business Is STILL Show Business: Create Distinction and Earn Standing Ovations from Customers in a Hyper-competitive Marketplace.* Louisville, KY: CreateSpace Independent Publishing Platform, 2017.

———. *7 Tenets of Taxi Terry: How Every Employee Can Create and Deliver the Ultimate Customer Experience.* New York: McGraw-Hill, 2014.

———. *What Customers Really Want: Bridging the Gap Between What Your Company Offers and What Your Clients Crave.* Nashville, TN: Thomas Nelson, 2006.

Meyer, Danny. *Setting the Table: Lessons and Inspirations from One of the World's Leading Entrepreneurs.* London: Marshall Cavendish, 2010.

Millet, Gary W., and Blaine W. Millet. *Creating and Delivering Totally Awesome Customer Experiences: The Art and Science of Customer Experience Mapping.* Salt Lake City: Customer Experiences, 2002.

Patnaik, Dev, and Peter Mortensen. *Wired to Care: How Companies Prosper When They Create Widespread Empathy.* Upper Saddle River, NJ: Pearson Education, 2009.

Patton, Jeff, and Peter Economy. *User Story Mapping: Discover the Whole Story, Build the Right Product.* Beijing: O'Reilly, 2014.

Pennington, Alan. *The Customer Experience Book: How to Design, Measure and Improve Customer Experience in Your Business.* Harlow, UK: Pearson Education, 2016.

Rapaille, Clotaire. *The Culture Code: An Ingenious Way to Understand Why People Around the World Live and Buy as They Do.* New York: Crown Business, 2013.

Reichheld, Fred. *The Ultimate Question: Driving Good Profits and True Growth.* Boston: Harvard Business School, 2008.

Reichheld, Frederick F., and Thomas Teal. *The Loyalty Effect: The Hidden Force Behind Growth, Profits, and Lasting Value.* Boston: Harvard Business School, 2008.

Richman, Robert. *The Culture Blueprint: A Guide to Building the High-Performance Workplace.* N.p.: Creative Commons License, n.d.

Roberts, Kevin. *Lovemarks: The Future Beyond Brands.* Brooklyn, NY: powerHouse Books, 2005.

———. *The Lovemarks Effect.* London: British Brands Group, 2006.

Rockwell, David, and Bruce Mau. *Spectacle.* London: Phaidon Press, 2006.

Ruhlin, John. *Giftology: The Art and Science of Using Gifts to Cut Through the Noise, Increase Referrals, and Strengthen Retention.* Austin, TX: Lioncrest, 2016.

Saffer, Dan. *Microinteractions: Designing with Details.* Sebastopol, CA: O'Reilly, 2014.

Shankman, Peter. *Zombie Loyalists: Using Great Service to Create Rabid Fans.* New York: Palgrave Macmillan, 2015.

Shaw, Colin. *DNA of Customer Experience: How Emotions Drive Value.* Basingstoke, UK: Palgrave Macmillan, 2014.

———. *Revolutionize Your Customer Experience.* Basingstoke, UK: Palgrave Macmillan, 2014.

———, and Ryan Hamilton. *The Intuitive Customer: 7 Imperatives for Moving Your Customer Experience to the Next Level.* London: Palgrave Macmillan, 2016.

———, and John Ivens. *Building Great Customer Experiences.* Basingstoke, UK: Palgrave Macmillan, 2008.

Silverstein, Michael, Neil Fiske, and John Butman. *Trading Up: Why Consumers Want New Luxury Goods—and How Companies Create Them.* New York: Portfolio/Penguin, 2008.

Smith, Shaun, and Joe Wheeler. *Managing the Customer Experience: Turning Customers into Advocates.* London: Financial Times Prentice Hall, 2007.

Solis, Brian. *What's the Future of Business? Changing the Way Businesses Create Experiences.* Hoboken, NJ: John Wiley & Sons, 2013.

———. *X: The Experience When Business Meets Design.* Hoboken, NJ: John Wiley & Sons, 2015.

Spector, Robert, and Patrick D. McCarthy. *The Nordstrom Way: An inside Story of America's #1 Customer Service Company.* New York: John Wiley & Sons, 2000.

Stewart, Thomas A., and Patricia O'Connell. *Woo, Wow, and Win: Service Design, Strategy, and the Art of Customer Delight.* New York: HarperBusiness, 2016.

Stickdorn, Marc, and Jakob Schneider. *This Is Service Design Thinking: Basics, Tools, Cases.* Amsterdam: BIS, 2016.

Stratten, Scott. *The Book of Business Awesome: How Engaging Your Customers and Employees Can Make Your Business Thrive; The Book of Business Unawesome: The Cost of Not Listening, Engaging, or Being Great at What You Do.* Hoboken, NJ: John Wiley & Sons, 2012.

Tancer, Bill. *Everyone's a Critic: Winning Customers in a Review-Driven World.* New York: Portfolio/Penguin, 2014.

Vaynerchuk, Gary. *Jab, Jab, Jab, Right Hook: How to Tell Your Story in a Noisy, Social World.* New York: HarperCollins, 2013.

Vitale, Joe. *There's a Customer Born Every Minute: P. T. Barnum's Secrets to Business Success.* New York: AMACOM, 1998.

Warrillow, John. *The Automatic Customer: Creating a Subscription Business in Any Industry.* London: Portfolio/Penguin, 2016.

Watkinson, Matt. *The Ten Principles Behind Great Customer Experiences.* Harlow, UK: Pearson Education Limited, 2013.

Webb, Nicholas J. *What Customers Crave: How to Create Relevant and Memorable Experiences at Every Touchpoint.* New York: AMACOM, 2017.

Weinzweig, Ari. *Zingerman's Guide to Giving Great Service.* New York: Hyperion, 2004.

Wright, Travis, and Chris J. Snook. *Digital Sense: The Common Sense Approach to Effectively Blending Social Business Strategy, Marketing Technology, and Customer Experience.* Hoboken, NJ: John Wiley & Sons, 2017.